广东海洋大学优秀科研团队项目经费资助
广东海洋大学创新强校工程项目“农林经济管理”经费资助

中国职业年金

制度体系建构研究

孙悦民◎著

STUDY ON THE CONSTRUCTION OF THE SYSTEM OF OCCUPATIONAL PENSION IN CHINA

北京

图书在版编目（CIP）数据

中国职业年金制度体系建构研究/孙悦民著.
—北京：中国经济出版社，2018.2（2024.1 重印）
ISBN 978-7-5136-5008-3

Ⅰ.①中… Ⅱ.①孙… Ⅲ.①行政事业单位—年金保险—经济制度—研究—中国 Ⅳ.①F842.629

中国版本图书馆 CIP 数据核字（2017）第 292167 号

责任编辑　叶亲忠
责任印制　马小宾
封面设计　华子图文

出版发行　中国经济出版社
印 刷 者　大连图腾彩色印刷有限公司
经 销 者　各地新华书店
开　　本　710mm×1000mm　1/16
印　　张　14.5
字　　数　220 千字
版　　次　2018 年 2 月第 1 版
印　　次　2024 年 1 月第 2 次
定　　价　58.00 元
广告经营许可证　京西工商广字第 8179 号

中国经济出版社 **网址** www.economyph.com **社址** 北京市东城区安定门外大街 58 号 **邮编** 100011
本版图书如存在印装质量问题，请与本社销售中心联系调换（联系电话：010-57512564）

摘　要

世界人口老龄化速度加快，预计至2020年将有13个国家20%以上的人口超过65岁。截至2014年，中国15.5%以上的人口超过60岁。《中国老龄产业发展报告（2014）》明确指出“中国已经步入老龄社会初期”。人口老龄化问题不断冲击着现有的养老保障结构，世界养老保障体制正经历着深刻的变革，呈现出多元化的发展趋势。中国养老保障体制正努力进行体系化整合，构建多支柱养老保障体系，以应对人口老龄化趋势的养老风险、促进养老保险制度公平。职业年金建设成为养老保障体系改革的关键，但职业年金覆盖范围不全面、“双轨制”运行和价值功能发挥不充分成为发展的突出问题，需要推进中国职业年金制度体系建构。

本书以中国职业年金制度体系为研究对象，遵循“实践—认识—再实践—再认识”的逻辑范式，主要运用规范研究方法、辅以实证研究方法进行系统研究。通过政策文献分析法，系统梳理了中国职业年金制度的演进脉络。通过比较研究法，剖析中国各种职业年金具体形态的异同，以及中外职业年金制度建设的差异。通过案例分析法，详细分析中国企业年金、事业单位职业年金、深圳市行政机关聘任制公务员职业年金、机关事业单位职业年金建设情况，探讨美国、英国、日本、澳大利亚等发达国家职业年金建设成绩。同时，采用访谈法、实地考察法、数据分析法等进行研究。

本书围绕中国职业年金制度体系建设中存在的问题，理论和实践相结合地进行了系统研究。界定职业年金的内涵和外延，提出职业年金制度覆盖的主体应是全体劳动者，不仅包括企业职工、机关事业单位工作人员、军人、部分非政府组织工作人员等，还应包括农民、非正规就业者以及其他非政府组织工作人员等。强调职业年金的本质定位，突破其为养老保险制度改革工具的认知，实现价值理性和工具理性的辩证统一。从历史视角系统梳理了中国职业年金制度萌芽、探索、形成等实践阶段，总结了职业年金覆盖范围不全面、“双轨制”运行等现象，造成其功能发挥不充分、制度不公平等问题，提出制度“体系化”的发展趋势。通过分析社会需求、政府需求和劳动者需求等实践动力，揭示职业年金制度体系建构的必要性。系统总结中国企业年金、事业单位职业年金、深圳市行政机关聘任制公务员职业年金、机关事业单位职业年金正反两方面的实践成果，探讨美国、英国、日本、澳大利亚等发达国家职业年金建设成绩，阐述中国职业年金制度体系建构的可行性。从宏观角度论述了中国职业年金制度体系建构的基本框架，阐述职业年金定位由“补充”“第二支柱”向重要支柱的转变。精确研究了中国职业年金制度规范强度、覆盖对象、缴费主体、资金筹集、待遇计发、资金运营、监管体制等构成要素，详细论述了养老保险体系结构治理、税收优惠政策、资本市场、信息化建设和法制基础等中国职业年金制度体系建构的保障措施。

目 录

表目录

图目录

第一章 导论

第一节 选题背景及研究意义

一、选题背景

世界养老保障体制正经历着深刻的变革，呈现出多元化的发展趋势。国际通行养老模式尚未形成，人类社会仍然在追求生活、安全等基本需求的道路上持续而艰难地共同博弈，试图建立一个兼顾公平与效率、保障水平较高与政府负担较轻的社会保障制度。人类社会在时代、国体上存在着差别，但都共同遵循“故人不独亲其亲，不独子其子，使老有所终，壮有所用，幼有所长，鳏寡孤独废疾者皆有所养”① 的人道主义精神，都满怀构建“千年王国②”“乌托邦③”“太阳城④”等社会形态的理想主义情怀。随着在社会主义、资本主义意识形态认知上的深化和科学化，社会保障国际趋同化趋势越来越明朗。坚持自由主义、个人主义的“盎格鲁—撒克逊”福利模式在金融危机、国家经济衰退等压力下，政府强势推进改革，奥巴马以“医改”为突破口提高政府介入社会保障领域的程度；坚持社会民主主义的“斯堪的纳维亚”福利模式在财政负担过重的压力下，政府逆

① （西汉）戴圣．礼记［M］．刘小沙，译．北京：北京联合出版公司，2015：5.
② ［德］闵采尔．千年王国［M］．上海：商务印书馆，2009：2.
③ ［英］托马斯·莫尔．乌托邦［M］．戴镏龄，译．上海：商务印书馆，2012：1.
④ ［意］康帕内拉．太阳城［M］．上海：商务印书馆，2016：1.

势退出，同样依据《贝弗里奇报告》首创出福利国家模式的英国，正努力摈弃高福利、高税收影响经济发展的不良因素转向强调政府的有限责任；强调个人责任的“东亚模式”也随着国家经济的飞跃发展而转变政府的规范、引导责任，韩国通过不断增加社会保险项目建成社会保险性福利模式；坚持社会主义的“国家保险模式”因过分强调国家财政和企业的责任、劳动者缺乏流动自由，随着苏联解体、东欧剧变该模式逐渐被拒弃，改革开放以来中国在此背景下也不断探索建立社会保险制度；坚持保守主义的“莱茵模式”虽为各种模式的转变取向，但在经济全球化、人口老龄化等因素作用下进行局部调整。世界各国养老保障逐渐向社会养老保险模式进行转变，明确政府责任，更加强调社会、劳动者义务，在具体发展中表现出具有本国特色的养老保障体系，在坚守、凝练社会保障基本价值的基础上呈现多元化发展状态。

中国养老保障体制正努力消除“碎片化”，进行体系化整合。中华人民共和国成立60多年来，特别是改革开放30多年来，中国社会在曲折中不断变革、发展，发生了天翻地覆的巨大变化。经济上，2010年中国GDP赶超日本成为世界第二大经济体。政治上，中国特色社会主义展现出巨大的优越性。文化上，中国倡导实现中华民族的伟大复兴。中国风格、中国气派、中国特色彰显出了巨大的能量，在国际舞台上发挥着越来越重要的作用。然而，中国社会在政治、经济、文化和社会等方面仍然存在着诸多问题，社会保障问题尤为突出。一是养老保障体系的结构性问题凸显，“二元结构”“双轨制”一直困扰着中国社会保障制度改革的进程，养老保障的结构性不平等造成保障水平的不公平，城乡差距、公私差距成为人们诟病的热点话题。城乡社会保障“二元结构”在城乡居民基本养老保险制度一体化推进过程中得到部分改善，但政策落实、保障水平、财政投入、配套改革等问题逐渐凸显，并因居民养老保险制度价值认知的模糊造成居民同职工之间新的不公平。公共组织同私人组织之间养老保障的“双轨制”改革通过2015年国务院印发《关于机关事业单位工作人员养老保险制度改革的决定》迈出了实质步伐。二是养老保障体系要素的价值认知不清晰，造成中国养老保障各支柱功能定位紊乱。1994年，世界银行通过出版《防止老龄危机：保护老年人及促进增长的政策》报告明确提出养老保障“三支柱”的政策建议，2005年又通过出版《21世纪的老年收入保障：

养老金制度改革国际比较》报告拓展出养老保障“五支柱”的倡导性概念，清晰界定了养老保障体系各支柱的功能。“多支柱理论”是在总结发达国家社会保障制度建设经验的基础上形成的，在实践过程中存在着发展水平、价值选择等方面的冲突，需要结合中国建设社会主义初级阶段的基本国情进行批判式借鉴，不能全盘“西化”式地照搬照抄，也不能全盘“否定”式地拒之门外或胡编乱改，建立中国式养老保障支柱，构建具有中国特色的养老保障体系。

中国职业年金制度正在建设中，成为养老保障体系改革的关键节点。世界养老保障体制改革坚持政府承担基本养老保障、社会提高养老保障待遇、个人自由拓展养老保障水平，普遍强调社会养老保障第二支柱的重要作用。中国职业年金制度建设从企业年金建设开始，1991 年通过《关于企业职工养老保险制度改革的决定》明确提出“国家提倡、鼓励企业实行补充养老保险”。经过 10 年的探索实践，2000 年通过《关于印发完善城镇社会保障体系试点方案的通知》将“补充养老保险”概念转化为“企业年金”。2004 年中国正式颁布《企业年金试行办法》，鼓励有条件的国有大中型企业逐步实施企业年金计划。随后中国在事业单位中试点职业年金制度，2008 年国务院发布《事业单位工作人员养老保险制度改革试点方案》提出事业单位探索建立补充养老保险形式的职业年金制度，因易于造成政府、事业单位、企业养老保险“三轨制”同“并轨”的改革方向背道而驰，改革成效不明显，并未全面铺开。2015 年，国务院印发《关于机关事业单位工作人员养老保险制度改革的决定》提出在机关事业单位建立职业年金制度，以理顺养老保障结构体系、更好应对人口老龄化加重趋势、保障退休人员生活水平不断提高的需求。

综上所述，中国职业年金制度建设在世界养老保障多元化发展趋势同中国养老保障一体化改革的碰撞中艰难推进，从企业、事业单位的分类探索到机关事业单位的一体化改革中“摸着石头过河”，仍然需要沿着“体系化”的改革方向继续探索。因此，本书主要基于职业年金的本质内涵对中国职业年金制度体系化构建问题进行系统研究。

二、研究意义

20 世纪 90 年代至今，中国从提出补充养老保险政策开始，先后推出企业年金、事业单位职业年金、机关事业单位职业年金制度，但缺乏理论指导的改革实践举步维艰，因此，本书研究具有重要的理论价值和现实意义。

（一）研究的理论贡献

本书围绕中国职业年金制度体系构建开展研究，需要界定职业年金概念、构建体系、规范内容等相关理论问题。

1. 职业年金概念界定

职业年金是指各类组织在参加基本养老保险制度之外，根据自身经济状况，旨在改善职工退休后的生活水平而建立的一种补充养老保障。从本质内涵上分析，职业年金是一种与收入、缴费关联的养老保障模式，国家提供政策支持、不承担财政责任，组织提供给职员的一种员工福利。国内外对职业年金定义存在模糊现象，在实践中存在着广义和狭义的差异。从国内外现有定义来看，广义职业年金的保障对象不仅仅指公共组织工作人员，也包括私人组织工作人员。中国目前对职业年金的定义主要侧重狭义角度，其保障对象主要为机关事业单位工作人员，不包括企业职工、非政府组织工作人员等。职业年金概念存在泛化现象，需要深入挖掘其本质内涵，正本清源，清晰界定其含义。

2. 职业年金制度的体系构建

各类职业年金具体制度是职业年金本质内涵表现出的各种外延形式，需要系统构建。中国职业年金制度建设在补残圆缺的进程中艰难调整与改革，企业年金有了明确的制度安排，事业单位职业年金建设经历一段时间的试点改革而停滞，继而推出整合型的机关事业单位职业年金制度。但在企业、机关事业单位之外，还有非营利组织、农民群体等并没有纳入职业年金制度建设体系。中国职业年金制度建设的体系仍然不完善，需要从系统论的角度进行全面构建，使其成为指导中国职业年金制度建设的理论依据。

3. 职业年金制度的内容研究

中国职业年金制度建设已经取得了初步成效，但制度内容建设不尽科学，致使改革较难推进。企业年金制度实施的非强制性，致使以利润最大化为生存之本的大多数企业并不积极响应国家提供的这一鼓励性政策。事业单位职业年金制度因机关、事业单位、企业的分类障碍致使部分保障对象存在养老保障替代率有下降的可能，改革因此无法有效推进。2015 年，中国出台了《关于机关事业单位工作人员养老保险制度改革的决定》提到建立机关事业单位的“职业年金制度”，对缴费比率和待遇发放进行了明确规定，并提出“各级政府应……为建立职业年金制度提供相应的经费保障”“集中受托管理其职业年金基金”，但在正式出台《机关事业单位职业年金办法》后，实施过程中牵动各利益相关方，造成新的“双轨制”。中国职业年金制度的内容建设缺乏系统性，制度体系不全、各类职业年金制度内容孤立，无法在效率基础上保证公平，最终影响效率。

（二）研究的现实意义

中国职业年金制度建设是养老保障制度改革的实践需求，是养老保障体系改革成败的关键点。开展职业年金制度研究对解决中国养老保障的现实问题具有重要意义。

1. 应对中国人口老龄化趋势的养老风险

中国国家统计局公布数据显示，60 岁以上的老年人已经占到总人口的 15.5%，表明中国已经进入老龄化社会。中国第一部老龄产业发展蓝皮书《中国老龄产业发展报告（2014）》明确指出：“中国已经步入老龄社会初期。”中国越来越突出的老龄化问题不断冲击着现有的养老保障结构。中国养老保险第一支柱的基本养老保险虽然实现了全覆盖，但保障水平参差不一，不足以应对“全面建设小康社会”的养老保障需求。根据国际经验和实践需求，中国需要系统建设养老保险第二支柱的职业年金，坚持社会化取向，减轻养老保障的财政支出，以化解中国的养老风险。

2. 促进养老保险制度公平

中国养老保险制度的城乡“二元结构”、公共部门和企业之间的“双轨制”焦点话题。中国城乡居民基本养老保险制度一体化改革消除了城乡之间养老保险待遇的不平等，但仍然没有改变职工与城乡居民之间养老保险在国民待遇上的不平等，主要表现为两个方面：一是职工退休后的养老金替代率相对较高；二是职工没有享有城乡居民非收入关联部分的养老金收入。2015 年，中国机关事业单位工作人员养老保险制度改革开始，公私职工基本养老保险“并轨”改革迈出了实质性步伐，但企业年金和机关事业单位职业年金的制度差异又造成养老保险第二支柱的“小双轨制”，同时忽略了企业、机关事业单位之外的劳动者对养老保险第二支柱的需求，形成新的不公平。中国职业年金制度体系构建就是从宏观视角系统研究政府机关、事业单位、企业和非营利组织等对职业年金的需求，从职业年金制度的公平性出发促进养老保障制度公平。

3. 提高社会发展效率

中国基本养老保险制度为广大人民群众提供了基本生活保障，真正体现了社会主义制度的公平价值取向，但养老保障的纯粹公平容易导致平均主义“大锅饭”，损害劳动者的积极性和主动性。中国职业年金制度作为养老保险的第二支柱需要确定效率优先的价值取向，真正体现劳动与非劳动、不同行业劳动之间的差异，将职业年金待遇同收入、缴费相关联，在基本养老保障基础之上差异化地提升从业人员的养老保障水平，建立良性的养老保障机制，促进社会发展的效率和可持续性。

第二节 国内外研究现状

一、国内研究文献综述

改革开放以来，中国职业年金制度建设实践推陈出新，从企业年金、事业单位职业年金、聘任制公务员职业年金建设至机关事业单位职业年金的顶层设计，相关学术研究也不断调整研究对象，取得了丰硕的研究成果，其研究成果主要分为年金类型、内容要素和国际启示等三个方面。

（一）中国职业年金制度的分类研究

中国职业年金制度采用分步建设的方式，理论研究来源于实践并为实践服务的真理，中国的职业年金制度也表现出分类研究的基本特征。

1. 企业年金制度研究

20 世纪 90 年代初，中国“提倡、鼓励企业实行补充养老保险”，21 世纪初又明确转化为“企业年金”并正式发布政策。通过查询中国知网数据库中有关“企业年金”研究的文献数量可以看出，企业年金制度的相关学术研究也在20世纪后10年和21世纪的前10年表现得较为强劲，其研究趋势如图1－1所示。

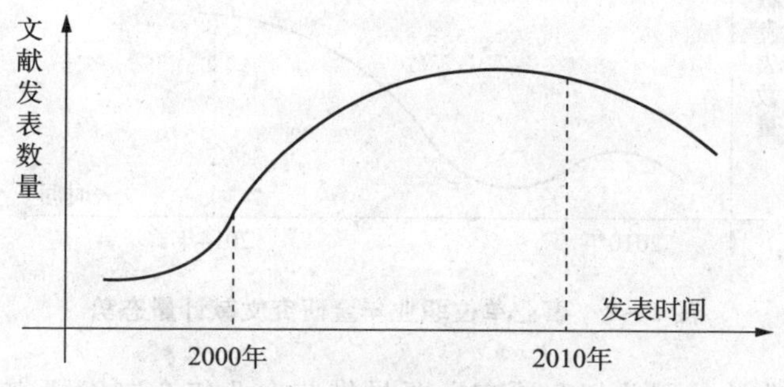

图1－1　企业年金研究文献计量态势

图1－1清晰表明中国关于企业年金制度的相关研究主要集中在《企业年金试行办法》正式颁布前后，经过近十年的研究已经从热点问题转化为职业年金的关联性问题以及企业年金制度实施方案优化等方面。全面研究了企业年金制度建设的各个基本要素。邓大松、刘昌平（2005）在理论与实践的基础上，界定了企业年金的内涵，归纳总结了概念特征，政府出台政策引导、独立于基本养老保险制度之外的补充养老保险、企业结合自身经济能力提供的企业员工福利。学界也探讨了企业年金的价值，认为企业年金可以抵御人口老龄化风险、减轻财政压力、提高职工养老金收入（杨帆、郑秉文，2008）。企业年金制度涉及的模式选择（李娟，2006）、基金管理等内容也都有学者进行了论述，提出建立信托型年金基金管理模式（郑秉文，2004）。

2. 事业单位职业年金制度研究

2008年，国务院发布《事业单位工作人员养老保险制度改革试点方案》提出建立事业单位职业年金制度，掀起了事业单位职业年金制度研究的高潮。通过查询中国知网数据库中有关“企业年金”研究的文献数量可以看出，事业单位职业年金制度研究主要集中在2010年和2014年，其研究态势如图1－2所示。随着中国企业年金制度改革进程的推进，2008年中国事业单位职业年金制度建设进入试点时期，2010年相关的理论和实践经验陆续发表。随后几年中国事业单位职业年金制度改革实施乏力，相关研究较少。2014 年，相关研究增多主要是学界已经形成共识机关事业单位职业年金制度需要统筹进行。

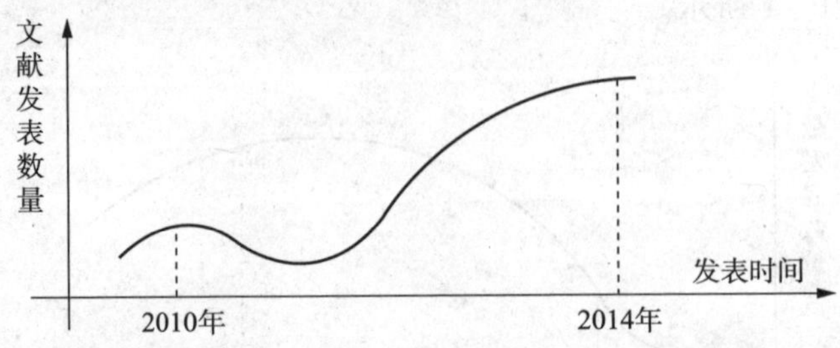

图 1－2　事业单位职业年金研究文献计量态势

中国事业单位职业年金研究主要是借鉴企业年金制度研究的成果，转化了研究对象，研究成果主要表现为三个方面。一是职业年金的联动问题，通过揭示企业年金同事业单位职业年金的不同呼吁改革要坚持公平原则（吴宏洛，2010），郑秉文（2009）通过“三个联动”提出事业单位职业年金同企业年金的联动以促进中国养老保障第二支柱的公平，强调机关事业单位工作人员职业年金的联动发展无疑为中国职业年金的改革指明了方向。朱劲松（2008）也认为在企业建立企业年金，在机关事业单位统筹建立职业年金以破除改革障碍。罗倩妮（2010）提出事业单位在保证基本养老保险之外，再建立两级制的职业年金，第一级为公共部门养老金，第二级为廉政储蓄养老金，以保证公共部门雇员待遇水平的稳定、应对“老龄化”危机、促进劳动力流动，以期实现事业单位养老保险改革的突破。二是探讨事业单位职业年金制度建设过程中的障碍。吴蕾、鞠永和（2014）探讨了公立医院建立职业年金制度，从建立制度的意义、问题和制度建设等角度进行研究。孙波（2009）提出事业单位职业年金制度建设遭遇实施乏力的困局根本原因在于政府财政投入不足。三是事业单位职业年金制度的构成研究。何文杰（2013）提出了构建公益类事业单位职业年金制度应遵循强制与自愿相结合的原则，以基金制和缴费确定制为主体，采用个人账户方式进行管理的基本思路。此外，作者还从费用来源、费用的分担比例、缴费基数、个人账户资金、职业年金的领取条件、职业年金的管理、争议的解决方式、税收优惠政策八个方面提出了构建公益类事业单位职业年金制度的一些对策。

3. 聘任制公务员职业年金制度研究

2008 年，深圳市发布《深圳市行政机关聘任制公务员职业年金计划总体方案》开始探索聘任制公务员的职业年金制度。2010 年，实施的《深圳市行政机关聘任制公务员社会养老保障试行办法》构建了聘任制公务员职业年金的基本框架，为中国后续改革奠定了坚实基础。深圳市聘任制公务员职业年金制度改革同事业单位职业年金制度改革同步进行，涉及的地域范围较少，在学界没有引起更多关注。胡晓东（2011）主要以深圳市为例，界定了聘任制公务员职业年金的相关概念、相关理论，并借鉴美国公务员职业年金制度提出聘任制公务员职业年金制度建设需要关注的问题。薛博、王道勇（2013）从聘任制公务员建立职业年金的必要性出发，系统阐述了聘任制公务员职业年金制度的基本模式、缴费方式和待遇水平、基金运营等内容。聘任制公务员职业年金制度在建设上偏离了其作为养老保障第二支柱的功能定位，还担负起考核、奖惩及反腐倡廉的作用，聘任制公务员违反制度后职业年金将被收回（杨丽萍、郑向鹏，2008）。

4. 机关事业单位职业年金制度研究

2015 年中国出台了《关于机关事业单位工作人员养老保险制度改革的决定》，机关事业单位职业年金制度研究井喷式出现，企业年金、事业单位职业年金制度被淹没在研究的浪潮中。机关事业单位职业年金制度研究主要集中在难点突破、可行性（何小伟、郑伟，2014）、实施办法、方案设计（张兴，2014）等方面。朱玫霖（2015）提出了中国机关事业单位职业年金制度运行的非均等化、机制衔接、政策扶持等方面存在的问题。杨晶（2015）提出机关事业单位职业年金制度中因缴费单位经费来源不同而实行的“名义账户制”和“基金积累制”两种模式并存的“小双轨”问题。在机关事业单位职业年金制度的反思中，部分学者对制度设计进行了研究，阮翔（2014）提出机关事业单位职业年金制度建设的必要性和基本原则，从系统整合的角度提出机关事业单位职业年金制度的模式选择、筹资机制、给付机制、投资管理、监管机制及其相应的配套措施。随着政策的出台，中国机关事业单位职业年金制度研究引起了学界的关注，研究内容涉及范围较为宽广，但研究深度需要进一步拓展。

（二）中国职业年金制度的构建研究

职业年金制度构建研究包括基本理论、外部基础、覆盖范围、缴费模式、待遇给付、基金管理、监管体制等方面的内容，通过企业年金、事业单位职业年金、聘任制公务员职业年金、机关事业单位职业年金四项改革实践和理论探讨，中国职业年金制度内容要素研究较为完备。

1. 中国职业年金制度的基本理论研究

中国职业年金制度基本理论研究突出表现为职业年金概念的界定仍然存在诸多争议。中国政府出台相关公共政策并行使用企业年金、职业年金等称谓，从保障对象的不同出发分别赋予其不同的定义，这一行为满足了职业年金实践需求，但缺乏学术的理性思考，混淆了概念内涵与外延之间的区别，消解了概念的严谨性。封进（2012）认为，“广义的职业年金指的是在公共养老保险制度之外，由雇主提供的各类补充养老保险，这其中包括了企业年金”，强调职业年金内涵的统一性，企业年金应该称为企业的职业年金，从学术的角度厘清了职业年金内涵与外延的关系。还有学者从职业年金的功能定位融合的角度，将职业年金界定为养老保险的第二、第三支柱。丁宁宁（2001）在介绍澳大利亚养老保障体系时，将职业年金的对象界定为包括公共部门工作人员在内的所有雇员，将职业年金分为养老保险“第二支柱”的强制储蓄型职业年金和“第三支柱”的自愿性质的企业补充职业年金，尝试将职业年金定义为涵盖职业年金、商业养老储蓄的补充养老保险。部分学者在尊崇实践的基础上探讨了职业年金和企业年金的关系，这种关系的揭示既有理论探讨也有实践建议。苏卫东（2008）认为，面向公职人员的职业年金应与企业年金统筹并行，面向公职人员的职业年金与企业年金二者同为中国基本养老保险之外的补充性质的养老保险，在考虑如何推进企业年金发展的同时，应一并考虑推进公职人员的职业年金发展，使二者共同构成一个覆盖所有城镇就业者的补充养老保险体系。职业年金制度框架的构建可以仿照既有的企业年金进行，源于二者之间的同源性。

2. 中国职业年金制度建设的外部影响因素研究

外部影响因素主要包括价值选择及政治、经济、文化、社会等基础条件等。中国学界对职业年金制度建设的必要性进行了系统的研究，系统阐述了职业年金制度建设的价值选择问题。吴蕾、鞠永和（2014）探讨了公立医院建立职业年金制度，从建立制度的意义、问题和制度建设等角度进行研究。杨燕绥、胡乃军（2012）指出“企业年金是中国职业养老金的先驱”，中国企业建立职业年金制度能够促进企业良性发展，也为职业年金的体系化发展树立标杆。何小伟、郑伟（2014）认为，“养老金双轨制”已经成为当前影响中国社会保障公平性的突出问题，依据国际经验提出建立职业年金制度。支晓晴、吴忠、张鹏等（2010）认为，事业单位建立职业年金制度是缩小企事业单位养老金待遇差距的必然要求，缓解改革后退休人员待遇下降的必然要求，减轻国家养老保险财政负担的必然要求。章泓（2010）认为，职业年金具有补充养老、福利激励、合理避税、资源配置等功能。在价值认知研究的基础上，学界也广泛讨论了职业年金制度建设的配套政策。职业年金制度建设需要政府制定相应的配套政策为制度的有效实施提供基本保障，做好顶层设计，应对养老保障存在的风险，优化职业年金制度，实现职业年金制度的可持续发展。林桐、伍恩平（2014）从企业年金收益保障的角度，提出探索境外资产配置方式，建立有效的收益保障机制，确保企业年金制度获得科学发展。

3. 中国职业年金制度建设的内部构成要素研究

职业年金制度的构成要素较多，包括制度原则、实施方案、缴费主体、费用分担比例、缴费基础、账户管理、待遇给付等方面。本书研究了中国职业年金制度建设需要规定的基本原则，对相关问题进行了探讨和建议（袁少杰、韩鸿蕊，2015），针对职业年金制度建设存在的问题提出缴费主体、筹资模式、年金替代率、基金管理等建议（李友根，2015）。在制度原则和内容构建上进行混合论述，施瑶、李昂（2014）通过提出制定《公务员年金法律》为职业年金制定专门法律、健全职业年金建设的法律基础提供了思路，通过建设专门法律规范年金主体责任，完善税收支持政策，建立专业管理机构。邓大松、刘昌平（2004）以中国企业年金为对象，阐述了企业年金基金的治理结构，分析了信托型企业年金的内部控制、信息披露、监管体制等内容，为中国职业年金基金运营和监管提供了有效建议。

（三）中国职业年金借鉴国际经验研究

中国补充养老保险、企业年金、职业年金的学术研究大多包含了“引进来”的因素，通过学习国外特别是西方发达国家职业年金制度研究的成果开创国内研究的起点，通过研究国外职业年金制度建设的案例为理论建设提供实证。

1. 中国职业年金借鉴国际制度建设的内容

关于内容方面进行国际借鉴的文献较多，借鉴内容涵盖了职业年金制度的各个方面。根据中国职业年金制度建设的不同阶段，分为企业年金、事业单位职业年金、公务员职业年金等研究阶段。根据中国职业年金制度建设的内容划分，分为系统研究和内容要素研究。在系统研究方面，毛慧红、戴维周（2004）通过系统总结日本企业年金制度的概况及运作模式，分析了日本企业年金的类型、计算方式、给付方式、基金管理等方面的内容，提出中国企业年金制度构建的具体建议。邹德新、刘春雪、李洪梅（2009）通过美国职业俱乐部联盟建立了职业运动员 401（K）年金计划结合中国国情，建议构建中国特色的运动员职业年金制度模式，制定税收优惠政策，建立多元化筹资机制，设计灵活、弹性的运行机制，构建完善的监督管理体系，推动运动员多支柱养老保险制度的发展。刘经纬等（2011）分析了发达国家高校教师职业年金制度的起源与作用，从管理体制、计划类型、缴费水平、替代率水平、治理结构、投资管理等方面研究了国外高校教师职业年金制度的概况和特征，总结了其对中国建立高校教师职业年金制度的经验和启示，为中国完善和健全社会保障体系提供了理论与实践参考。在监管体制方面，罗采薇（2015）以企业年金监管模式为切入点，通过分析美国、日本企业年金制度模式，提出了监管机构与监管模式的选择、完善企业年金的法律法规基础、加强信息披露等建议，为中国企业年金制度的发展提供思路。在缴费模式选择方面，刘琳（2009）针对给付确定型计划和缴费确定型两种职业年金计划运作模式，结合英国、波兰和美国的职业年金改革实践，分析了两种制度的利弊，提出中国职业年金应选择缴费确定性运作模式。在年金基金管理方面，彭琼（2013）通过分析美国加州职业年金近 10 年的投资回报，认为职业年金投资抵御市场系统性分析风险能力较弱，收益具有不确定性，提出加强投资风险管理、寻求配套措施。

2. 中国职业年金借鉴国际制度建设的过程

关于过程方面进行国际借鉴的文献相对较少，主要集中在职业年金制度建设的决策选择及其条件等方面。龙玉其（2015）通过梳理国外职业年金制度的演变过程，阐述了职业年金制度建设需要完备的基本条件，为职业年金制度建设创造平台。刘钧（2002）通过分析美国企业年金计划对其社会保障制度改革的巨大贡献，提出中国应该通过建立企业年金促进社会保障制度改革，但结合中国具体国情认为中国不具备发展企业年金的必要条件，提出通过商业保险方式提供企业的补充养老保险。虽然研究内容较早，但对考察中国职业年金制度建设的过程极具启发作用。2004 年前后中国推出企业年金试点，其后实施进程的缓慢无不表明这一借鉴性研究具有很大的前瞻性。通过分析国外金融危机对职业年金制度产生的影响以增强制度的发展弹性，王坦然（2010）研究金融危机对美国 401（K）计划产生的影响，通过分析金融危机事件中美国 401（K）计划暴露出来的诸多问题，为中国企业年金制度建设提供警示和建议。

二、国外研究文献综述

国外关于职业年金及其实践、制度相关的研究文献同国内研究一样也较多。由于国内外政治制度、经济模式、文化传统、社会构成等方面的差异，国外研究同国内研究存在着较大的区别，其研究内容大多将私人组织和公共组织职业年金一体看待。纵观国外现有研究文献，其研究内容主要集中在职业年金内涵、基础理论和制度构建等方面。

（一）职业年金内涵研究

企业年金是职业年金最先发展的一种形态。早期经济发达国家的企业出于激励员工、促进自身可持续发展的需要，为解除员工的后顾之忧，建立了这种劳动关联型的养老保障项目。因各国发展形态各异，职业年金的内涵因各国政治制度、经济发展状况等不同而产生了差异。职业年金根据其覆盖对象、缴费模式、待遇给付、基金管理等方面的不同形成了丰富多彩的表现形式。国际劳工组织（InternationalLabor Organization，ILO）将企业年金定义为国家社会保障制度向丧失劳动能力的劳动者提供的经济保障。该定义反映了经济发达国家企业的主体地位，其内容不仅仅包括退休后的养老保障，还涵盖了工伤保险、失业保险、疾病救助等现代社会保障体系的部分要素。Dennis E. Logue 和 Jack S. Rader（1998）主要以企业的职业年金为定义对象，将职业年金定义为国家提供政策规范，企业和员工承担缴费责任，建立社会管理机构进行专业管理的补充养老保险。该定义清晰界定了职业年金内涵的基本要素，但在职业年金的定位上仍然界定为补充养老保险，过分突出基本养老保险的替代功能，混淆了同样作为补充养老保险的功能定位。1994 年，世界银行通过将养老保障划分为三个支柱，清晰界定了职业年金是按照国家法律规定由雇主和雇员共同缴费、基金完全积累、社会机构专业管理的养老保障模式，作为第二支柱的私营养老金计划强调劳动关联。

（二）职业年金基础理论研究

职业年金基础理论研究为职业年金制度的发展提供科学指导，国外学者开展了广泛的研究。研究内容主要分为主体研究和附加研究。主体研究主要表现为针对职业年金开展的针对性研究，直接为职业年金的价值认知和制度构建提供基础理论。养老保障多支柱理论为人们正确认知职业年金提供了理论依据，1994 年，世界银行在《防止老龄危机——保护老年人及促进增长的政策》中提出养老保障“三支柱”理论，2005 年，世界银行又通过《21 世纪的老年收入保障——养老金制度改革国际比较》提出了养老保障“五支柱”理论。Albert Ando 和 Franco Modigliani（1963）提出生命周期理论，认为生命个体需要将收入和消费两项活动在生命存活全周期内进行平衡，将一生的收入适当地分配到每一个时期内进行支出，实现“收入—消费”效应的最大化。Bodie、Zvi、Robert C. Merton 等（2006）通过研究国家责任理论，提出国家应该担负起政策供给，通过引导和规范，在组织内建立职业年金制度，以保证社会秩序的良性发展。延期支付理论提出较早，也是职业年金制度发展的基础理论，强调工资现期支付同退休养老金支付之间的互逆性，组织支付给员工的养老金只是工资的一种延期支付，通过延期支付平衡劳动与退休之间的收入差距。附加研究主要表现为在社会保障理论研究过程中对职业年金的关涉性研究，间接为职业年金提供理论支持。20 世纪 70 年代，在美国出现了隐性合同理论，Laurence J. Kotlikoff 和 David A. Wise（1984）通过研究发现企业建立职业年金能够影响员工的离职和退休决策。这表明职业年金计划作为企业与员工之间的一种隐性合同能够提升职工退休后的生活水平，平滑其生命周期内的收入和支出。因此，隐性合同理论强调了企业建立职业年金计划无论对企业自身的发展还是职工退养的需要都具有必要性。自由主义思潮颠覆了社会民主主义、保守主义、社会主义关于养老保障的基础认知，提倡发挥组织、劳动者个人的主体责任，养老保障体制改革和职业年金制度的实践提供了宏观的理论支持。

（三）职业年金制度研究

通过概念和基础理论的支持，国际组织、发达国家的学者广泛开展了理论和实践的构建探索，内容涉及职业年金制度的全要素。政府间国际经济组织 OECD（Organization for Economic Co-operation and Development，经济合作与发展组织，简称经合组织）在企业养老金体制构建方面的贡献较多。21 世纪以来，OECD 在全球公司治理运动和金融危机影响下通过其专门机构“私人养老金工作小组”“保险委员会”制定了一系列企业的职业年金原则，例如，2004 年提出《OECD 理事会职业养老金监管核心原则》。在年金制度系统构件上，Estelle James 和 Dimitri Vittas（1999）通过系统比较研究美国、加拿大、德国等社会保障机制，提出职业年金建设的基本要素和内容，并对内容要素进行了分类阐述。在年金制度实践研究上，德国 1974 年建立《改善企业退休给付法》，美国 1978 年确定雇主发起养老计划的 401（K）养老计划，这些以企业为主开展的职业年金制度实践为国外职业年金制度研究提供了研究标的和实证案例。在年金制度的价值认知上，国外学者一致强调其重要作用。马歇尔·卡特（1996）通过分析美国基本养老保险制度的弊端，结合“婴儿潮”对美国未来养老保障产生的风险，提出建立企业年金制度至关重要。在年金治理上，学者着重强调养老基金管理的风险控制，形成年金信息披露、风险评估、内部管控等机制，减少年金管理的严重失误问题（Fiona Stewart and Juan Yermo，2008）。在年金监管体制建设上，Davis E. Philip（2003）从市场风险的角度研究了企业年金监管问题，强调企业年金需要在养老保障安全的前提下，重视市场系统性风险。在年金管理上，欧洲国家将私人保险市场关于资金管理的经验应用到养老保险制度领域，创造出“名义账户”，将现收现付制与基金积累制、缴费确定型和给付确定型的制度模式进行了交叉融合，为职业年金制度建设提供了很好的思路。

三、国内外研究评析

纵观国内外职业年金研究的相关文献，研究成果较为丰富，研究内容也相当全面，涉及职业年金制度的各个方面，但也存在一些问题有待进一步深入、系统地研究，丰富职业年金制度研究的内容体系。

（一）职业年金制度研究取得的成绩

职业年金制度相关研究成果丰硕，为进一步的深化研究奠定了基础。一是研究内容的全面性，国内外企业年金、职业年金及其相关制度的研究覆盖了制度内容的方方面面，涉及职业年金制度的概念、基础理论、覆盖范围、缴费模式、待遇给付、基金运营、管理体制、保障措施等，丰富的研究成果为各类型职业年金制度建设提供了坚实的理论基础。二是研究内容的普遍适用趋向，为职业年金制度一体化构建提供了参考依据。在企业年金制度系统研究的基础上逐渐介入公共组织领域，逐渐实现职业年金制度理论探讨和制度实施的全覆盖。国内职业年金制度研究的这一规律表现最为突出，企业年金、事业单位职业年金、聘用制公务员职业年金、机关事业单位职业年金制度研究的先后次序分明，职业年金一体化研究的趋势较为明显。国外并未将公共领域和私人领域的职业年金制度进行割裂研究，虽有具体职业年金计划在规范上的差别，但研究内容的整体适用性较为明显。三是研究内容充分反映了时代特征，反映了职业年金作为制度规范对象的本质属性。理论来源于实践，国内外的职业年金制度研究大多集中在法律、制度、政策的出台前后，为政策出台提供建议，也通过理性和实证的反思去努力修正政策的不足。四是研究价值取向的趋同化趋势明朗。国内外关于职业年金制度的研究都伴随职业年金政策的出台而爆发式展开，职业年金制度涵盖在政治范畴内，服务于政治统治的需要。无论以自由主义、保守主义、社会民主主义构建的福利体制，还是以社会主义为价值取向建设的国家保障制度，都趋向强调兼顾公平与效率，逐渐改革取其一极的错误做法。中国曾经在公平与效率上摇摆幅度较大，作为社会主义国家随着经济社会的全面进步在统筹兼顾的基础上更加“注重公平”。

（二）职业年金制度研究存在的问题

国内外职业年金制度研究仍然存在着许多问题，中国职业年金制度形式复杂多样，存在的问题更加突出，主要表现在以下几个方面。一是研究对象界定模糊，职业年金的概念在政策与学术之间游弋不定，往往以政策需求为上。国外关于职业年金概念的争议不多，其多以私人组织为载体出现，而国内将其翻译成企业年金，忽略了其本质内涵应该是企业的职业年金，因此造成国内职业年金概念研究众说纷纭的割裂局面。二是研究内容不平衡现象。国内外职业年金制度研究都存在厚此薄彼的现象。国外在研究对象上存在不平衡，研究内容主要以私人组织为主，系统研究了企业的职业年金相关问题。国内在研究对象、研究周期等方面存在研究不平衡，总体上企业年金研究数量较多，企业年金、事业单位职业年金、机关事业单位职业年金分别在其政策出台前后出现研究高峰。三是研究深度有待挖掘。因时代变迁缓慢和基础理论创新滞后，国内外文献反复研究探讨了职业年金制度的内容要素，在制度模式选择、覆盖范围、缴费模式、待遇给付、管理体制、保障措施等方面停留在既有成果上。国外研究文献在年金基金微观运营、收益研究上还进行了深度挖掘，国内文献仍然浮于宏观管理层面。四是研究深受政治导向的影响。国外私人领域较多，职业年金制度研究内容主要集中在企业方面，政治问题关涉较少，有时无非是政党竞选的工具。中国坚持社会主义基本制度，政治对经济、社会生活的影响较深，职业年金制度本身隶属于政治范畴，因此相关学术研究要服务于政治需求，随中国政治导向而开展学术研究，在一定程度上消解了学术研究的理性。五是研究内容存在系统性缺陷。国外职业年金制度研究虽然大多集中在企业方面，但是并没有忽视公共领域，而是将企业组织与公共组织作为整体进行研究。中国职业年金制度研究从企业、事业单位、聘用制公务员到机关事业单位一体化，表现为单一制度建设，即使将既有制度累加仍然忽视了部分非营利组织对职业年金的需求。

第三节　研究内容

本书以“中国职业年金制度体系”为研究对象，基于系统论的视角研究中国职业年金制度体系建设问题，梳理中国职业年金发展的历史及其形态，分析中国职业年金制度体系构建的必要性和可行性，建构中国职业年金制度体系，主要研究内容分为以下几个方面。

第一章：导论。主要阐述中国职业年金制度体系建构研究的背景、国内外研究现状、研究内容、研究思路及研究方法，提出选题的创新点。

第二章：职业年金制度体系的基本理论。主要界定职业年金的相关概念、职业年金制度体系的相关概念、职业年金制度建设的理论基础。通过相关概念和基本理论的阐述为本书研究奠定理论基础。

第三章：中国职业年金制度的探索历程。系统总结中国职业年金制度建设的历史脉络，宏观洞悉中国养老保障的改革进程及其关键点，微观剖析企业年金、事业单位职业年金及机关事业单位职业年金建设的动因及其成效。通过分析中国职业年金政策的演进过程，总结中国职业年金制度建设的成功经验和存在问题。

第四章：中国职业年金制度体系建构的必要性。分析在防范人口老龄化风险、维护社会公平等方面的社会需求，分析在改革养老保险体系、减轻政府养老金财政支付压力、促进经济发展等方面的政府需求，分析在保障劳动者养老水平、调动职工积极性、便于从业人员自由流动等方面的需求，详细剖析中国职业年金制度体系建设的必要性。

第五章：中国职业年金制度体系建构的可行性。通过系统总结中国企业年金、事业单位职业年金、深圳市行政机关聘任制公务员职业年金、机关事业单位职业年金正反两方面的实践成果，探讨美国、英国、日本、澳大利亚等发达国家职业年金建设成绩，系统论证中国职业年金制度体系建构的可行性。

第六章：中国民族地区职业年金制度建设研究。从非职业视角探讨职业年金的区域影响，归纳总结中国少数民族地区的补充养老保险、企业年金、机关事业单位职业年金等发展阶段，分析中国民族地区职业年金制度建设的成效、存在的问题及原因，提出发展建议。

第七章：中国职业年金制度体系建构。分析中国职业年金制度体系建构的影响因素，探讨其价值取向，详细阐述制度规范强度、覆盖对象、缴费主体、资金筹集、待遇计发、资金运营、监管体制等构成要素。

第八章：中国职业年金制度体系建构的保障措施。详细论述了养老保险体系结构治理、税收优惠政策、资本市场、信息化建设和法制基础等制度建构的保障措施。

第九章：结论。主要总结本书的研究内容及其成果，分析研究的缺憾，提出进一步研究的方向。

第四节 研究思路及方法

一、研究思路

本书采用理论探讨到实践探讨的思路，系统厘清职业年金的相关理论，在相关理论指导下分析中国职业年金制度建设的实践，为中国职业年金制度改革提供政策建议。研究思路具体如图 1 –3 所示。

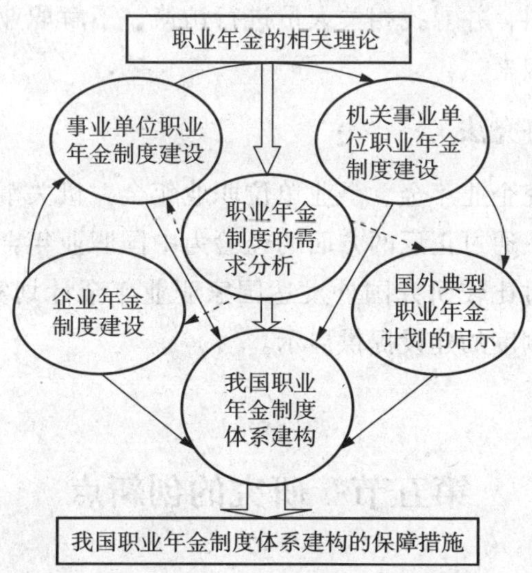

图 1 –3 研究框架

二、研究方法

本书以中国职业年金制度建设为中心，主要采用定性研究方法，辅以实证研究方法，系统构建中国职业年金制度体系。研究方法主要有以下几种。

（一）文献分析法

通过搜集有关职业年金、企业年金、国民年金、养老保险、社会保障等领域的图书、期刊、报纸、学位论文、研究报告等文献资料，进行系统分析，总结年金制度建设的基本特征和规律，为中国职业年金制度体系构建奠定科学的基础。

（二）案例分析法

通过寻找典型案例，搜寻有关案例的政策文本和研究资料，总结职业年金制度建立的基本规律，分析中国职业年金制度建设的基本方向，系统构建中国职业年金制度体系。

（三）实地考察法

通过对中国企业年金、事业单位职业年金实施的典型组织进行实地考察，搜集相关资料，并寻找相关人员进行访谈，了解职业年金制度建立的过程，寻找影响因素。

（四）比较研究法

通过比较研究企业年金、事业单位职业年金、机关事业单位职业年金制度建设的异同，通过正反两方面的经验为中国职业年金制度的构建提供有益的借鉴。通过比较研究国外发达国家职业年金计划实施的基本情况，为中国职业年金制度的建设提供启示。

第五节　研究的创新点

本书批判继承既有研究成果，在学术研究服务政治需求的基础上坚持科学认知，系统总结中国职业年金制度建设历史与现实，从理性的角度全面透视职业年金的基本理论和实践应用，形成研究内容和研究视角的创新。

一、研究内容创新

本书研究中国职业年金制度建设问题，不局限于缴费模式、给付模式、基金管理等微观内容的探讨上，更强调职业年金体系建设的宏观问题。在职业年金制度体系建设的基础理论上，不局限于职业年金的分部门概念，科学探讨、认知职业年金的本质内涵。在职业年金内涵统领下，系统研究中国职业年金制度体系问题，在现实实践基础上查漏补缺，弥补中国职业年金制度研究在非营利组织、农民群体等领域建设上的缺憾。依据职业年金的本质内涵，构建科学的职业年金制度体系，预留制度接口，保持职业年金制度改革的张力。

二、研究视角创新

本书采用系统论的视角，全面透视中国职业年金制度体系建设问题，研究内容不再局限于企业年金、事业单位职业年金、机关事业单位职业年金等政策建设的部分问题，提出企业、机关事业单位之外的非营利组织、农民群体、非正规就业群体等在职业年金制度建设上的问题，研究视角更为宏大。本书不仅从历史和现实的角度研究职业年金制度建设实践，而且注重在既有基础之上探讨中国职业年金制度建设的未来发展问题，职业年金未来发展同样面临扩大覆盖面的问题。本书不以纵向的养老保障具体项目、横向的养老保障项目要素为对象，更注重“小切口、广分析”的方式，以职业年金制度建设为突破口，深入分析中国养老保障体系改革问题。

第二章
职业年金制度体系的基本理论

第一节　职业年金的概念界定

概念是人类对事物的理性认识，感知事物本质属性并加以抽象提炼和概括。职业年金的概念是对职业年金本质属性的认知，揭示职业年金的内涵和外延，将其同其他事物区别开来。从学术研究视角观察，科学认知职业年金的本质属性对把握职业年金制度建设规律具有重要价值。

一、职业年金的内涵

（一）职业年金的相关概念

职业年金是养老保障演变发展的一种具体形态，目前尚未成熟稳定，其外部影响性概念及内部形式的分化给其内涵和外延的界定造成混乱。外部影响性概念包括养老保障体系、补充养老保险，内部形式包括企业年金、事业单位职业年金、聘任制公务员职业年金和机关事业单位职业年金。

1. 养老保障体系

“养老”一词依据主体不同可以分为两层含义：一是奉养老年人，主体是家属、社会成员乃至国家，《周礼·地官·大司徒》中记载“以保息六养万民，一曰慈幼，二曰养老……”① 正是强调政府提供养老保障的职

① 周礼［M］. 徐正英，常佩雨，译注. 北京：中华书局，2014：16.

责；二是老年人闲居修养，主体是老年人自己，唐宋璟《告老乞致仕表》中写道“归全之望，获在愚臣，养老之恩，成於圣代”，正是强调人们年老之后解甲归闲的期望。养老保障将“养老”的两层含义进行了融合，即国家、社会、家庭、个人为老年人的闲居修养提供物质、服务和精神慰藉的基本支持。养老保障体系就是养老的支撑体系，养老需求的多样性致使这种体系内部形成不同的、有机联系的子系统。在现实养老保障实践中，养老保障体系可以分为国家普遍提供的养老福利、劳动关联的养老保险和国家社会针对性开展的养老救助。1994 年，世界银行在《防止老龄危机——保护老年人及促进增长的政策》中提出公共养老金计划（第一支柱）、辅助性补充养老金计划（第二支柱）、个人储蓄养老金计划（第三支柱）的三支柱理论，将养老保险进一步细分，构建了养老保险分体系。2005 年，世界银行又在《21 世纪的老年收入保障——养老金制度改革国际比较》增加了贫穷老年人最低生活保障（零支柱）、家庭保障（第四支柱），在养老保险的基础上增加了养老救助和家庭互助养老的内容，将“养老保险体系”扩展为“养老保障体系”。由此可见，无论是在养老保障体系中，还是在强调劳动关联的养老保险体系中，作为补充养老形式的职业年金具有不可替代的地位。

2. 补充养老保险

养老保险是劳动者依据国家相关制度缴纳养老保险费、达到法定年龄退出劳动领域后依法获得物质收入的一种保障机制，概念清晰强调了劳动、缴费、法定年龄退休等基本特征。养老保险依据责任主体不同可以分为基本养老保险和补充养老保险，基本养老保险主要强调政府、社会的责任，补充养老保险主要强调雇主或劳动者自身的责任。补充养老保险是指雇主根据国家政策、自身经济情况、劳动者意愿在履行基本养老保险义务之外向劳动者提供一种旨在提高其养老待遇水平的附加型养老保障机制。结合养老保险的概念以及世界银行提出的养老保险“三支柱”理论，补充养老保险包括雇主和雇员共同缴费的第二支柱、个人储蓄养老计划的第三支柱以及雇主为雇员购买的商业养老保险，属于发挥补充作用的一种养老保险。补充作用的养老保险是在养老保险体系内对基本养老保险进行补充，养老保险的补充形式是指在养老保障体系内对养老保险的补充，二者的外延存在差别。补充养老保险可以是养老保险体系内补充基本养老保险的职业年金、商业养老保险等，也可以是养老保险体系外、养老保障体系内补充养老保险的养老福利、养老救助等。因此，职业年金属于补充养老保险，但补充养老保险并不仅仅为职业年金。无论对补充养老保险做何种理解，其内涵是固定的，强调雇主或雇员的养老责任。因此，职业年金仅仅是补充养老保险的一种形式，笼统地将补充养老保险界定为职业年金，体现了职业年金的外延形式，歪曲了其本质内涵。

3. 企业年金

企业年金既是职业年金的一种具体形式，也是补充养老保险的一种具体形式，是中国养老保险制度的重要组成部分。国外企业年金的研究和实践一般不以“Enterprise Annuity”或“Corporate Pension”为标的对象，大多以“annuity”“pension”为主体开展，研究范围分为公共领域或私人领域。国内为了使用方便将其翻译成具有中国特色词汇的企业年金，从保障对象分类的角度应该确切地界定为企业的职业年金，否则机关事业单位职业年金也应该对应为“机关事业单位年金”。企业年金应该是国内实践领域对“企业的职业年金”的简称，但是意识反作用于实践，称谓的逻辑不对称也成为职业年金制度实践探索出现“小双轨”制的起因。企业年金是在政府政策规范下企业按期缴纳、积累养老基金，为职工退休后的养老收入提供保障的一种机制。企业年金的本质特征是劳动关联、私人缴费、养老补充。中国 2004 年开始实施的《企业年金试行办法》将企业年金定义为：“企业及其职工在依法参加基本养老保险的基础上，自愿建立的补充养老保险制度。”这一定义成为中国企业年金及其制度研究的基础，突出强调企业年金对中国社会基本养老保险的补充作用。企业年金将补充养老保险改革进行了细分和具体化，从企业部门开始能够减轻改革阻力，从而有效推动养老保险体系改革。

4. 事业单位职业年金

事业单位职业年金既是职业年金的一种具体形式，也是补充养老保险的一种具体形式，是中国养老保险制度的重要组成部分。事业单位职业年金是在政府政策规范下事业单位按期缴纳、积累养老基金，为职工退休后的养老收入提供保障的一种机制。中国 2011 年开始实施的《事业单位职业年金试行办法》将事业单位职业年金定义为：“事业单位及其工作人员在依法参加事业单位工作人员基本养老保险的基础上，建立的补充养老保险制度。”这一定义成为中国事业单位职业年金及其制度研究的基础，突出强调事业单位职业年金对事业单位基本养老保险的补充，为推进事业单位分类改革、事业单位社会保障体制改革奠定基础。

5. 聘任制公务员职业年金

聘任制公务员职业年金既是职业年金的一种具体形式，也是补充养老保险的一种具体形式。聘任制公务员职业年金是在政府政策规范下行政机关按期缴纳、积累养老基金，为聘任制公务员退休后的养老收入提供保障的一种机制。2010 年深圳市实施的《深圳市行政机关聘任制公务员社会养老保障试行办法》将聘任制公务员职业年金定义为：“聘任制公务员在参加社会基本养老保险、地方补充养老保险的基础上，政府为保障其退休待遇所建立的补充养老保障制度。”深圳市积极贯彻《中共中央关于完善社会主义市场经济体制若干问题的决定》（2003 年）关于“积极探索机关和事业单位社会保障制度改革”的政策，在推行事业单位职业年金改革的基础上勇做改革先锋，推出聘任制公务员职业年金，将职业年金制度体系的分类改革进一步深化。深圳市从依托“政府企业化”理念招录的聘任制公务员入手，细分公务员队伍以减少改革阻力，为有效推进公共部门养老保险体制改革积累经验。

6. 机关事业单位职业年金

机关事业单位职业年金既是职业年金的一种具体形式，也是补充养老保险的一种具体形式，是中国养老保险制度的重要组成部分。机关事业单位职业年金是在政府政策规范下机关事业单位按期缴纳、积累养老基金，为机关事业单位工作人员退休后的养老收入提供保障的一种机制。中国 2015 年开始实施的《机关事业单位职业年金办法》将机关事业单位职业年金定义为：“机关事业单位及其工作人员在参加机关事业单位基本养老保险的基础上，建立的补充养老保险制度。”这一定义成为中国机关事业单位职业年金研究的基石，截取公共组织的部分单位进行整合型改革。机关事业单位职业年金制度作为机关事业单位养老保险制度改革的配套改革，真正发挥其“补充养老保险”的价值，弥补养老保险制度“并轨”后退休的机关事业单位工作人员在养老保障收入上的下降差距，从而减少中国养老保险制度改革的最大阻力。

总之，职业年金的相关概念从不同侧面为职业年金的内涵凝练了基本要素。养老保障体系、补充养老保险对职业年金进行了内涵定位，企业年金、事业单位职业年金、聘任制公务员职业年金和机关事业单位职业年金对职业年金进行了外延阐释，都为职业年金内涵的界定奠定了坚实的基础。职业年金相关概念充分展示了其内涵的统一性和外延的多样化。职业年金定位为一种补充养老保障机制，强调国家政策的规范、引导作用，突出雇主和雇员的缴费义务，隐含劳动关联的基本要求，发挥对基本养老保险的养老补充功能。

（二）职业年金的内涵界定

“年金”一词在国内外源远流长，几经演变。年金本义是按年领取一定金额的钱财。郭孝成《湖南光复纪事》中记载“谭都督特饬军务部颁发勋章，并酌定年金，定期分发各军士”，确切地揭示了年金的内涵。国外统治者从阶级统治的角度，为贵族等统治阶级提供“皇室年金”，为死亡、伤残等有功勋人员提供“抚恤年金”。随着时代变迁，“年”的内涵延伸出“时期”的解释，年金也转化为按一定时期领取一定金额的钱财，多指组织在职工年老、伤残等丧失劳动能力时为其提供生活支持，其内容涵盖了社会保障的全部内容。年金添加不同的定语，外延也会发生很大的改变，因此，职业年金就是同职业相关联的年金。职业是“个人在社会中所从事的作为主要生活来源的工作”，① 在此语境下，职业年金就有了因为工作按期给予金钱的含义，职业年金应该以职业为中心，保障对象覆盖包括国家公职人员、非政府组织工作人员和企业员工在内的所有劳动者。职业年金的原初形态是雇主为雇员提供的养老保障，并没有界定其保障性质。随着社会保障理论和实践的深入发展，在强调国家、社会责任的前提下，雇主为雇员提供的职业年金退居幕后。经过一段时间的沉寂和养老保障体系的剥离、细分，年金具有了保险内涵，职业年金又以崭新的面貌为职工提供补充养老保险服务，逐渐形成其本质内涵、特征以及各种外延形式。

---

① 中国社会科学院语言研究所词典编辑室．现代汉语词典［M］．上海：商务印书馆，2012：278.

职业年金的内涵在理论和实践中都存在着认知的不统一，都有广义和狭义之分。张云野、刘婉华（2014）从年金的本质属性出发，认为广义职业年金是劳动者的各类养老金计划，包括社会养老保险、职业养老计划、个人养老金储蓄等，其实质是养老保障体系；狭义职业年金是职业养老计划，“在公共养老保险制度之外由雇主发起的各类补充养老保险”。还有学者从职业年金保障对象的覆盖范围视角，认为广义职业年金是职业性养老保障，是在职人员的补充养老保险，即私人组织、公共组织为职工提供的补充养老保险的总称。英国通常使用“Occupational Pension”称谓，既包括政府、公共教育机构等公共组织的养老金，也包括企业为雇员提供的养老金。美国和加拿大使用“Employer Pension”“Employer - Sponsored Pension”称谓，同英国一样也涵盖政府、企业和非政府组织。与此广义职业年金定义对应，狭义职业年金便专指公职人员的补充养老保险，在中国目前专指机关、事业单位的补充养老保险。

综上所述，职业年金是组织根据国家规定在参加社会基本养老保险的基础上为其工作人员提供劳动关联、共同缴费、灵活支付等的一种养老保险机制。

二、职业年金的特征

职业年金作为社会保障体系中的一个构成要素，带有社会保障的普遍性特征，在理论构建和实践探索的过程中既继承了基本养老保险的基本特征，但其作为一种独特的养老保障模式也具有其鲜明特征。福利性、辅助性、专一性、效率性、合规性和个体性是职业年金的突出特征，这些特征以及其他相关特性在职业年金的概念和实践中也有所体现，共同表现职业年金的内涵，共同反映了职业年金的本质内涵和基本原则。

（一）福利性

职业年金是组织为提高职工养老金待遇水平建立的一种补充养老保障机制。职业年金是组织提供的一项福利事业，不以营利为目的，其缴费的责任主体主要是组织。职业年金的福利性主要是指职工获得的补充养老金收入大于其相应的缴费，所得大于所费便具有了福利性。职业年金旨在提高职工退休后的生活保障水平，肯定职工劳动期间的价值贡献。职业年金的福利性主要来源于组织的缴费责任，职工虽然也需要承担一定的缴费责任或者职业年金本身就是其工资的延期支付，但组织分担的缴费、年金积累的溢出效应、年金基金运营成本以及累积收益都给职工的老年生活需求提供了超出其缴费的保障。

（二）辅助性

职业年金是一种补充养老保障机制，对社会基本养老保险起辅助作用，即在职工获得基本养老保障的基础上进一步提高其养老保障水平。职业年金的辅助性主要是指职业年金在养老保障体系中处于非主要的地位，在保障功能上能够满足职工更高保障需求，发挥“锦上添花”的作用。职业年金的辅助性形成主要因为养老保障责任主体的转化。随着社会发展突出强调政府对民众的责任，其中养老保障是政府执政首要解决的基础性问题。部分雇主为雇员提供的职业年金在社会化养老保险出现后由主体地位转变为附属地位，甚至在社会基本养老保险替代率较高的情况下销声匿迹。人口老龄化发展趋势明显，不断推高养老保障支出，社会基本养老保险不堪重负，职业年金便以补充养老保险的形式出现以化解养老负担，满足职工不断提高的养老需求。

（三）专一性

职业年金是一种补充养老保险，属于养老保险的范畴，专门为职工退休后养老提供经济支付的保险形式，其功能专一。职业年金的本质内涵界定了其专一性的特征：一是突出为养老提供支持的针对性，不为养老需求之外的医疗、工伤等提供支持；二是为养老提供货币钱财支付的单一性，不为养老提供货币之外的养老服务、精神慰藉等提供保障。职业年金的专一性主要来源于职业关联的基本要求，在生命周期内对职工的工资进行延期支付便形成了工资延期养老以及货币支付。国家提供非缴费的养老福利、兜底的社会基本养老保险以及养老救助都不强调职业关联，保障内容涉及医疗、生育、失业、住房等各个领域，保障方式涉及物质保障、服务保障和精神保障。职业年金在养老保障体系中独树一帜地体现了其内涵，但并不阻碍其外延形式表现的多样性。虽然职业年金依据不同标准可以划分出不同的类型，保障对象、保障层次、保障内容等都呈现多样的形式，但是其本质功能旨在提高劳动者的养老保险水平。

（四）效率性

职业年金是组织开展人力资源管理的一种手段，属于薪酬管理的范畴，具有较强的激励作用。职业年金的效率性是组织缴费投入与其产生结果之间的对比关系。组织通过缴费投入、建立职业年金获得比较优势，为职工提供退休后的增强性保障，以获取职工的归属感和进取心，留住人才，形成坚实的心理契约，最终提高组织的产出，投入和结果呈正比例关系。职业年金实施的灵活性要求也突出表现了职业年金对效率的要求，不同行业、不同组织根据需要建立职业年金，破除养老保障“平均主义”大锅饭的现象，强调收入关联，激励职工不断提高工作效率。职业年金的效率性并不损害其公平性，职业年金在同行业内、同组织内实施也强调保障范围、保障待遇、保障过程的公平，但职业年金更强调在不同行业、不同组织之间的比较优势以激励职工，提高组织产出效率。

（五）合规性

职业年金旨在提高职工养老待遇水平，长期积累和运行的过程需要法律法规作为依据。职业年金的原初形态是雇主自发为雇员建立的养老保险制度，没有相应的法律制度进行规范。在基本养老保险制度建立后，职业年金的建立需要政府出台政策进行推动，为职业年金的定位、模式提供基本的框架。职业年金的合规性来源于基本养老保险制度对其功能的替代：一是用人单位没有建立职业年金的冲动，需要法律法规来推动；二是政府出台政策规范职业年金的内容要素，以强化其功能定位、避免养老保险制度重复建设。职业年金不是随着人类社会发展与生俱来的，而是人类社会实践积累的认知结果，本质上反映了人类对社会发展要求的理性认知，这种理性认知最终形成条款发挥对自身的约束作用，组织自发建立、国家政策规范都是其本质属性在制度上的反映，即职业年金本质上就是一种制度，必然体现出最大的合规性。

（六）个体性

职业年金是一种补充养老保险机制，起源于雇主自发为雇员建立的养老保险制度，表现出极大的个体性特征。职业年金的内涵几经演变，仍然初心不改，保留其个体性特征。一是行业、组织建立职业年金的个体性发展态势，中国职业年金在公共部门、私人部门不同的发展要求体现了行业的个体性，中国企业年金制度在不同企业的建设要求和实践状况表明其具有组织的个体性。二是企业年金的私人化发展要求，政府将职业年金缴费责任界定为组织和职工，年金基金存入个人账户进行管理。个人账户的独立运行体现了企业年金的个体性特征，缴费存在个体差异、年金投资可以自决、风险自我承担，拒绝社会统筹以消解风险共担的社会化发展趋势。职业年金的个体性是其在社会性中的剥离性解读，主要是实践形态的个体性发展，符合政府减轻财政压力、社会规避共担责任风险的世界养老保险制度改革潮流。

三、职业年金的功能

职业年金间接地发挥社会保障所具有的稳定、调节、促进和互助等多重效能和作用，从宏观作用领域划分可以划分为政治性、经济性、社会性等功能。从职业年金本质内涵及其系统要素考察，职业年金在健全社会养老保险体系中对政府、组织和职工产生直接作用。

（一）健全养老保障体系

养老保障并非以单一形式存在，其包含养老保险、养老救助、养老福利等多种层次。国外养老保障理论研究与实践探索都注重养老保障项目多样化以满足民众养老需求的多元化发展趋势。国际社会已经形成养老保障供给多元化的基本共识，世界银行分别于 1994 年和 2005 年提出养老保险“三支柱”和养老保障“五支柱”，不断完善养老保障体系。20 世纪 90 年代，中国推行社会保障制度改革以来，探索完善社会养老保险、社会养老福利和社会养老救助的大“三支柱”，在社会养老保险内提出构建基本养老保险、职业年金、商业保险的小“三支柱”，综合大、小支柱不难看出，中国已经逐渐形成涵盖国家养老福利、养老救助、基本养老保险、职业年金、个人养老储蓄、商业养老保险和家庭互助养老等在内的养老保障体系。在养老保障体系建设中，职业年金是中流砥柱，成为其不可分割的一部分。通过建立职业年金制度无疑能够健全养老保障体系，多层次、多渠道为民众提供养老保障，激活养老保障促进经济发展的活力，化解养老风险，维护社会稳定。

（二）补充职工养老待遇水平

在养老保障体系建设中，不专门针对职工的“零支柱”养老救助具有不确定性，建立在个体的主观选择和道德水准上的“第三支柱”个人储蓄养老及“第四支柱”家庭互助养老同样具有不确定性，这些不确定性的养老模式不能保证劳动者在奉献青春与汗水之后的退休养老。在养老保险体系中，商业保险具有组织和个体选择的随机性、资金运营风险较大和收益较小的不稳定性，作为“第一支柱”的社会基本养老保险因人口老龄化等因素影响其替代率逐年下滑已经无法满足劳动者日益增长的退休支出。养老金替代率问题是养老保险制度建设的核心问题，世界基本养老金替代率近年来呈现实际下降和预期下降趋势，中国基本养老金替代率从20世纪/21世纪前的80%以上下降至21世纪后的50%左右，韩国和日本都计划在21世纪中叶前将基本养老金替代率调至40%左右。总之，不建立职业年金制度不足以支付劳动者的退休支出。中国公共部门养老保险制度改革举步维艰，皆因“并轨”后基本养老保险无法满足养老需求，“一体化”构建机关事业单位职业年金能够弥补社会基本养老保险待遇同国家财政完全拨付退休养老模式之间的差距。

（三）提高组织人力资源管理效率

组织建立职业年金制度也是其人力资源管理效率高低的关键因素。组织建立职业年金制度在人力资源管理方面发挥作用主要体现在以下几个方面。一是吸引优秀人才。组织建立职业年金能够提高职工人生总收入，职工人生总收入包括在职收入和养老金收入等。类比没有建立职业年金制度的行业或组织，建立职业年金制度的组织能够获得比较优势，夯实发展的人才基础，从而降低人力资源管理的机会成本。在招聘过程中能够录用拔尖人才，这些优秀人才在入职培训上能够节约时间和资金。在组织管理中能够留住人才，组织人才队伍的稳定能够减少重复招聘员工所需要花费的人力、时间和钱财等成本。二是激发职工潜能。工资延期支付的职业年金能够激发职工职业愿景，促使职工将本职工作视为终身职业，潜心为组织服务。总之，组织建立职业年金制度有其内在的利益驱动，能够进一步提高人力资源管理效率。中国企业年金实践探索多在发展较好的大中型企业开展，说明企业年金能够促进组织发展的良性循环，中国机关事业单位推行强制性职业年金制度就是为了吸引、留住精英人才为国家发展贡献力量。

（四）减轻政府财政养老支付压力

截至 2014 年底，中国职工基本养老保险累计有接近 1 万亿元的空账，需要政府财政进行兜底。再加上政府需要大部分承担城乡居民基本养老保险支出以及城乡养老救助等社会保障事项，中国财政在社会保障方面的支出压力较大。职业年金大多强调组织及职工的缴费责任，建立个人账户进行基金管理，有差别、有针对性地为职工的退休养老提供货币补充，同政府财政支出并无关联。在职业年金的运行中，既没有提及政府的缴费责任，也没有提及政府对职业年金给付待遇进行保底，政府只负责出台法律法规引导、鼓励或强制组织为职工提供多样化的养老保障项目。职业年金将养老责任部分转移到组织及其职工身上，无疑可以有效减轻政府财政支出。特别是人口老龄化趋势加重、老年人退休养老需求不断提升的情况下，政府在基本养老保险、养老福利、养老救助等方面的支出也会日益增大，基本养老金替代率将呈现不断下降趋势。为了兼顾不降低职工退休养老水平、减少政府财政支付压力，必须建立职业年金另辟蹊径开辟养老金供给渠道，建立养老金供给的多个支柱。

第二节　职业年金制度体系

制度是办事规程或行动准则，既强调科学严谨的规范，又突出实践要求，将理论和实践有机结合起来。职业年金制度便是职业年金概念的具体化，强调实践行为的规范。职业年金制度体系就是职业年金具体化的系统结构，有其具体的结构框架和内容要素。

一、职业年金制度体系的概念

职业年金与职业年金制度在科学界定上存在模糊认知，一般国内外研究学者将职业年金等同于职业年金制度，在逻辑构建上不做学理区分。职业年金和职业年金制度存在一定的区别，职业年金是远远宽泛于其制度的一个概念。从职业年金原初实践形态上考察，职业年金就是雇主为雇员提供养老金的一种行为，主观随意性较大，没有规范性要求，不强调实施范围的公平性和运行过程的稳定性。从职业年金和职业年金制度的字面上理解，职业年金制度应该是经过规范的职业年金实践行为，更强调职业年金主体的规定性、保障对象的确定性和运行过程的可持续性。职业年金的实践发展淡化了其与职业年金制度之间的界限，在学界和实践领域形成了二者同体的认知。职业年金从其本义上可以理解为因职业关系按期提供的钱财，强调物质供给的行为机制及其供给对象，但并没有明确界定供给的主体和方式等。实践决定认识，职业年金随着社会发展的复杂化而被复杂化，其系统构成要素不断增加和赋予了新的内容，不断增加的解释性因素就形成了对其本身的限制，这些限制就是对其实践行为的规范认知。特别是养老保障责任主体由组织、私人和家庭向政府的转化，扩大化的责任主体需要运用公共权力规范不断扩大的养老保障覆盖对象，通过规范性的法律、法规、制度以确保系统性公平与效力。人们对职业年金实践的规范认知经过抽象概念化便形成了调节职业年金范围内政府、组织与人相互之间关系的法律、法规、规章等的总和。附加了规范认知要素的职业年金在内涵上体现出一种制度模式，国内外关于社会保障、社会保险、职业年金等类似实践行为的研究往往将其界定为制度安排，例如，社会保障往往被界定为一种制度。因此，职业年金是一种补充养老保障机制，强调职业年金的构成元素及其相互之间的关系，无论在实践还是理论领域往往被理解为一种制度。

职业年金制度同职业年金制度体系在学界上也没有做明确辨析，二者在理论和实践过程中也存在同体和差异的认知。职业年金制度同职业年金制度体系存在一定的区别，主要表现在理论界定上。职业年金制度从微观视角强调职业年金运行的规范要求，职业年金制度体系则更多从宏观视角强调职业年金运行规范构成的整体，二者之间存在总分关系。从系统分析的角度考察，职业年金制度也被视为职业年金制度体系。职业年金制度体现出一种实践要求，这些实践要求被不同学者在理论上界定为“法律”“法规”“机制”“体制”“保障系统”等，也强调内外部的系统化要求。职业年金制度因其内部构成要素的系统化和同外部关系的有序化而被界定为一种体系，这种体系更多强调职业年金制度内部的微观构成及其同宏观系统的关系，但同职业年金制度体系的宏观构成仍然存在差别。因此，虽然职业年金制度同职业年金制度体系具有一定的契合性，但不能简单地将二者混淆，应区别研究。

综上所述，职业年金制度体系指职业年金制度按照一定的作用范围、功能定位及其相关关系组合而成的整体，包括职业年金制度体系的结构框架和构成要素。

二、职业年金制度体系的基本框架

职业年金制度体系是职业年金实施规程和实践准则的集合，有其内在的体系结构，为职业年金制度建设奠定基础。职业年金制度体系有其存在的外部系统，也有其内部框架。

（一）职业年金制度体系的外部系统

职业年金制度体系是养老保险制度体系的一部分，养老保险制度体系又是养老保障制度体系的一部分，养老保障制度体系又是社会保障制度体系的一部分，因此，职业年金制度体系有其多层的上位系统。

1. 养老保障制度体系

社会保障制度体系包含三个基本维度（如图2-1所示）：从保障模式的角度划分，可以分为社会福利、社会保险和社会救助，即社会保障的三个基本供给形式；从保障范围的角度划分，可以分为养老、医疗、教育、住房、失业、生育、伤残等多个领域，即社会保障发挥价值的范围；从保障运行的角度划分，可以分为覆盖对象、筹资模式、基金运营、待遇给付和监管体制等具体内容，即社会保障具体项目的管理过程。通过纵、横坐标轴形成的坐标点便是社会保障的项目类型，涉及的具体项目类型复杂多样。

通过图2-1不难看出，在社会保障制度体系中，基于退休养老需要的养老保障制度占据重要地位。养老保障制度体系是养老保障项目组成的有机整体，也包含三个基本维度（如图2-2所示）：从保障模式的角度划分，可以分为养老福利、养老保险和养老救助，即养老保障的三种基本供给形式；从保障主体的角度划分，可以分为企业养老保障、政府养老保障和非政府组织养老保障，即养老保障的三类责任主体；从保障运行的角度划分，可以分为覆盖对象、筹资模式、基金运营、待遇给付和监管体制等具体内容，即养老保障具体项目的管理过程。

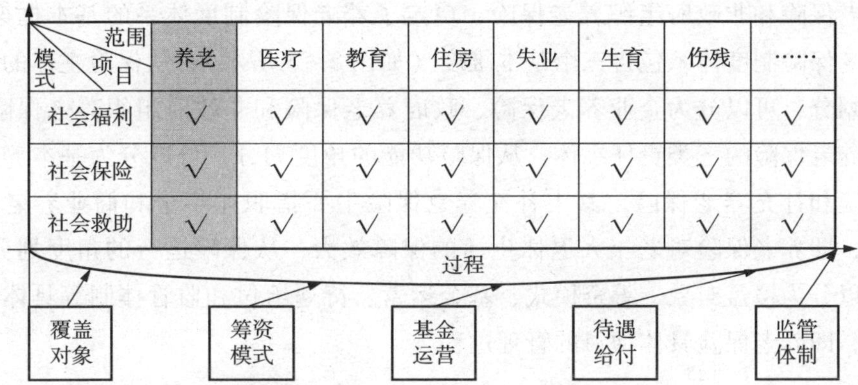

图2－1　社会保障制度体系框架

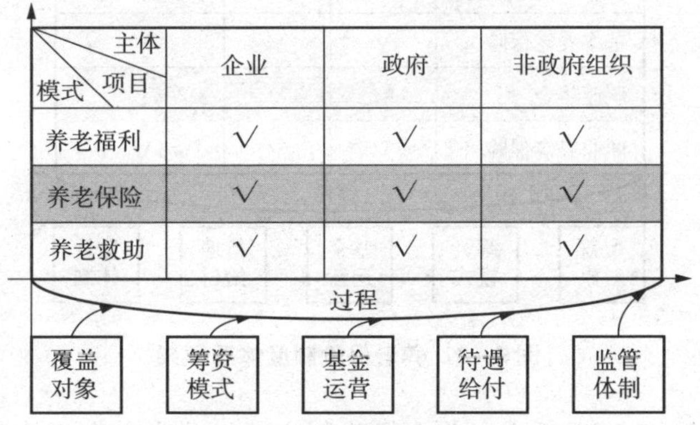

图2－2　养老保障制度体系框架

通过图2－2可知，在养老保障制度体系中共存在九类养老保障项目，公共组织和私人组织都提供养老福利、养老保险和养老救助等项目，养老保障供给模式形式多样，但没有涉及目前仍作为实践和理论研究对象的家庭养老保障。养老保障体系从责任主体角度考察，除了企业养老保障、政府养老保障和非政府组织养老保障，还有家庭互助保障。中国家庭养老传统历史悠久，沉淀为一种独特的家庭文化模式，其独特的生命力足以超越现代化、工业化的消解作用。从家庭养老保障模式供给的角度考察，其更多地表现为一种家庭养老救助，无关养老福利和养老保险，同养老保险范畴不存在契合性，故不作列举。

2. 养老保险制度体系

养老保障制度体系从保险的角度考察，可以分为企业养老保险、政府养老保险和非政府组织养老保险，奠定了养老保险制度体系的基本框架。养老保险制度体系包含三个基本维度（如图 2－3 所示）：从保险主体的角度划分，可以分为企业养老保险、政府养老保险和非政府组织养老保险，即养老保险的三类责任主体；从保险功能的角度划分，可以分为基本养老保险和补充养老保险，其中补充养老保险主要指职业年金和商业养老保险，即养老保险对老年人退休生活的保障效力；从保险运行的角度划分，可以分为覆盖对象、筹资模式、基金运营、待遇给付和监管体制等具体内容，即养老保险具体项目的管理过程。

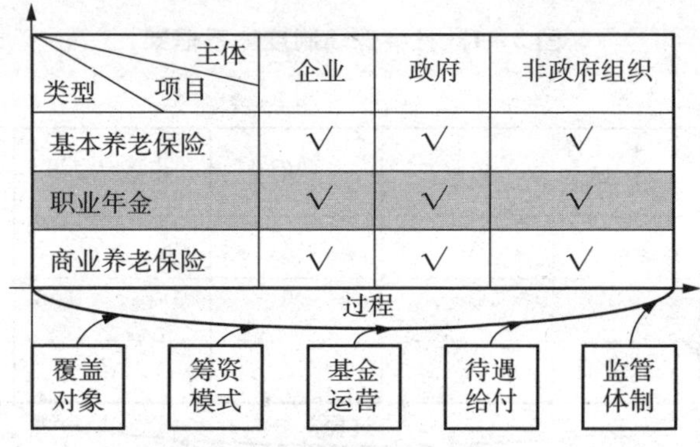

图 2－3　养老保险制度体系框架

通过图 2－3 可以看出，养老保险制度可以分为九个具体项目，企业、政府和非政府组织分别建立基本养老保险、职业年金和商业养老保险，构建系统化的养老保险体系。养老保险制度体系主要强调两个方面的内容：一是养老保险项目覆盖面的问题，基本养老保险、职业年金和商业养老保险等项目能够覆盖至所有应该保障的对象，否则容易造成政府责任缺位的现象；二是养老保险项目的功能定位问题，基本养老保险保障基本养老需求，职业年金和商业养老保险在满足基本养老保障的基础上提高退休老年人的养老待遇水平，其中职业年金由政府进行政策引导，商业养老保险由劳动者自由选择。在这三种养老保险项目中，政府责任由高向低递减，政府责任同养老保障待遇需求之间表现为互逆关系。

（二）职业年金制度体系的框架结构

社会保障制度体系、养老保障制度体系、养老保险制度体系作为职业年金制度体系的外部系统，对其价值进行了定位，界定了其功能范畴，为职业年金制度体系的构建奠定了坚实的基础。养老保险制度体系从职业年金的角度进行分类，可以分为企业职业年金、政府职业年金和非政府组织职业年金。职业年金制度体系包含责任主体和内容要素两个基本维度（如图 2 -4 所示），从责任主体的角度可以划分出职业年金制度的基本类型，从内容要素的角度可以分析出每一类型职业年金制度运行的基本过程。职业年金制度的基本类型构成了职业年金制度体系的框架结构，认识来源于实践，这种框架结构的归结主要来源于职业年金制度分类建设的实践及其在此背景下的学术研究。国内外职业年金制度的实践探索和理论研究都强调劳动关联、雇主责任等主要特征，这些特征规范了职业年金实践和研究的类型，逐渐形成以制度的责任主体、覆盖对象进行分类的研究视角。这种以责任主体、覆盖对象为依据的职业年金制度分类体系是一种宏观分类，中国职业年金制度据此分类形成了企业年金、事业单位职业年金、聘任制公务员职业年金和机关事业单位职业年金等类型，构建了职业年金制度体系的基本框架。

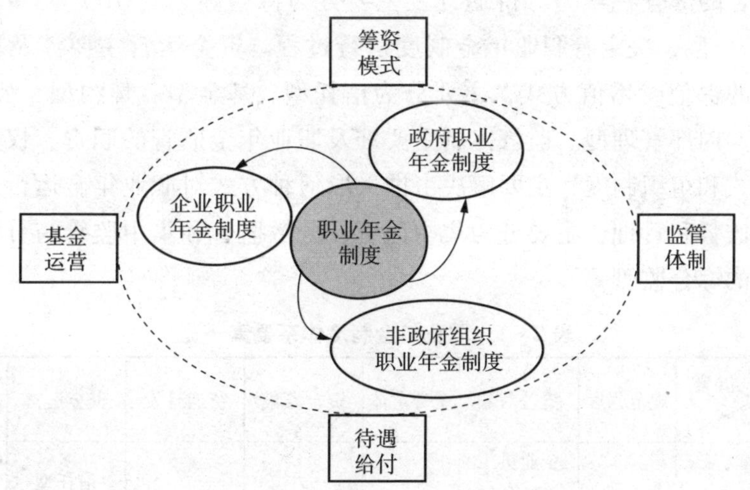

图 2 -4　职业年金制度体系框架

职业年金制度体系的基本框架为其构建提供了基础，主要表现在以下几个方面：一是为体系构成要素提供了一个开放的支撑空间，容纳不同类型的职业年金制度，容纳不同类型职业年金制度的构成要素，结合实践需求构建、调整和增加体系要素。二是为体系发展提供了一个宏观的分析视角，通过整体研究能够发现制度实践探索的系统性缺失，为系统解决职业年金问题提供思路。三是揭示了体系构成要素之间的相互关系，从公平与效率视角协调职业年金的价值诉求，平衡不同类型职业年金制度的内容安排。

三、职业年金制度体系的构成要素

（一）职业年金制度体系要素总述

职业年金制度体系由企业职业年金、政府组织职业年金和非政府组织职业年金三部分构成，每一类型职业年金制度又分别由规范强度、覆盖对象、缴费主体、资金筹集、待遇计发、资金运营、监管体制等内容要素构成（见表2－1）。规范强度涉及职业年金制度制定的主体和执行的强度，制定主体一般指政府，执行强度分为强制性和非强制性。覆盖对象涉及职业年金制度保障的客体，一般指劳动者，在不同行业领域其身份性质定位有差别。费用缴纳按缴费主体划分，可以分为雇主单方缴费和雇主、雇员共同缴费。资金筹集涉及年金积累方式，分为现收现付、基金积累型以及二者混合的部分积累型。待遇计发主要分为待遇确定（DB）型和缴费确定（DC）型，决定着职业年金制度运行过程。资金运营主要涉及职业年金基金的保值、增值方式，主要分为信托型、基金型、契约型、公司型、互助型、内部管理型。监管体制主要涉及职业年金监管的职责、权力分配等的方式和组织制度，主要解决由谁采取何种方式对职业年金运行及其结果进行监督和管理，主要分为集中监管、分散监管和集中监管与分散监管相结合的综合监管等。

表2－1　职业年金制度体系要素一览

<table>
<tr><th>要素
类型</th><th>规范强度</th><th>覆盖对象</th><th>缴费主体</th><th>资金筹集</th><th>待遇计发</th><th>资金运营</th><th>监管体制</th></tr>
<tr><td>企业职业年金</td><td rowspan="3">强制性
非强制性</td><td>企业员工（含农业工人）</td><td rowspan="3">雇主缴费
共同缴费</td><td rowspan="3">现收现付
基金积累型
部分积累型</td><td rowspan="3">待遇确定型
缴费确定型</td><td rowspan="3">信托型
基金型
契约型
公司型
互助型
内部管理型</td><td rowspan="3">集中监管
分散监管
综合监管</td></tr>
<tr><td>政府组织职业年金</td><td>公务员</td></tr>
<tr><td>非政府组织职业年金</td><td>非政府组织从业人员</td></tr>
</table>

职业年金制度体系要素成为职业年金制度内容建设的基本选项，为每一项职业年金制度建设提供具体指向，其作用主要表现在以下几个方面：一是规范职业年金制度建设的基本内容，从系统要素剖析的角度分类完善职业年金制度必不可少的规范需求。二是发挥价值导向功能，赋予要素内容权重以决定职业年金制度的基本性质。三是协调要素之间的关系，保证职业年金制度运行顺畅。

（二）职业年金制度体系要素分析

职业年金制度本质上是职业年金内涵的各种外延形式，依据不同要素特征可以分类为不同的制度形态。职业年金制度的不同分类，从不同视角剖析了职业年金的基本要素，为构建职业年金制度及其体系奠定了基础，便于全面透视职业年金制度的内容要素。

1. 规范强度

职业年金制度的决定性要素就是制度规范强度，其规范强度决定制度实施力度。从规范强度的角度进行划分，职业年金制度可以分为自愿型和强制型。自愿型职业年金是指国家通过政策供给，倡导、鼓励用人单位根据自身经济状况建立的一种补充养老保险制度。自愿型职业年金突出强调用人单位的自觉性，这种自觉性来源于用人单位和职工在协商一致基础上达成的共识，表现为在国家有关法律法规的框架内自主制订具体方案、确定缴费主体及比例等。美国、日本等国家制定相应的法律法规为用人单位建立职业年金提供依据，美国用人单位有权决定是否建立职业年金，但不建立职业年金的用人单位在员工招聘活动中必须特别说明。强制型职业年金是指国家通过立法强制要求所有用人单位必须为其职工建立的一种补充养老保险制度。强制型职业年金突出强调制度施行的硬性要求，国家规定了职业年金的覆盖范围、缴费比例、待遇水平、基金管理等制度要素，这种强制性来源于国家保障职工养老需求水平、养老保障覆盖面的责任，表现为用人单位必须为职工建立职业年金，职工也不得选择退出。法国、澳大利亚、英国、丹麦、瑞士等国强调国家对职业年金的干预，制定有关职业年金的法律法规，强制要求用人单位执行，为职工建立补充养老保险机制。

2. 覆盖对象

职业年金制度的作用范围主要由覆盖对象决定，确定了权利客体。依据覆盖对象划分，职业年金可以分为私人组织职业年金和公共组织职业年金。私人组织职业年金主要是指企业年金，公共组织职业年金可以分为政府部门职业年金、非政府组织职业年金。在中国职业年金建设实践中，先后出现了企业年金、事业单位职业年金、聘任制公务员职业年金和机关事业单位职业年金等具体形态。私人组织职业年金主要是指企业依据国家法律法规制订实施计划、确定缴费比例、建立管理机制等为职工建立的一种补充养老保险。公共组织职业年金主要是指政府、非政府组织等依据国家法律法规制订实施计划、确定缴费比例、建立管理机制等为工作人员建立的一种补充养老保险。此种分类主要强调了职业年金建立的责任主体不同。

3. 缴费主体

职业年金制度需要建立畅通的费用缴纳机制，明确制度的责任主体，确保资金源。依据缴费主体划分，职业年金可分为雇主缴费型和共同缴费型。雇主缴费型职业年金是依据国家规定用人单位按照一定的比例为职工缴纳费用的一种补充养老保障机制，强调用人单位是缴费主体，充分体现了“雇主父爱论”的精神内核。共同缴费型职业年金是依据国家规定用人单位和职工按照一定的比例共同承担缴费责任的一种补充养老保障机制，强调缴费主体是用人单位和职工个人，这种类型的职业年金是用人单位向职工提供延期员工福利的一种激励手段。职业年金作为国家政策指导下的一种组织福利，国家没有缴费责任，主要责任主体在于用人单位和个人。

4. 资金筹集

职业年金制度从缴费主体角度进行划分主要强调静态的资金源，以确保职业年金制度有效运行的资金基础。职业年金制度从资金筹集方式进行划分主要强调动态的资金流，包括资金缴纳、资金运行、资金支付等过程，以收、支的动态平衡来保证职业年金制度运行的可持续。依据资金筹集方式划分，职业年金可分为现收现付型、基金积累型、部分积累型。现收现付型职业年金是同一时期组织或其在职职工的全部缴费用来支付已经退休职工享有的年金待遇的模式，根据制度安排和职业年金待遇发放需求向组织或职工征收费用，不留结余作为储备。基金积累型职业年金是享有年金权利的职工将所在组织或自身缴纳的费用交由年金经办机构进行积累和投资、退休后享有所积累的资金及其收益的一种养老制度安排。部分积累型职业年金是将现收现付型和基金积累型进行结合，组织缴纳费用采取现收现付模式进行社会统筹，个人缴纳费用采取基金积累模式进入个人账户进行积累、保值、增值。

5. 待遇计发

职业年金制度保障水平通过待遇发放来体现，以职业年金流动终点来解释职业年金制度的效果。依据待遇计发方式划分，职业年金可分为待遇确定型和缴费确定型。待遇确定型（Defined Benefit，DB）顾名思义是以养老金待遇水平为依据确立保障模式，按照养老金替代率的预期需求通过保险精算以确定养老金支付标准和养老保险缴费比例的类型，简单理解就是“以支定收”模式。DB 模式强调寿险精算，需要科学分析预测国家经济通货膨胀形势、基金运营管理状况以及职工的劳动年限、流动率、工资递增趋势、死亡率等影响因素，不建立个人账户。在 DB 模式中，职业年金收入同职工工作年限成正比，同职工流动率成反比。缴费确定型（Defined Contribution，DC）顾名思义是以养老保险缴费比例建立保障模式，按照养老需求确定缴费水平，所缴养老费存入个人账户进行投资，退休后一次性或分期获取个人账户的累积缴费及其投资收益的养老保障类型，简单理解就是“以收定支”模式。DC 模式相对稳定，收益风险由职工个人承担，强调基金运营可靠、有效。

6. 资金运营

职业年金缴费资金数额庞大，其保值增值问题一直是制度建设的关键环节，直接决定了职业年金制度运行的安全性和有效性。依据资金运营方式划分，职业年金可分为信托型、基金型、契约型、公司型、互助型、内部管理型。信托型职业年金是指采用信托方式管理用人单位和职工缴费所形成的资金的一种养老保障机制，建立职业年金制度的用人单位作为委托人将缴纳的补充养老费委托给信托公司，作为受托人的信托公司对受托资金进行投资运营以确保受益人的收益，履行缴费义务、建立个人账户的职工作为受益人在一定条件下能够获得职业年金待遇收入。英国、美国的职业年金管理方式多采用信托型。基金型职业年金是指用人单位和职工缴纳的资金由特定的年金基金会进行管理、作为受益人的职工在退休后能够按照约定获得补充养老保险待遇收入的一种养老保障机制。契约型职业年金是用人单位和职工同养老金管理公司通过签订书面合同并缴纳费用，由养老金管理公司以集合资产的形式运营所收缴资金并收取一定的管理费用、职工退休后如约获取养老待遇收入的一种养老保障机制。公司型职业年金是用人单位和职工同实体公司签订合同、缴纳保险费用并换回有待遇许诺的凭证、职工退休后获取养老待遇收入的一种养老保障机制。互助型职业年金是参保人通过建立实体公司、缴纳保险费、享有所有权和控制权，在退休后分享公司运营收益的一种养老保障机制，其运行程序同公司型相同。内部管理型职业年金是用人单位在内部建立、运营、管理的一种养老保障机制，采用名义记账的形式给予退休职工养老补充，成为一种现收现付型的养老保障机制。

7. 监管体制

职业年金本身就是一种制度安排，其中涉及监管的职责和权利分配。职业年金监管体制就是职业年金监督管理的组织结构设置及其相关组织制度，外延上主要表现为集中监管、分散监管、集中监管与分散监管相结合的综合监管三种模式。集中监管又称统一监管、一元化监管，是政府在构建职业年金基金监管体系时将其作为一个整体进行监管，由单一机构代表政府集中履行职业年金的监管职责。集中监管主体为政府专门机构，监管机构通过专业分工内设职能部门，共享监管信息，提供有效监管服务。集中监管强调权力与责任的单一性，保证监管目标执行的一致性，减少监管缺位、越位、错位和不到位等情况的出现。分散监管是政府在构建职业年金基金监管体系时，将监管职能赋予两个以上相互独立的主体。分散监管主体大多是政府部门现有的社会保障部门，无须成立新的监管部门，可以节俭运行成本，能够发挥监管部门在不同具体领域的把控能力和专业服务技术。综合监管是将集中监管与分散监管结合起来，针对不同的管理需要采取不同的监管方式，分为责任平行分割的横向综合和责任层级分割的纵向综合。综合监管主体是多元化的组织体系，宏观层面上主要是政府设立的一个独立监管部门，微观层面上主要是社会保障相关职能部门。综合监管能够将监管的统一性和灵活性有机结合起来，既能保证监管的全面性，又能充分体现监管的专业性。

第三节　职业年金制度体系建设的理论基础

理论是人们由实践概括出来的关于自然界和社会知识的有系统的总结。基础理论是在研究客观规律及其实践运行中起指导作用的基础性理论，具有稳定性、根本性和普遍性等特征。职业年金制度作为社会保证制度的一个分支，需要社会保障相关理论作为支撑，从而构建具有自身特征的理论内涵。

一、养老保障多支柱理论

养老保障多支柱理论将养老保障模式进行了理论细分，推动了养老保障的分类发展，奠定了职业年金制度建设的理论基石。

（一）养老保障多支柱理论产生的背景

养老保障多支柱理论作为一种思想上层建筑，受政治上层建筑的主导，根源于一定的经济基础之上。20 世纪以来，人类取得了巨大的经济成果，在漫长的人类社会发展史上实现了飞越，为系统构建养老保障体系奠定了坚实的物质基础。20 世纪 80 年代后，世界人口老龄化趋势凸显，养老保障制度面临着老年危机、赤字危机和财源危机，迫使各国政府积极探索养老保障新机制。20 世纪 90 年代前后，世界经济危机频繁发生，深刻影响着养老保障体制的变革，政府为了减轻养老责任便削减养老开支、压缩养老项目、降低养老保障水平，养老保障由以政府承担为主的养老福利、养老救助向以社会、个人承担为主的养老保险转变。20 世纪 90 年代以来，世界经济发生深刻变革，经济全球化、网络化、数字化、一体化的趋势明朗，需要构建社会化养老保障体系以解除劳动者的后顾之忧，满足广大人民群众多样化的养老需求。20 世纪 80 年代末 90 年代初，世界经济迅猛发展加速了政治上层建筑改革的进程，一场“新公共管理运动”的浪潮席卷了大部分国家，强调“效率优先”的“企业型政府”和“以市场为基础的公共行政”等理念不断改革政府运行模式，强调主体多元化的治理理念也助推了养老保障模式的转换，市场经济的“自由主义”突出本性深刻颠覆养老保障的既有模式，养老保障突出强调“效率”，责任主体在政府、单位的基础上增加了社会、个人，奠定了养老保障多支柱形成的理论基础。在经济基础和政治上层建筑共同作用下，养老保障出现了层次分野和多样化等特征，逐渐形成了以养老福利、养老救助、基本养老保险、职业年金、商业养老保险、个人养老储蓄等多种支柱为内容的养老保障体系，养老保障“多支柱”模式成为世界各国推进养老保障体系改革的优选方案。

（二）养老保障多支柱理论的演进

养老保障多支柱理论来源于养老保障的现实实践，经历了养老保障多支柱的探索、成型及其发展的基本过程。

1. 养老保障多支柱的原初形态

养老保障多支柱理论强调养老责任主体，其原初形态中责任更多地强调自我存活、家庭责任、氏族互助、国家援助。养老同血缘关系存在着天然的联系，这种联系不仅仅体现在养老的物质保障，也包括养老的服务保障、精神保障。人类从原始人群的自我存活发展至血缘纽带的家庭养老无疑是其自我觉醒的进步，在人类情感发展的基础上家庭内部出现了养老的代际传递。人类从家庭养老发展至氏族养老互助是家庭养老的扩大，仍然以人类情感为基础。国家出现后，人类家庭养老格局被国家养老援助打破，在劳动产品出现剩余的基础上国家以伦理道德为依托开展养老援助，消解血缘纽带形成的集团势力对国家统治的威胁。因此，在现代养老保障出现之前，养老保障格局以家庭养老为主，以个人自我养老、民间救助、政府救助为辅，形成了养老保障多支柱的原初形态。

2. 养老保障三支柱

养老保障多支柱理论在总结人类养老保障实践的基础上逐渐形成，养老保障“三支柱”理论正式提出于20世纪90年代。1994年，世界银行出版《防止老龄危机：保护老年人及促进增长的政策》，首次明确提出养老保障三支柱的思想：第一支柱为政府主导的基本养老保险，保障退休老年人的生活水平能够达到或超过最低标准；第二支柱为组织承担责任的补充养老保险，主要表现为职业年金，弥补过低的基本养老金替代率，适当平衡劳动者生命过程中收入和消费之间的结构性不平衡，以保证退休老年人达到一定的生活水准，提高退休老年人的生活质量；第三支柱为个人养老储蓄，鼓励有条件的劳动者开展整个生命过程的收支平衡，通过自愿储蓄为退休后的老年生活奠定坚强的物质基础。养老保障三支柱思想倡导养老责任主体的多元化，以政府为主的养老保障体系逐渐转变为强调养老主体多元化的养老保险体系。养老保障三支柱力图解决福利型养老给政府财政带来的危机、家庭养老保障的不确定性等问题。

3. 养老保障五支柱

养老保障“三支柱”理论存在自身的缺陷，并不能从根本上解决养老保障支出的财政压力。2005 年，世界银行出版《21 世纪的老年收入保障——养老金制度改革国际比较》的报告，扩展了养老保障“三支柱”理论，增加了“零支柱”和“第四支柱”。零支柱为政府承担责任的非缴费型最低水平的养老保障，属于政府提供的养老救助，通过向没有资格领取正式养老金的老年贫困群体提供养老救助以弥补缴费型养老保障体系的不足。第四支柱为家庭成员承担责任的养老保障，涵盖物质、服务和精神保障，体现家庭成员之间和代与代之间的养老责任，属于家庭提供的养老互助，提倡在缴费型养老物质保障形式之外通过家庭或家族内部的转移支付、医疗照顾、住房提供、思想沟通等保障形式以完善养老保障的内容。养老保障“五支柱”理论将养老从保险范畴扩大到保障领域：一是保障模式通过“零支柱”摒弃了纯粹的缴费型，保障覆盖对象得到扩大；二是保障层次通过“第四支柱”消解了养老保障的单一理性主义，保障内容体现了更多的人本主义色彩。

4. 养老保障多支柱的未来发展

养老保障多支柱不是“三支柱”“五支柱”等形式的简单阐释，在理论上进行系统建构，但是在实践中需要结合具体的国情、地情进行解构。因此，养老保障多支柱未来发展方向大致有以下几点：一是养老保障多支柱需要消解标准化、规范化的建设取向，各个国家或地区根据实际情况进行政策和实践探索，构建符合自我实践性要求的养老保障体系；二是养老保障通过多支柱构建实现对退休老年人的全覆盖，实现保障责任社会化，分散单个主体承担养老责任的风险；三是养老保障多支柱将养老保障项目与内容进行有机结合，在单一的物质保障基础上，延伸出更多的服务保障和精神慰藉等养老保障内容。

（三）养老保障多支柱理论评析

养老保障多支柱理论为养老保障体系的系统构建和实践提供了理论基础，也是职业年金制度建设的理论依据。养老保障多支柱存在理论与实践的割裂造就了养老保障多支柱理论的丰富实践。养老保障多支柱理论从标准和规范的理性出发，构建了养老保障的应然模式，在多样性实践中养老保障表现出了丰富的实然形态，因此，从此种意义而言养老保障多支柱理论的价值更多地在于为各国建立多支柱养老保障体系提供参考模式，至于养老保障多支柱的具体形态也不必严格遵循“三支柱”“五支柱”等具体规范。养老保障多支柱存在“多”与“少”的纠结，这种纠结反映了保障主体“供给”与保障对象“需求”之间的对抗。多支柱在养老保障具体化、本土化的本质诉求中无法确定为“三”“五”或其他明确数值，而是根据供需之间的对抗性结果产生的制度安排。支柱数量的增加成为养老保障的必然趋势，从“三支柱”发展至“五支柱”表明养老保障不再仅仅局限于保险领域，强调了养老救助。在社会物质不断发展的基础上未来必然发展至养老福利、商业养老保险等领域，实现养老保障模式的多样化。养老保障支柱的增加实质是保障内容的扩充、保障层次的提升，这也是养老保障发展的必然趋势。养老保障五支柱增加了家庭服务保障和精神慰藉的内容，未来养老服务保障和精神慰藉将不再局限于家庭而逐步实现社会化。养老保障多支柱为职业年金制度出台奠定了理论基础，其发展态势进一步强化了职业年金制度不可替代的地位。随着养老保障多支柱理论的发展，职业年金制度的定位将更为明确，制度模式和内容体系也将更加完善、科学。

二、政府有限责任理论

政府在社会发展中需要负起“文明与福利”的职责，通过制定法律和制度向民众提供社会福利、社会保险和社会救助。政府有责任健全养老保障体系以解除劳动者的后顾之忧，调动劳动者的积极性、实现社会安定和促进社会全面进步。

（一）政府有限责任理论的内容

有限责任一般专指经济领域内投资者对其投资企业承担有限债务责任的形式，属于民事责任的范畴，与无限责任相对。在社会保障领域，政府承担行政责任的主体地位不容忽视，充斥着“有限”与“无限”的矛盾，在养老保障领域同样凸显。政府在养老保障中需要承担无限责任，即养老保障覆盖的全面性，强调政府有责任向所有退休老年人提供养老保障。国家是人民在一定范围内结成的共同体，其所有财产属于人民共同所有，因此，作为国家行政机关的政府应以其全部能力为人民提供养老保障，体现其在养老保障领域内的无限责任。随着社会保障需求的发展，政府“大包干”式的无限责任给市场经济运行带来阻力，养老保障责任由政府担负向政府、企业及个人三方共同承担的方向发展，政府承担有限责任。政府在养老保障中承担有限责任，即养老保障水平的兜底性，强调政府由于财政支出能力有限只能提供最低水平的养老保障，因此，政府除了承担养老福利、养老救助和基本养老保险之外，在职业年金、个人养老储蓄、商业养老保险以及家庭互助养老等养老保障形式中只承担有限责任，主张“社会问题应由社会来解决”。

政府养老保障的有限责任在职业年金制度建设中体现得更为突出。职业年金最初形态完全由用人单位自主负责，表现为“雇主赠送给雇员的礼物”，政府无须承担责任。随着时代的发展职业年金完全由雇主承担责任的局面获得了改变，增加了雇员的缴费义务，增加了政府的政策供给责任，但没有增加政府的财政责任。职业年金由于缺乏政府的政策规范，具有不确定性，无法有效补充国家基本养老保障的缺失，容易引起“公平”与“效率”的失衡，政府介入成为职业年金发展的必然选择。因此，在职业年金制度建设中政府有限责任主要体现在鼓励和监管方面，通过制度供给和税收优惠等方式鼓励用人单位积极建立职业年金制度以补充职工退休后的养老金待遇，监管职业年金的缴费、运营和给付，确保职业年金制度作为一种补充养老保险制度安排的有效运转。

（二）政府有限责任理论评析

政府有限责任理论是解析职业年金制度的理论基础，明确职业年金在在养老保障体系中的特殊定位。政府有限责任理论也是政府财政能力有限的另一种阐释，政府不能够担负起养老保障超过最低水平的责任。从现代政府职能角度分析，政府应提供具有福利性的养老保障，充分体现养老保障的“公平性”原则，但在一定程度上必然影响国家发展的“效率”，多数国家趋利避害选择了“效率优先”。政府有限责任理论也是政府转移自身责任的一种表现，随着国家经济社会的全面发展，养老保障水平理应“水涨船高”，养老保障向高水平的福利性发展，但政府通过养老保障需求细分的方式维持自身责任不变，将发展的养老需求通过职业年金等形式转移给单位和个人负责，事实上是养老保障的历史倒退。

三、雇主父爱论

埃弗里特·艾伦等人通过研究提出，雇主拥有“与控制雇员的愿望联系在一起的父爱主义传统”是其建立职业年金的初衷，强调组织为雇员提供养老保障是不可推卸的责任。组织负责保障雇员的养老问题，如同父亲爱护孩子，体现了组织的社会责任。

（一）雇主父爱论的内容

艾伦等人通过研究提出企业建立职业年金出于父爱主义，掌控雇员的职业过程，影响雇员的工作表现，最终目的仍然是实现企业“利润最大化”。雇主父爱论可以分为过程和结果两个层次的内容。雇主父爱论强调组织对雇员劳动过程的影响。雇员同雇主之间是一种劳动力与报酬的交易行为，雇员往往表现为“不太理智的孩子”。雇主为了消除雇员的非理性行为，最大限度地榨取雇员的剩余价值，需要改善雇佣之间的劳动关系，减少彼此之间的摩擦和冲突，提高雇员的劳动积极性，建立职业年金制度成为必然选择。雇主通过建立职业年金制度，协调利益分配机制，增加雇员的福利，提高雇员的归属感，实现对雇员劳动过程的控制，最终实现劳动生产率的提高。雇主父爱论也强调组织对雇员劳动能力终结负责。养老保障最初以企业年金的形式出现，由企业完全负责，体现了企业对长期忠诚工作雇员的奖励和回报。随着人力资源可持续发展和企业伦理理论的提出，雇主有责任为雇员提供退休后的养老保障成为社会共识，进而上升到法律层次成为各国养老保障的制度安排。雇主父爱论的结果也体现了商业权益理论的内涵。雇员因年迈退出劳动领域，实质是雇主承担养老金同雇员遭到辞退二者之间的一种交易结果。通过这种交易结果雇佣双方实现了双赢，雇员获得了养老金保障退休后的生活安全，雇主通过人力资源的更替，采用新技术，降低生产成本，提高劳动生产率，增加企业竞争力，最终实现“利润最大化”的目标。总之，雇主父爱论从过程和结果都强调企业的社会责任，而企业愿意承担这种责任并不是基于可以推卸的政府强制性要求，内在驱动仍然是“利润最大化”。

（二）雇主父爱论评析

雇主父爱论是职业年金制度构建的理论基础，突出强调组织责任。雇主父爱论从字面意义上分析，适用于企业更为合适，但同样也可以适用于公共组织。在企业中存在雇佣关系，而且养老保障最初形态就是雇主负责的企业年金。在公共组织中，雇主可以理解为政府等公共组织部门。雇主父爱论中存在着“表里不一”的内容割裂。表面上看，雇主父爱论是雇主承担雇员的养老保障责任，而且随着社会文明程度的演进其责任不断提高。从实质上分析，雇主父爱论的华丽外衣掩盖了其追求效率的本质，雇主通过职业年金承担的养老责任只占一部分，雇主通过有限责任能够驱动雇员创造更多剩余价值。雇主父爱论的本质还体现在“羊毛出在羊身上”，私人组织的雇员获得职业年金收入从整个职业生涯上看只是其工资的延期支付，公共组织的雇员获得职业年金同样是政府增加税收后通过财政进行转移支付。雇主父爱论的价值在于强调职业年金构建过程中包括企业、政府在内的组织需要承担管理和相应的财务责任。

四、工资延期支付理论

生命周期理论和人力资本折旧理论为工资延期支付理论的形成和发展提供了直接依据，也是职业年金制度发展的动因。工资延期支付是雇员生命周期内收支平衡、人力资本折旧的模式，职业年金就是工资延期支付的一种具体方式。

（一）工资延期支付理论的内容

美国学者如德于 1913 年提出“工资延期”的概念，从雇员直接货币报酬中分割出养老金等间接货币报酬，养老金等就是视同雇主支付给雇员的一种延期工资。生命周期理论认为，个人生命周期内壮年时期收入最多，消费支出却呈刚性上扬，为了实现收支效应最大化，需要通过延期支付工资以平衡生命周期内的收支。人力资本折旧理论认为，劳动力像厂房、设备等不变生产资料一样随着长期劳动而逐渐丧失劳动能力，作为劳动力载体的雇员消费支出并不会随之减少，为了平衡劳动者能力价值与消费支出，雇主需要将劳动力价值进行分摊通过延期支付工资的方式将劳动力进行折旧。工作延期支付的形式多种多样，如年度奖金、股权计划等。针对雇员养老保障的形式也有基本养老保险、职业年金等，其中职业年金最能体现工资延期支付本质的一种形式。

工资延期支付是政府、雇主和雇员多方作用的结果，能够实现三方共赢。政府通过推出职业年金等工资延期支付项目，有效平衡雇员生命周期内的收支，尽力避免开展养老福利和养老救助，减轻养老保障财政支付的风险。雇主通过工资延期支付项目，有效吸引和留住优秀人才，避免雇员退休养老问题给组织发展带来的经济和伦理困扰。雇员通过工资延期支付项目，实现生命周期内的收支平衡，享受项目实施附带的个人所得税免征或减征的优惠，还能够获得职业年金基金在投资中享有的低风险、高收益的好处。

（二）工资延期支付理论评析

工资延期支付理论是职业年金制度建立的理论依据，阐明了职业年金职业建设的内容和价值。工资延期支付理论过分强调雇员自我责任，雇员劳动力价值的延期实现，忽视政府、雇主的责任。职业年金汲取了工资延期支付的核心理念，增加了雇主和政府责任，但雇主的经济责任实质上仍然是雇员劳动力价值的延期支付，政府只承担政策供给和引导责任，因此，从雇员个人总收入上分析可以看出职业年金功能仅限于收支的长期均分。工资延期支付本意在于化解雇员生命周期内的养老风险，但职业年金同其他保险项目一样存在着收支、保值、增值的风险，也存在着政府不断变革带来的政策性风险等。工资延期支付企图平衡雇员生命周期内的收支不均衡状况，但并不能解决雇员存在的消费差异，也没考虑雇员收入盈余的累积，因此这种平衡支付设想的理论建构意义远远大于实践应用。

第三章

中国职业年金制度的发展历程

新中国成立前，中国总体上属于农业社会，依靠家庭、邻里互助、机构扶助等方式养老一直占据主导地位。养老保障表现为低层次的养老救助模式，包括家族互助、邻里互助和政府为主的机构救助，在一定范围内出现了针对老年群体的养老福利。养老内容较为丰富，除了基本的物质保障之外，还推出了“存留养亲”“色养”等服务养老和精神慰藉。新中国成立后积极探索建立现代养老保障制度，历经国家保障、单位保障和社会保险三个不同阶段，养老保障向多元化发展。作为第二支柱的职业年金制度在养老保障多元化发展中成为中国养老保障体系改革的焦点。

第一节 中国职业年金制度的缘起

职业年金制度是养老保障的激励支柱，在现代养老保障体系中占据重要地位，能够减轻国家财政支出压力，提升劳动者的养老水平。中国职业年金制度是养老保险制度的深化，脱胎于中国养老保险制度改革实践，成为健全养老保障体系的必然选择。

一、新中国成立后养老保障制度的历史沿革

新中国成立后，中国积极借鉴苏联经验，从无到有，逐步建立覆盖城镇职工和国家机关事业单位工作人员的“国家养老保障”制度。十年“文

革”浩劫，国家养老保障制度受到破坏，转变成“单位养老保障”制度。改革开放以来，中国养老保障制度获得重生，逐步建立起适应养老需求的“社会养老保险”制度。

（一）国家养老保障制度时期

新中国成立至1966年“文化大革命”前夕，中国逐步建立了国家养老保障制度。中国建立国家保障型的养老保障制度有其时代背景：一是新中国成立之初实行计划经济体制，运用计划手段干预社会生活的方方面面，养老保障首当其冲，成为国家计划的重要内容，用理性计划主导国民收入的分配和再分配；二是中国实行社会主义制度，照搬苏联模式，突出强调国家的无限责任，作为执政党的中国共产党需要为工人阶级、农民阶级争取基本养老保障，强化执政基础；三是国家消除了贫富分化，消除了阶级对立，大范围内实行平均主义，养老保障只突出强调公平原则。在这种政治、经济和社会大背景下，中国选择并建立了以“国家保障型”为主导的养老保障制度。

在国家养老保障制度时期，中国政府先后颁布了一系列政策（见表3－1），逐步健全了国家养老保障制度的内容。1949年9月29日，中国人民政治协商会议第一届全体会议通过了具有临时宪法作用的《中国人民政治协商会议共同纲领》，在第32条中明确提出“逐步实行劳动保险制度”，揭开了新中国成立后建设养老保障制度的序幕。通过《中华人民共和国劳动保险条例》及其两次修正，规定了城镇职工养老保险的覆盖范围、缴费主体、基金征集、待遇给付、基金管理、监管体制等内容，不断扩大覆盖范围、提高保险待遇，确立了适用于中国城镇职工的养老保险模式。同时，针对国家机关工作人员、军人及其家属、农民等群体分类建立了养老保障制度。国家养老保障制度时期，中国养老保障制度有以下几个特征：一是养老保障表现为国家保障型，“国家统包”，国家主导管理体制并在支出上进行“兜底”，政府统一办理养老保障事务，城镇职工、国家机关工作人员和军人等不需要缴纳养老保障费用，国家承担所有养老责任；二是养老保障体系宏观构建全面，针对城镇职工、国家机关工作人员、军人及其家属、农民分别建立了养老保障制度，奠定了中国养老保障制度的基本框架；三是养老保障模式多样，以针对城镇职工、国家机关工作人员的养老保险为为主，兼有针对农民的养老救助、针对军人及其家属的养老福利；四是养老保险系统建设不足，覆盖对象仅限于城镇职工、国家机关工作人员，针对农民、军人及其家属采取养老福利和养老救助的方式进行替代，城镇职工和国家机关工作人员实行“双轨制”，保障层次属于基本养老保险。

表 3-1　中国“国家养老保障”主要政策①

政策名称	颁布日期	政策要点
中国人民政治协商会议共同纲领	1949.09	逐步构建了系统的劳动保险制度，确立了适用于中国城镇职工的养老保险模式
中华人民共和国劳动保险条例	1951.02	
中华人民共和国劳动保险条例（修正）	1953.01	
中华人民共和国劳动保险条例（修正）	1956.01	
国务院关于工人、职员退休处理的暂行规定	1958.02	
国家机关工作人员退休处理暂行办法	1955.12	规定了国家机关工作人员的退休条件和退休金待遇，确立了适用于中国国家机关工作人员的养老保障模式
国家机关工作人员退职处理暂行办法	1955.12	
关于处理国家机关工作人员退职、退休时计算工作年限的暂行规定	1955.12	
革命烈士家属革命军人家属优待暂行条例	1950.12	制定了军人及其家属实行物质帮助和精神安抚的规定和办法，确立了军人养老保障模式
革命伤残军人优待抚恤暂行条例	1950.12	
革命军人牺牲、病故褒恤暂行条例	1950.12	
民兵民工伤亡抚恤暂行条例	1950.12	
高级农业合作社示范章程	1956.06	提出农村“五保”供养制度，延续家庭养老、土地养老模式
1956—1967 年全国农业发展纲要	1960.04	

国家养老保障制度是社会主义国家突出意识形态而创建的养老保障模式，在新中国成立之初发挥了积极的作用。随着社会的发展，国家养老保障制度因追求无差别的公平造成养老保障财政支出难以为继，超越了中国处于社会主义初级阶段的经济承受能力，存在着潜在的改革诉求。

（二）单位养老保障制度时期

1966 年至改革开放初期，中国国家养老保障制度发生了改变，由国家

① 政策概念有广义和狭义之分，广义政策包括宪法、法律、法规、规章、制度、规范性文件和发展规划等。

负责向单位负责转移，形成了单位养老保障制度。中国国家养老保障制度蜕变为单位养老保障制度的原因主要有以下几个方面：一是养老保障管理机构瘫痪，因劳动部被撤销致使养老保障政策的制定和监督处于无政府状态，工会受到冲击也无法履行养老保险的具体工作；二是养老保障责任重心发生转移，因养老保险费的社会统筹被取消致使养老责任由国家转向单位，企业、机关事业单位包办养老保障成为普遍现象；三是“单位人”的社会关系获得强化，“文化大革命”的破坏致使社会处于无政府主义状态，这种无政府主义无疑会强化劳动者与单位之间的依附关系，劳动者在社会动荡中更加需要单位提供养老保障，单位也有责任为劳动者提供养老保障。在“以阶级斗争为纲”的风雨飘摇时期，国家处于一种混乱状态，单位养老保障制度逐渐形成。

1969 年，财政部发布的《关于国营企业财务工作中几项制度的改革意见（草案）》框定了单位养老保障制度的基本内容，提出“国营企业一律停止提取劳动保险基金”“企业的退休职工、长期病号工资和其他劳保开支，改在营业外列支”，将国家举办的养老保障制度转变成单位内部事务，国家承担主要责任的国家养老保障制度蜕变为单位独自承担责任的单位养老保险制度。企业职工的养老保障成为企业内部事务，在不同企业内部封闭运行，自成独立王国。“文化大革命”时期，政企不分、政社不分，国家机关事业单位工作人员同企业职工一样，养老保障成为单位内部事务。单位养老保障制度时期，中国养老保障制度有以下几个特点：一是养老保障的封闭运行，劳动者的养老保障高度依赖单位，单位负责承担职工养老保障的全部责任，走向自我封闭的单位化；二是养老保障水平差别较大，单位规模、单位收入状况、退休职工数量等成为影响单位养老保障金支出的因素，单位负担因此各有不同，有条件的单位任意放宽享受待遇条件、提高待遇标准，负担过重的单位甚至发不出养老金；三是养老保障的不确定性成为常态，养老保障政策、法规被束之高阁，符合退休条件的职工因管理机构瘫痪而无法正常退休、退职，退休后异地居住的退休职工因社会统筹不存在而无法异地领取养老金，甚至出现错领、死亡后冒领等不良现象。

单位养老保障制度时期，中国养老保障制度出现了历史性倒退，从国家的整体统筹走向“碎片化”，改变了养老保障社会化的历史趋势。“文革”十年是中国现代化进程中的重大挫折，期间实施的单位养老保障制度也是中国养老保障制度建设进程中所走过的弯路。单位养老保障制度在历史发展趋势中同样需要进行变革。

（三）社会养老保险制度时期

改革开放以来，中国探索养老保障的社会化，不断建设社会养老保险制度。中国探索建立社会养老保险制度与中国社会转型同呼吸，有其内在驱动力。一是经济体制改革决定的，经济基础决定上层建筑，上层建筑服务于经济基础。“文化大革命”结束后，中国紧锣密鼓地推进经济体制改革，经济成分多元化趋势明显，中国经济结构发生了巨大变革，国家养老保障制度、单位养老保障制度等传统养老保障制度已经不能适应经济体制的变革，成为阻碍经济体制深入改革的障碍，改革作为上层建筑的传统养老保障制度成为中国建立社会主义市场经济体制的基本要求。二是养老保障制度建设实践决定的，实践决定认识，认识来源于实践。改革开放前中国先后建立国家养老保障制度、单位养老保障制度，探索适合中国国情的养老保障制度，虽然在一定程度上解决了人民群众的养老问题，但国家、单位负担过重致使养老制度难以为继，“条块分割”也产生养老层次不均等现象而有损养老保障的公平性原则。西方国家养老保障社会化的实践为中国解决养老保障问题提供了成功案例，坚持社会化改革方向、建立适合中国国情的养老保险制度成为必然选择。三是养老保障制度内在需求决定的。改革开放以来，中国养老保障需求不断增大，这种需求既源于人口老龄化带来的养老对象增加，也源于养老服务、精神慰藉等保障层次提升。根据供需原理，在养老保障需求不断增加的趋势下，中国需要有效推进供给侧改革，以推进养老保障社会化改革为主，辅以增加养老福利、救助等保障方式。

改革开放以来，中国围绕“改革”积极改革养老保障制度，出台了一系列关于养老保险的政策制度（见表3－2），探索养老保险的“社会化”。通过分析改革开放以来中国养老保险的相关政策，总结出中国在建立社会养老保险制度的过程中主要有三个方面的特征。一是养老保险的社会化取向凸显，从1978年宪法中提出“逐步发展社会保险”至2015年国家机关事业单位养老保险制度“并轨”改革，无不紧紧围绕“社会化”进行，社会化改革取向贯穿养老保险制度改革的全进程。首先，通过分化改革从容易推进的企业入手建立社会养老保险制度框架，探索社会养老制度规范强度、覆盖对象、缴费主体、资金筹集、待遇计发、资金运营、监管体制等方面的内容。其次，逐步建立农民、城镇居民基本养老保险以填补养老保障体系空白，同时不断进行机关事业单位养老保险制度的改革探索。最后，机关事业单位养老保险制度通过并轨改革实现了社会化。二是养老保险体系细分趋势明显，中国养老保险制度体系构建就是一场分类改革。改革开放以来，中国养老保险功能定位获得重新审视，摒弃了用养老福利、养老救助代替军人养老保险、农民养老保险的错误做法，将养老保险从养老保障的泛化概念中独立出来进行系统建设。养老保险制度建设中，依据保险主体细分为企业职工、农民、城镇居民、机关事业单位工作人员等进行分类建设，依据保险层次细分为基本养老保险、补充养老保险、商业储蓄养老保险等进行分层建设。三是养老保险统筹规模不断扩大，统筹规模表现为统筹层次和统筹范围两个方面。统筹层次不断提升，截至2015年中国已有28个省级地方政府建立基本养老保险省级统筹制度，其中北京、上海、天津、重庆、陕西等7个省级地方政府实施了养老保险资金省级统收统支，其他省级地方政府基本停留在政策制定或县（市）级统筹层面。统筹范围不断拓展，由养老金统筹层次拓展到统一制定制度、统一基金管理、统一管理体制、统一信息系统等领域，逐步实现养老保险在全国范围内的统筹协调发展。

表3－2　中国“社会养老保险”主要政策

政策名称	颁布日期	政策要点
中华人民共和国宪法	1978.03	逐步发展社会保险
关于安置老弱病残干部的暂行办法	1978.06	区别对待干部和工人
关于工人退休、退职的暂行办法	1978.06	规定企业职工退休条件及待遇标准
关于老干部离职休养的暂行规定	1980.10	确立离休制度
中华人民共和国宪法	1982.12	退休人员的生活受到国家和社会的保障
中共中央关于经济体制改革的决定	1984.10	企业职工退休金实行社会统筹
国民经济和社会发展第七个五年计划	1986.03	提出社会保障的社会化改革
国营企业实行劳动合同制暂行规定	1986.07	退休养老实行社会统筹

续表

政策名称	颁布日期	政策要点
关于企业职工养老保险制度改革的决定	1991.06	增加补充养老保险、个人养老储蓄
县级农村社会养老保险基本方案（试行）	1991.06	“老农保”
关于机关事业单位养老保险制度改革有关问题的通知	1992.01	提出公务员及事业单位养老保险制度的改革
中共中央关于建设社会主义市场经济体制改革若干问题的决定	1993.11	提出社会统筹与个人账户相结合
农村五保供养工作条例	1994.01	农村“五保”供养制度规范化
关于深化企业职工养老保险制度改革的通知	1995.03	明确“统账结合”模式，建立多层次养老保险制度
中华人民共和国保险法	1995.06	规范保险活动
关于建立统一的企业职工基本养老保险制度的决定	1997.07	统一企业职工基本养老保险制度
关于实行企业基本养老保险省级统筹和行业统筹移交地方管理有关问题的通知	1998.08	实施省级统筹，养老金社会化发放
社会保险费征缴暂行条例	1999.01	规范社会保险费征缴工作
关于完善城镇社会保障体系的试点方案	2000.12	明确参保条件及缴费比例，提出建设职业年金制度
减持国有股筹集社会保障资金管理暂行办法	2001.06	开拓社会保障资金新的筹资渠道
关于完善城镇职工基本养老保险政策有关问题的通知	2001.12	规定保险关系的转移接续、享受条件及待遇，提出农民工同等对待
基金会管理条例	2004.02	规范基金会的组织和活动
军人抚恤优待条例	2004.08	保障国家对军人的抚恤优待
关于完善企业职工基本养老保险制度的决定	2005.12	完善城镇个体工商户和灵活就业人员的参保缴费政策
国务院关于解决农民工问题的若干意见	2006.01	探索适合农民工特点的养老保险办法
事业单位工作人员养老保险制度改革试点方案	2008.03	事业单位改革试点
农民工参加基本养老保险办法	2009.02	规定农民工群体参加社会保险
国务院关于开展新型农村社会养老保险试点的指导意见	2009.09	“新农保”

续表

政策名称	颁布日期	政策要点
中华人民共和国社会保险法	2010.10	构建社会保险体系，规范基本养老保险
国务院关于开展城镇居民社会养老保险试点的指导意见	2011.06	建立城镇居民社会养老保险制度
中华人民共和国军人保险法	2012.04	建立军人社会保险
国务院关于建立统一的城乡居民基本养老保险制度的意见	2014.02	统筹城乡居民社会养老保险制度
事业单位人事管理条例	2014.05	事业单位职工参加社会保险
国务院关于机关事业单位工作人员养老保险制度改革的决定	2015.01	养老保险制度“并轨”改革

社会养老保险制度时期，中国社会保障事业获得了蓬勃发展，社会化养老事业发展对建设中国特色社会主义具有特别突出的贡献，为改革开放释放了巨大的变革空间。中国社会养老保险制度还未完成，既需要继承中国优秀养老传统，又需要借鉴西方国家养老制度的有益成果，还需要开拓创新，从而构建具有中国特色的社会养老保险制度体系。

二、中国养老保障制度变革趋向

新中国成立以来，养老保障历经国家养老保障、单位养老保障和社会养老保险三个阶段，也可以将“国家—单位”养老保障定义为传统养老保障并同现代社会养老保险相区别。在传统与现代之间，养老保障也体现了国家政治、经济体制的区别。现代社会养老保险制度建设以社会化为中心，强调制度的体系化和层次化。养老保险制度体系化主要从公平视角进行建设，改变“碎片化”的旧格局，从责任主体上清楚界定国家、单位和个人的责任，从覆盖范围上能够保障所有社会阶层的养老待遇，实现各个要素之间相互协调、相互补充、相互强化，最终实现人人“老有所养”的社会养老保险制度目标。养老保险制度层次化主要从效率视角进行建设，突出劳动贡献同养老待遇的关联性，在强调国民分享国家发展成果权利而建立广覆盖、低水平基本养老保险的基础上鼓励单位为激励职工而建立补充养老保险，在强调国家责任、单位责任的基础上引导职工进行养老储蓄，形成多层次养老保险制度体系。

中国社会养老保险制度正积极进行改革探索，努力构建多层次养老保险制度体系，强化国民的养老保障功效，主要有以下几个方面的原因。一是中国人口老龄化趋势越来越严峻，需要通过强化责任分担以化解养老风险。2015 年 11 月，习近平总书记在关于《中共中央关于制定国民经济和社会发展第十三个五年规划的建议》的说明中对中国人口态势做了概述，提到“60 岁以上人口占总人口的比重已经超过 15%，老年人口比重高于世界平均水平”。中国人口老龄化给社会养老保险带来供养比例失衡、养老金支付压力增大、养老服务供需失衡等一系列问题，需要通过在保证国民基本养老保险待遇不变的基础上扩大基本养老保险的覆盖面，差别化地提供有针对性的养老保险项目，建立包括基本养老保险、补充养老保险和个人商业储蓄保险等多层次制度，从而促进养老保险制度健康运行、可持续发展。二是中国各地区之间经济发展不平衡，需要因地制宜地建立符合各地区发展需要的养老保险制度。中国东部沿海同中西部内地、南方和北方、各省区、城乡等之间的经济发展存在差距，这些差距决定了社会保险制度不能搞“一刀切”。根据各地区经济发展水平，允许不同地区和不同单位在国家政策统一指导下确定养老保险水平和构成，减轻国家养老保险负担，适应地区、单位发展需要，满足国民不同层次、不同标准的多样化的养老保障需求。三是中国养老保险制度体系化构建的需要。中国养老保障制度建设之初对养老福利、养老救助和养老保险的定位混淆，即使是养老保险制度也呈现出“城乡二元结构”“双轨制”等割裂状况。在这种“碎片化”复杂格局中推进养老保险制度改革，必然牵动多方利益。为了减少养老保险制度改革的阻力，需要减少既得利益群体的利益损失。在坚持基本养老保险公平的前提下，通过增加养老保险项目以弥补部分群体的利益，进行行业激励，稳定人才队伍。单位在基本养老保险保基本的基础上，通过建立职业年金、为职工购买商业养老保险等方式提升职工的养老保障水平，无疑是一种有效的激励措施。在基本养老保险之外，职业年金、商业储蓄养老保险等从纵向上增加养老保险层次，丰富养老保障的内容，增强养老保障的体系化建设。总之，构建多层次养老保险制度既是中国解决现代化建设进程中存在问题的必然选择，也是中国人民分享经济建设成果的必然选择。

中国不断改革完善多层次养老保险制度体系，构建涵盖基本养老保险、职业年金和商业储蓄保险在内的养老保障体系，即构建涵盖不同保障项目的多支柱养老保险体系。中国政府早在 1991 年《关于企业职工养老保险制度改革的决定》中明确要求，企业在参加基本养老保险制度的基础上根据自身经济状况为职工建立补充养老保险，鼓励职工自愿参加个人储蓄养老保险，比世界银行 1994 年提出的养老保险“三支柱”的概念要早，启迪了养老保险制度改革的理性认知模式，为世界养老保险制度改革提供了思路，最终衍生出“五支柱”“多支柱”等概念，养老保险支柱多层次的理念被理论和实践认可，强调养老保险责任主体多元化、养老保险项目多样化和养老保险待遇水平多层化。养老保险责任主体多元化是指改变单一由政府、单位或个人负责的境况，强调社会化视角进行改革，政府要担负起保基本、出政策、强监管的政治责任，单位要勇于承接养老社会化代际传递、提高职工待遇水平的重大社会责任，个人要努力平衡整个人生收支状况的经济责任。养老保险项目多样化是指将养老保险事业进行分化切割，形成养老保险项目单元，根据不同群体需要进行建设。中国养老保险制度推出基本社会养老保险、职业年金和商业储蓄保险等，职业年金又分为企业年金、机关事业单位工作人员职业年金等，进行制度细分利于制定和执行。养老保险待遇水平多层化是指基本社会养老保险、职业年金和商业储蓄保险等养老保险项目的功能定位存在差异，基本社会养老保险保基本，职业年金和商业储蓄保险同属于补充养老保险，旨在提高养老保障水平，职业年金和商业储蓄保险根据不同单位、职工的状态也会表现出不同的层次性。

三、中国职业年金制度安排的理性选择

改革开放以来，中国积极探索适合中国国情的社会保障制度，探索构建多层次养老保障体系，职业年金制度建设成为其中的关键点。职业年金作为中国多支柱养老保障体系中的第二支柱能够提高职工的养老保障水平，作为基本社会养老保险的有益补充能够减少社会养老保障制度改革的阻力。基于此种价值判断，中国职业年金制度建设是养老保险体系改革追求价值理性和工具理性有机统一的必然选择。

（一）中国职业年金制度建设突出价值理性

人类社会发展的历史表明，人类理性表现为两个方面，价值理性求“善”，工具理性求“真”。价值理性注重行为过程的合理性，关注公平、正义等价值理念对行为过程的影响，不过分看重行为结果。中国职业年金制度建设是养老保险制度改革在价值理性上认知的必然选择，合乎国体、人民需求、制度本质和社会发展状况。

价值理性强调人的主体性地位，中国建设职业年金制度就是坚持“以人为本”的最好阐释。不局限于社会基本养老保险对人民群众基本养老需求的满足，努力提高人民群众的养老福祉。《中华人民共和国宪法》第一条规定：“中华人民共和国是工人阶级领导的、以工农联盟为基础的人民民主专政的社会主义国家。”国家性质决定其制度出台要坚持价值理性，符合社会主义国家性质，坚持为人民服务，围绕“人民”进行治国理政，中国养老保险制度改革就需要以“人民”为核心。“人是万物的尺度”，养老保险制度需要满足国民养老需要，增进国民晚年幸福感。中国职业年金制度作为政治上层建筑的一部分，必须把维护“人民群众”利益作为出发点，必须把提升“人民群众”的养老水平作为核心思想。坚持以“人民”为核心的制度构造，就突出了中国职业年金制度的价值理性。从价值判断的角度考察，中国养老保险制度改革不能脱离人民群众的根本利益，旨在提高养老待遇水平的职业年金制度就是在此价值判断的基础上做出的价值选择。

价值理性强调实践批判与理想构建，中国职业年金制度建设就基于养老保险制度“碎片化”实践而进行的制度构建。人类社会是一个永无止境的发展过程，养老保险制度作为人类认知的结晶需要不断调适以适应社会实践要求。马克思指出，社会实践是“人类改造客观世界的一切物质性活动”，人类的这种物质性活动蕴含着客观物质实践对人类生存和发展需求满足的价值关系。实践决定认识，饱含价值理性的实践是发展的、变动的，由此决定的人类养老保险制度必然充满着不断的价值认知选择。中国养老保障制度由国家养老保障，历经单位养老保障，最终转变为社会养老保险，无不是实践发展的理性构建。西方国家社会养老保障的实践证明，自由主义倡导的“盎格鲁—撒克逊模式”、保守主义坚持的“莱茵模式”、社会民主主义调和的“斯堪的纳维亚模式”、苏联开创的“国家保险模式”都不足以应对养老保障的多样化需求，养老保险模式变革成为东西方社会共同的认知。改革开放以来，中国坚持“批判继承”的独立自主原则，汲取中西方在养老保险制度实践中的成功经验进行理性构建，1991 年提出增加补充养老保险成为世界养老保险多支柱改革的先声。① 带有实用主义印记的实践决定论为中国职业年金制度建设提供了理论依据。

价值理性强调合目的性，不回避功利目的，满足功利性需要又超越这种功利性。中国职业年金制度既能满足人民群众对养老保障水平提高的现实需求，又能满足养老保险制度改革的长远诉求。改革开放以来，中国经济保持着较高的增长速度，2010 年中国 GDP 赶超日本成为世界第二大经济体，中国取得了巨大的发展成果。中国发展目的在于增强社会主义国家的综合国力、提高人民的生活水平，人是终极目的，中国发展的根本目的在于满足人民群众的合理性需求，维护人民群众的生存、发展，最终实现人自由而全面地发展。中国职业年金制度建设就是顺应国民养老需求不断提高的趋势的制度选择，保证人民群众共享经济发展成果，奠定养老保险制度深化改革的基础。

（二）中国职业年金制度建设强化工具理性

工具理性与价值理性求“善”不同，以求“真”为宗旨，中国职业年金制度建设由功利性追求所驱使以达到健全养老保障体系、减轻国家财政负担的预期目的，职业年金制度建设在其间起到了工具性作用，核心在于对制度构建“效率”的追求。

工具理性强调手段，为了达到功效实施相应的技术或策略，中国职业年金制度是健全养老保障体系的工具。中国养老保障体系尚未健全，在宏观层面上没有形成养老福利、养老救助和养老保险相辅相成、各司其职的局面，在微观层面上也没有形成多层次的养老保险、广覆盖的养

① 20 世纪 90 年代以前，国际社会建立的养老年金制度强调雇主责任，如 20 世纪 70 年代法国建立强制性雇主承担责任的养老保险制度、英国建立收入关联的养老保险制度等，在责任主体上类似于 20 世纪 90 年代的补充养老保险，但缺乏养老保险多支柱体系的支撑，其规范强度、运作模式都存在不同，属于基本养老保险制度的范畴。

老福利、差别化的养老救助等制度。养老保障各功能模块及其各项目在规范强度、覆盖对象、缴费主体、资金筹集、待遇计发、资金运营、监管体制等方面也没有形成互补互动的关系。在中国情形下，养老保障还存在着城乡“二元结构”、公共部门和企业“双轨制”等现象。2014 年 2 月，国务院下发《国务院关于建立统一的城乡居民基本养老保险制度的意见》统一了城乡居民养老保险制度，但并没有从根本上改变城乡二元结构的旧有格局。2015 年 1 月，国务院下发《关于机关事业单位工作人员养老保险制度改革的决定》破除公共部门和企业养老保险双轨制，但同样没能彻底改变双轨制。中国养老保障制度“碎片化”问题是养老保障制度体系化建设的一个顽症，但也为中国将“碎片化”养老保障制度进行“系统化”梳理奠定了基础。系统化建设就需要因势利导，在养老保险制度系统化中，职业年金制度成为一个有效工具。机关事业单位工作人员养老保险制度改革推进的关键是确保公职人员利益稳定，即养老金替代率保持基本不变，用职业年金收益弥补基本养老保险金同原有退休金之间的差距就有效化解了制度“并轨”改革中的矛盾。虽然强制性实施的机关事业单位工作人员职业年金同鼓励性执行的企业职工职业年金又形成了新的双轨制，但养老保障制度实现了公私对接，理顺了养老保险的制度框架。

工具理性强调目的，突出在目的引导下实现手段的精确和有效，中国职业年金制度有效支撑社会基本养老保险制度面临的危机，有效减轻国家养老财政支出的负担。中国人口老龄化趋势越来越明显，社会基本养老保险制度又面临着解决历史遗留的“扩面”问题，养老保险覆盖面从城镇企业职工、国家机关事业单位工作人员、军人至农村居民、城市职工、农民工等不断扩展，庞大的社会基本养老保险支出负担不断加重，这是养老金支付绝对数量递增的压力。养老金支付还面临着相对数量提高的压力，人民群众有权分享国家发展成果，提高养老金水平以获得同历史、国际相比较的优势待遇。在绝对数量和相对数量的双重压力下，中国政府强化了职业年金制度的工具理性，通过政策工具增大职工工资的延期支付量，有效减轻了社会基本养老保险的支付压力，同时通过责任分担的方式提高职工退休后的养老待遇水平。

第二节 中国职业年金制度的演进

新中国成立之前，中国存在不完善、不确定、缺乏法制保障的养老保障，不存在职业年金制度。新中国成立后至改革开放前，中国逐步建立了以“国家—单位”为责任主体的养老保障，仍然缺乏职业年金制度。改革开放后，中国养老保险制度进行社会化、体系化和多层化改革，职业年金制度建设成为其改革内容的一部分。中国职业年金制度建设缘于养老保障体系改革的客观要求，在养老保险制度改革中起到调和作用，因此，中国职业年金制度建设同养老保障体系改革相辅相成、血脉相连。职业年金制度演进的历史就是养老保障社会化改革的进程，历经萌芽、探索、形成等阶段，有待进一步成熟和拓展。

一、中国职业年金制度萌芽

20 世纪 90 年代，中国职业年金制度以“补充养老保险”为核心概念进行大力建设，处于职业年金制度建设的萌芽期。1991 年，国务院颁布《关于企业职工养老保险制度改革的决定》提出“逐步建立起企业补充养老保险”，2000 年国务院制定《关于完善城镇社会保障体系的试点方案》提出“有条件的企业可为职工建立企业年金”（见表 3 – 3），中国围绕“补充养老保险”为核心关键词的职业年金制度建设历经 10 年，有其历史背景、主题内容和成败得失，为中国职业年金制度发展埋下探索、形成的种子。

表 3 – 3 中国职业年金主要政策

政策名称	颁布日期	政策要点
关于企业职工养老保险制度改革的决定	1991. 06	提出建立企业补充养老保险
中华人民共和国劳动法	1994. 07	鼓励单位为劳动者建立补充保险
关于深化企业职工养老保险制度改革的通知	1995. 03	提出建立多层次养老保险制度
关于建立企业补充养老保险制度的意见	1995. 12	提出建立企业补充养老保险制度
关于建立统一的企业职工基本养老保险制度的决定	1997. 07	发展企业补充养老保险

续表

政策名称	颁布日期	政策要点
关于完善城镇社会保障体系的试点方案	2000. 12	企业为职工建立企业年金
企业年金试行办法	2004. 01	鼓励企业自愿建立企业年金制度
关于印发事业单位工作人员养老保险制度改革试点方案的通知	2008. 03	提出建立事业单位职业年金制度
深圳市行政机关聘任制公务员职业年金计划总体方案	2008. 08	建立聘任制公务员职业年金
深圳市行政机关聘任制公务员社会养老保障试行办法	2010. 05	建立聘任制公务员地方补充养老保险和职业年金
中华人民共和国社会保险法	2010. 10	社会保险坚持多层次方针
企业年金基金管理办法	2011. 02	规范企业年金基金管理
人力资源和社会保障事业发展“十二五”规划纲要	2011. 06	发展企业年金、职业年金
事业单位职业年金试行办法	2011. 07	建立事业单位职业年金制度
关于鼓励社会团体、基金会和民办非企业单位建立企业年金有关问题的通知	2013. 07	社会组织可建企业年金
国务院关于机关事业单位工作人员养老保险制度改革的决定	2015. 01	提出建立机关事业单位工作人员职业年金制度
机关事业单位职业年金办法	2015. 03	建立机关事业单位职业年金
关于军人职业年金转移接续有关问题的通知	2015. 09	国家给予军人职业年金补助
职业年金基金管理暂行办法	2016. 09	规范职业年金基金管理

（一）中国职业年金制度萌芽的背景

20 世纪 90 年代，中国企业补充养老保险制度建设成为社会养老保险制度改革的关键内容，深受内在需求驱动和国际环境影响。

中国大力发展生产力是职业年金制度萌芽的根本动力，养老保险制度社会化改革是职业年金制度萌芽的直接动力。中国社会自 1978 年中共十一届三中全会开始实行改革开放政策，依据生产力决定生产关系的客观规律大刀阔斧地进行经济体制改革以促进生产力解放和发展，依据经济基础决定上层建筑的客观规律积极稳妥地推进社会保障制度改革以改善生产关系。中国“国家—单位”保险型的养老保险制度已经不能适应建立社会主义市场经济体制的客观要求，也不能应对中国人口老龄化加剧的趋势，更不能解决中国政府减轻财政支出压力而扩大再生产的现实困境，养老保险制度改革迫在眉睫。在此背景下，1991 年国务院颁布《关于企业职工养老保险制度改革的决定》推进企业养老保险制度改革，提出增加补充养老保险。补充养老保险制度，强调单位和职工在养老保障上的自我负责精神，符合社会主义市场经济的自由原则，符合中国解放生产力的客观需要，成为中国构建养老保险体系、缓解政府财政危机和应对人口老龄化的重要手段。

国际社会建立补充养老保险甚嚣尘上，中国发挥后发优势积极推进企业补充养老保险制度建设。1993 年，意大利补充养老保险立法获得通过，较欧共体国家同类立法滞后许多，覆盖工人、自由职业者，倡导企业自愿建立。20 世纪 80 年代，英国无法承受社会福利型养老保障和人口老龄化给政府造成的沉重压力，大力推进社会保险制度改革，构建养老保险体系的三个层次，建立了雇主实施的职业年金。1994 年，世界银行出版《防止老龄危机：保护老年人及促进增长的政策》提出养老保障“三支柱”理论，既是对补充养老保险制度实践的总结，也为多层次养老保险制度建设奠定了理论基础。补充养老保险制度建设成为社会基本养老保险制度改革的关键内容，弥补国家养老保障制度改革带给职工养老待遇下降的差距，中国同样需要补充养老保险制度补充“国家养老保险”向“社会基本养老保险”转变所带来的待遇差距，减少制度改革遭遇的阻力，维护养老保险的基本功能。

（二）中国职业年金制度萌芽期建设内容

中国企业补充养老保险制度属于职业年金制度的萌芽期，其内容尚停留在理念宣传和框架构建层面上。

补充养老保险的定位是对基本养老保险的补充。补充养老保险是指单位根据国家政策、自身经济情况、劳动者意愿在履行基本养老保险义务之外向劳动者提供一种旨在提高其养老待遇水平的附加型养老保障机制。期间颁布的几个涉及补充养老保险的文件，仅仅在围绕社会基本养老保险制度改革中寥寥数语提及建立补充养老保险，将补充养老保险定位为养老保险的第二个层次，针对法定基本养老保险的补充和完善。这表明纯粹的基本养老保险制度改革存在着负面作用，职工养老金下降致使其不足以应对养老需求，补充养老金改革理念以“画饼”的方式为职工展示了养老的未来图景，减少了改革阻力。

补充养老保险制度构建了总体框架。1995 年，原劳动部印发《关于建立企业补充养老保险制度的意见》，总体勾勒了企业补充养老保险制度的框架。在规范强度上，提出“企业与本企业职工（工会组织可作为职工代表）根据国家政策，在协商一致的基础上建立”，具有非强制性。在覆盖对象上，首先圈定在企业范围内，排除公共组织；其次“限于城镇各类企业”，“外商投资企业可以限于中方职工”；最后局限于参加了基本养老保险、经营状况比较好的企业。在缴费主体上，“主要由企业负担，也可以由企业和个人共同负担”。在资金筹集上，企业缴费提供了三种方式，个人从工资收入中按一定比例或绝对额缴费。在待遇计发上，职工法定退休后“按个人账户养老金储存额的多少计发”。在资金运营上，企业自主或委托具有资质的机构经办，所有缴费“一律记入职工个人账户”，可以用于投资，基金可以进行转移。在监管体制上，政府各级劳动部门负责“政策制定、组织推动、统一指导和监督检查”。

（三）中国职业年金制度萌芽期评析

中国补充养老保险制度经历 10 年建设期，在特定的历史条件下完成了特殊使命，为企业年金、机关事业单位职业年金等具体职业年金制度的形成和发展奠定了坚实的基础。补充养老保险制度为养老保险制度改革提供了坚实的保障，提供了养老保险制度多层次改革的清晰思路，促使补充养老保险理念深入人心。通过《关于建立企业补充养老保险制度的意见》构建了企业补充养老保险制度的基本框架，促使部分行业或大型企业建立了补充养老保险，提高了职工养老保障水平，为职业年金制度发展积累了丰富的经验。

中国补充养老保险制度是职业年金制度的萌芽状态，存在着有待进一步发展的问题。一是中国补充养老保险制度是养老保险制度改革的伴生成果，处于从属地位，基本养老保险改革才是攻坚点，因此在制度构建上不系统、不全面，没有形成独立身份，没有引起理论界和实践领域的足够重视。二是中国补充养老保险制度的概念模糊，补充养老保险是与基本养老保险相对应的一个概念，补充养老保险应包括基本养老保险之外的企业年金、个人储蓄商业养老保险等起补充作用的所有养老保险形式，而不仅仅代指企业年金等。概念外延与内涵的割裂，理论与实践就存在对立，补充养老保险改革必然受到理论和实践的困扰。三是中国补充养老保险制度覆盖范围较小，主要围绕企业进行，即使是私人组织也通过层层筛选限定在部分有条件的企业内，忽视了部分中小企业、机关事业单位和社会组织等，相对其他国家覆盖范围过于狭窄，难以大范围形成对基本养老保险制度的大力补充，从部分企业为突破口的职业年金制度改革为当前职业年金制度建设埋下了割裂构建的伏笔。四是中国补充养老保险制度实践效果不理想。根据国家统计局官方网站显示，截至2000年，参加各级劳动部门经办的企业补充养老保险有200多万名职工，同比2000年参加城镇职工基本养老保险达13617.4万人相比，占比只有1.5%，企业补充养老保险制度并没有被多数有条件的企业实施。五是中国补充养老保险制度配套措施不成熟。政府只从理念宣传和框架构建上进行建设，在企业坚持“利润最大化”价值取向的前提下缺乏有效的扶持政策以激励企业积极建立补充养老保险制度。虽然企业补充养老保险制度形成了基本框架，但是中国资本市场发育不全，无法提供补充养老保险基金安全运营和稳定收益的环境。综上所述，中国补充养老保险制度是一个不成熟的职业年金制度，全方位改革是其发展的必然选择。

二、中国职业年金制度探索

2000—2015年，中国职业年金制度主要开展了企业年金、事业单位职业年金、聘任制公务员职业年金和社会组织企业年金等各种职业年金制度的实践探索，处于职业年金制度发展的探索期。从2000年国务院制定《关于完善城镇社会保障体系的试点方案》提出“有条件的企业可为职工建立企业年金”至2015年国务院发布《关于机关事业单位工作人员养老保险制度改革的决定》提出建立机关事业单位工作人员职业年金制度，历经15年，实践探索各种职业年金制度，为中国职业年金制度发展奠定了基础。

（一）中国职业年金制度探索缘由

进入21世纪后，中国企业年金、事业单位职业年金、聘任制公务员职业年金和社会组织企业年金等各种行业职业年金制度如雨后春笋般先后破土而出，探索符合中国国情的职业年金制度成为中国养老保险制度改革的主要内容。

职业年金制度不断探索源于其定位，其为养老保险制度改革不可缺少的配套措施，在养老保险支柱体系中处于从属地位。职业年金制度不具有独立地位，单位实施职业年金制度以参加社会基本养老保险为必要条件。在养老保险多支柱体系中，第一支柱的基本养老保险制度同第二支柱的职业年金制度之间需要进行无缝对接，以保障养老的整体水平，不能割裂。改革开放以来，中国社会养老保险制度存在城乡二元结构、双轨制、制度模式等“碎片化”现象，处于不断探索、不断改革的历史阶段，在功能定位、制度模式等方面不断调整以适应养老保障需求。职业年金制度处于社会基本养老保险制度的从属地位，由此决定了只能随之进行改革探索。中国养老保险制度坚持分行业、稳步推进的方式进行改革，制度形式复杂多样，决定了职业年金制度也需要分类进行探索和构建。职业年金制度因基本养老保险制度改革而形成的探索模式终将随着基本养老保险制度体系化构建完成而获得独立发展机会。

职业年金制度分类探索源于平衡利益分配的需要，平衡各社会阶层利益以克服养老保险制度一体化改革遇到的阻力。改革开放以来，中国建立社会主义市场经济体制，大力推进国企改革，政企分开，企业成为市场主体、私人组织，企业养老保险制度改革的阻力相对较小，成为推进养老保险制度改革的首选对象。企业职工基本养老保险制度建立后，为了弥补企业和公共组织在养老待遇上的利益差距，针对企业建立了非强制性的企业年金制度，对私人组织进行分化以减少改革带来的负面效应。机关事业单位工作人员养老保险制度改革是难点，一方面改革制度出台权力掌握在其手中，另一方面该社会群体整体性较突出、难以分化，在汲取企业年金制度建设经验的基础上同步或事先推进职业年金制度建设，通过职业年金制度以弥补养老保险改革后产生的利益差距。职业年金制度分行业建设是其探索过程中的必经阶段，以试行政策探索各个社会阶层的利益博弈，最终构建适合中国国情的职业年金制度。

（二）中国职业年金制度探索的内容

中国职业年金制度探索期间先后出台了《企业年金试行办法》《深圳市行政机关聘任制公务员职业年金计划总体方案》《事业单位职业年金试

行办法》《关于鼓励社会团体、基金会和民办非企业单位建立企业年金有关问题的通知》等政策，开展了职业年金制度的分行业探索，为职业年金制度的形成奠定实践基础。

中国职业年金制度探索基于补充养老保险制度建设的经验教训，将理念构建细化成行业政策，将制度框架转变成具体措施（见表3-4)。在规范强度上，企业、事业单位和社会组织的职工年金都强调“组织与工会或职工代表通过民主协商确定”，属于非强制性；聘任制公务员职业年金制度建设同养老保险制度改革进行捆绑，奠定了强制执行的基础。在覆盖对象上，具体到每一类型职业年金制度而言其保险对象非常明确，总体来看，探索期的职业年金制度集群覆盖了私人组织及部分公共组织的职工，但缺失了编制内的行政机关工作人员，表明掌握政策制定权力的公职人员不愿放弃传统养老保障制度的高福利。在缴费主体上，各类职业年金制度都强调组织和职工共同分担。在资金筹集上，机关事业单位同企业、社会组织的缴费比例也存在区别。在待遇计发上，一致强调可以一次或定期领取，死亡后账户余额可继承。在资金运营上，各职业年金制度都采取委托管理方式，并做了具体的规定。在监管体制上，劳动保障行政部门负责监督检查，深圳市聘任制公务员职业年金制度则更强调职业年金的奖励和惩罚价值。

表3-4 探索期中国主要类型职业年金制度比较

制度领域 制度要素	企业年金	聘任制公务员职业年金	事业单位职业年金	社会组织企业年金
规范强度	自愿建立	强制建立	自愿建立	自愿建立
覆盖对象	企业职工	聘任制公务员	事业单位职工	社会组织职工
缴费主体	企业及职工个人	财政拨付	单位及个人	组织及个人
资金筹集	企业缴费每年不超过本企业上年度职工工资总额的1/12。企业和职工个人缴费合计一般不超过本企业上年度职工工资总额的1/6	机关单位按月划缴。聘任制公务员按8%或9%的不同比例缴费。缴费比例适时调整	单位缴纳职业年金费用的比例最高不超过本单位上年度缴费工资基数的8%。个人缴费比例不超过上年度本人缴费工资基数的4%	社会组织缴费每年不超过本单位上年度工作人员工资总额的1/12。社会组织缴费和工作人员个人缴费合计一般不超过本单位上年度工作人员工资总额的1/6

续表

制度领域 制度要素	企业年金	聘任制公务员职业年金	事业单位职业年金	社会组织企业年金
待遇计发	一次或定期领取；账户余额可继承	一次或定期领取；账户余额可继承	一次或分期领取；账户余额可继承	一次或定期领取；账户余额可继承
资金运营	受托管理	受托管理	受托管理	受托管理
监管体制	个人账户资金可转移。劳动保障行政部门负责对本办法的执行情况进行监督检查	个人账户资金可转移。建立奖励、停缴或收回年金机制。深圳人社局负责监督、解释	个人账户资金可转移。劳动保障行政部门负责对本办法的执行情况进行监督检查	个人账户资金可转移。劳动保障行政部门负责对本办法的执行情况进行监督检查

（三）中国职业年金制度探索评析

中国职业年金制度探索取得了突出的成绩。一是职业年金制度探索实现了全覆盖，虽然聘任制公务员职业年金制度只在小范围内实施，但是总体上试行了各类型职业年金制度，为职业年金制度改革提供了丰富的经验。二是职业年金制度构成要素探索成效显著，实践了职业年金制度各构成要素的规范幅度，为职业年金制度的系统构建奠定了坚实的基础。

中国职业年金制度探索实质上是职业年金制度构建过程中的一场修正实践，存在的许多问题成为中国职业年金制度改革的直接动因。一是职业年金制度建设缺乏系统构建，依据企业、事业单位、社会组织和聘任制公务员等保障主体划分建设职业年金制度，割裂了不同领域劳动者在养老保障层次上的共同需求，存在制度不公平，为制度有效实施增添了阻力。二是职业年金制度“小双轨制”隐现。聘任制公务员职业年金制度在规范强度上强调强制执行，制度得到有效贯彻。企业年金、事业单位职业年金、社会组织企业年金在规范强度上强调自愿建立，制度实践并没有获得大范围的推广。在缴费主体和资金筹集上，机关事业单位同企业、社会组织存在差别，企业缴纳部分是企业盈利的转让或经博弈后职工个人工资收入的延期支付，机关事业单位缴纳部分是财政收入的转移支付，从某种意义上说形成了私人组织职工自己养自己、纳税人集体供养公共部门工作人员的状态。三是职业年金制度处于“试行”阶段，实践不力。职业年金制度建设存在路径依赖现象，无原则地减少制度建设阻力造成其停留在制定层面。企业年金制度在规范强度上强调自愿建立，推广至事业单位、社会组织等，致使职业年金制度实践效果较差，参保单位较少。

三、中国职业年金制度形成

2015 年至今，以国务院印发《机关事业单位职业年金办法》为标志，中国职业年金制度进入形成期。2015 年初，国务院先后出台《国务院关于机关事业单位工作人员养老保险制度改革的决定》和《机关事业单位职业年金办法》，迅速建立机关事业单位工作人员职业年金制度。2015 年，多部门联合印发《关于军人职业年金转移接续有关问题的通知》同样依托《机关事业单位职业年金办法》建立军人职业年金制度。中国职业年金制度在实践探索的基础上不断整合，形成具有中国特色的职业年金制度体系。

（一）中国职业年金制度形成的基础

中国职业年金制度以《机关事业单位职业年金办法》的出台作为标志进入形成期，主要以制度出台的基础和内容等作为依据。

社会基本养老保险制度“扩面”建设基本完成为职业年金制度形成奠定了政策基础。改革开放以来，社会养老保险制度先后覆盖企业职工、农民、机关事业单位工作人员、军人、农民工、城镇居民等保障主体，虽然在实践层面上养老保险还有待通过“十三五”期间的不断努力“基本实现法定人员全覆盖”，① 但是从制度层面上已经完成了养老保险全覆盖。社会养老保险制度“扩面”工程基本完成意味着制度体系渐趋成型，稳定的制度框架同样也结束了职业年金制度亦步亦趋的变形时代。职业年金制度作为社会养老保险制度改革附属品的工具理性向价值理性转变，获得独立变革成型的条件。

职业年金制度的全面探索为其形成奠定了实践基础。1937 年，毛泽东在《实践论》中指出“实践、认识、再实践、再认识，这样形式，循环往

① 2016 年 7 月，人力资源和社会保障部印发《人力资源和社会保障事业发展“十三五”规划纲要》，提出“全面推进社会保障制度改革，覆盖城乡居民的社会保障体系全面建成，基本实现法定人员全覆盖”。

复以至无穷，而实践和认识之每一循环的内容，都比较地进到了高一级的程度”，中国职业年金制度形成正是实践决定认识的最好阐释。20 世纪 90 年代，在养老保险制度改革实践的基础上提出“补充养老保险”，形成中国职业年金制度的理念认知。21 世纪前 15 年间，中国职业年金制度进行了企业年金、事业单位职业年金制度、聘任制公务员职业年金和社会组织企业年金等各种行业职业年金制度的实践探索，积累了制度建设的丰富经验。2015 年初，国务院先后出台《国务院关于机关事业单位工作人员养老保险制度改革的决定》和《机关事业单位职业年金办法》是实践基础上的“再认识”，也为以制度整合为中心的“再实践”提供规范模式。政府机关和事业单位职业年金制度的“整合”意味着制度分类探索完成，中国职业年金制度进入要素集成的形成阶段。

机关事业单位职业年金制度为职业年金制度形成奠定了内容基础。机关事业单位职业年金制度结束了企业、社会组织、事业单位职业年金制度的“试行”特征，[①] 以正式制度的形式推出。在制度内容上，《机关事业单位职业年金办法》凝练了中国职业年金制度探索期的有益成果，规范内容较为全面，系统构建了规范强度、覆盖对象、缴费主体、资金筹集、待遇计发、资金运营、监管体制等制度内容，可操作性强，为职业年金制度体系形成提供了范式。在规范强度上强调强制性，同企业、社会组织、事业单位职业年金倡导自愿建立有着天壤之别，为制度全面执行提供规范。

（二）中国职业年金制度形成的内容

中国职业年金制度正在形成，《机关事业单位职业年金办法》揭开了职业年金制度形成的序幕，促使职业年金制度体系不断完善。《机关事业单位职业年金办法》提供了职业年金制度建设的成熟模式。

2015 年初，国务院先后出台《国务院关于机关事业单位工作人员养老保险制度改革的决定》和《机关事业单位职业年金办法》，规范了职业年金制度的基本内容。在规范强度上，虽然没有明确提出“强制执行”，但汲取深圳市聘任制公务员职业年金制度建设经验，将职业年金制度构建同养老保险制度改革进行捆绑，清晰界定了强制性特征。在覆盖对象上，提

---

① 《企业年金试行办法》和《事业单位职业年金试行办法》属于“试行”办法，而《机关事业单位职业年金办法》则不是。

出“单位和工作人员范围与参加机关事业单位基本养老保险的范围一致”，将公务员和事业单位职工合并为机关事业单位工作人员，体现了制度“整合”的理念和趋势，为职业年金制度一体化改革提供了范本。在缴费主体上，“由单位和工作人员个人共同承担”。在资金筹集上，明确提出“单位缴纳职业年金费用的比例为本单位工资总额的8%，个人缴费比例为本人缴费工资的4%”。在待遇计发上，职工法定退休后可以一次性或按月领取，死亡后账户余额可继承。在资金运营上，进行委托管理。在监管体制上，各级社会保险经办机构负责经办，各级人力资源社会保障行政部门、财政部门负责对执行情况进行监督检查。

2015 年 9 月，人力资源和社会保障部、财政部、总参谋部、总政治部、总后勤部联合印发《关于军人职业年金转移接续有关问题的通知》，贯彻实施《中华人民共和国军人保险法》《国务院关于机关事业单位工作人员养老保险制度改革的决定》和《机关事业单位职业年金办法》，总体框架上完全遵照机关事业单位职业年金，局部有调整以突出强调军人服现役期间国家给予职业年金补助。在缴费主体上，“由中央财政承担，所需经费由总后勤部列年度军费预算安排”，军人无须缴费。在资金筹集上，“军人职业年金补助由军人所在单位财务部门在军人退出现役时一次算清记实”，按月缴费工资的 12% 计算，“8% 作为单位缴费，4% 作为个人缴费”，月缴费工资具有军人福利性质，即月工资乘以“养老保险缴费工资调整系数确定为 1. 136”。军人职业年金制度是机关事业单位职业年金制度成功拓展的范例。

（三）中国职业年金制度形成评析

中国职业年金制度正在形成的路上，结束了企业年金、事业单位职业年金的“试行”，在制度构建基础上强化制度执行，进入深入构建中国特色职业年金制度体系的历史时期。《机关事业单位职业年金办法》的实施及其对军人职业年金制度的拓展为中国职业年金制度的最终形成建立了良好的开端。一是中国职业年金制度开始整合，机关事业单位职业年金整合政府机关和事业单位职业年金实践表明，中国职业年金制度由“分类探索”走向“整合改革”，为中国职业年金制度一体化构建提供了思路。二是职业年金概念理顺了逻辑关系，职业年金成为一个通用名词，而非机关事业单位的专有名词，可以通过添加修饰词语形成专指领域，如机关事业单位职业年金、军人职业年金、企业职业年金等。三是中国职业年金制度树立了高标准，机关事业单位职业年金制度突出“强制性”“一体化”“可操作性”等特征，为其他公共部门及企业职业年金的系统构建提供了参照系，避免了制度存在较弱实践性而阻碍职业年金的有效实施。

中国职业年金制度形成是制度“整合”和“强化实效”的深化改革，目前尚处于起步阶段，仍然存在问题。一是制度分立现象并没有彻底改观，机关事业单位职业年金制度覆盖范围纳入了行政机关公务员、事业单位职工以及军人，企业职工、农民、农民工及非正式就业群体被排除在外，仍然存在公私分立的“小双轨制”以及城乡二元结构。二是中国职业年金制度的工具价值得到强化，职业年金制度改革仍然是养老保险制度改革的配套措施，为了推进机关事业单位工作人员养老保险制度改革，采用职业年金弥补改革前后保险覆盖主体产生的利益差距，以减少改革阻力。三是机关事业单位职业年金制度用形式对等掩盖事实不公，养老保险制度“并轨”并没有改变养老保障待遇的不公平，机关事业单位工作人员同企业职工的养老金替代率仍然差距较大，前者高于后者。

四、中国职业年金制度成熟展望

目前，中国职业年金制度正处于形成期，制度建构正在进行，政策实施获得强化，政策效果有待实践检验。随着养老保险制度改革的深入发展，未来中国职业年金制度建设将先后进入成熟期。中国职业年金制度形成是一个过程，成熟就是形成的结果。中共十八大报告提出至2020年“全面建成覆盖城乡居民的社会保障体系”,① 中国职业年金制度成熟同样需要发展至2020年实现。至“建党一百年”时，中国职业年金制度将突出体系健全、定位明确、效果显著、模式稳定等基本特征，达到成熟。

（一）体系健全是中国职业年金制度成熟的基础

中国职业年金制度体系主要从宏观角度强调职业年金制度覆盖对象的

① 胡锦涛．坚定不移沿着中国特色社会主义道路前进，为全面建成小康社会而奋斗［R］．中国共产党第十八次全国代表大会报告，2012.

全面而系统。截至2015年，中国已经出台了《企业年金试行办法》《事业单位职业年金试行办法》《关于鼓励社会团体、基金会和民办非企业单位建立企业年金有关问题的通知》《机关事业单位职业年金办法》《关于军人职业年金转移接续有关问题的通知》等制度政策，实现了职业年金在政策层面上的全覆盖，但在实践层面上大部分企业职工、农民等从业者并没有机会参加。政策与实践的割裂致使制度体系全面而不系统，2015年出台强制性、非“试行”的《机关事业单位职业年金办法》标志着中国职业年金制度进入一个新的建设时期，将逐步系统建立覆盖全体国民的职业年金制度体系。2016年3月，《中华人民共和国国民经济和社会发展第十三个五年规划纲要》提出“十三五”期间“完善统账结合的城镇职工基本养老保险制度，构建包括职业年金、企业年金和商业保险的多层次养老保险体系，持续扩大覆盖面”，这表明职业年金制度作为养老保险制度改革的配套改革需要基于社会保险体系的完善而健全，即2020年职业年金制度体系随着养老保险制度的深入改革而实现系统化，达到体系成熟。

（二）定位明确是中国职业年金制度成熟的标志

职业年金制度作为养老保险制度体系的一部分，既需要配合养老保险制度改革，又需要独立构建其核心价值。中国职业年金制度源于社会养老保险制度改革的需要，一直作为基本养老保险的补充养老保险，先天发育不足，处于改革的从属地位。2015年初，国务院先后出台《国务院关于机关事业单位工作人员养老保险制度改革的决定》和《机关事业单位职业年金办法》，将养老保险改革同职业制度建设捆绑在一起，充分证明职业年金制度建设没有获得独立身份，职业年金制度只是养老保险制度改革的配套措施。职业年金制度建设虽然不能完全脱离养老保险制度改革，但其价值定位应是提高保障对象的养老待遇水平，而不是基本养老保险的补充。截至2020年，随着中国养老保险制度改革的完善，职业年金制度将实现工具属性向价值属性的转变，达到定位成熟。

（三）效果显著是中国职业年金制度成熟的关键

中华人民共和国人力资源和社会保障部于2016年6月6日发布的《关于〈企业年金规定（征求意见稿）〉的说明》中提到，《企业年金试行办法》自实施以来“截至2015年底，全国建立企业年金的企业7.5万户，参保职工 2317 万人，基金累计结余 9526 亿元”。国家统计局网站发布数据，2014 年企业法人单位数为 1061. 7 万多、企业在职职工参加养老保险人数为 23932. 3 万多。通过数据对比发现，企业实施企业年金计划占比不足 7‰，职工企业年金参保率不足 10%，企业同职工在参保率的比值差距表明国企等大型企业是企业年金的“顶梁柱”，企业年金实施范围有待进一步扩展。企业年金待遇发放水平较高，《中国社会保险发展年度报告（2014）》指出，2014 年“企业年金领取人数 47. 6 万人，领取金额 141. 3 亿元”，人均每月领取企业年金收入达 2500 元，高于企业离退休人员月人均养老金 2061 元，但“扩面”后会整体拉低待遇水平。机关事业单位职业年金因制度强制性特征，4000 多万工作人员将很快纳入职业年金覆盖范围，覆盖效果好于企业年金，因正在推进制度实施还没有待遇发放。其他行业职工职业年金制度的覆盖缺失，因无从参保，更无从发放待遇。通过制度过程的监控，扩大年金覆盖面和提高养老金替代率，到 2020 年达到效果成熟。

（四）模式稳定是中国职业年金制度成熟的要求

在中国职业年金制度探索时期，各种职业年金制度因保障群体的不同需求以及制度规范的不同强度，职业年金制度要素构成存在较大的变动。企业同机关事业单位在制度规范强度及资金筹集上存在区别，造成制度实施效果迥异。2015 年初，国务院先后出台《国务院关于机关事业单位工作人员养老保险制度改革的决定》和《机关事业单位职业年金办法》，制度强制性特征以及行政权威效应奠定了模式稳定的基础。中华人民共和国人力资源和社会保障部于 2016 年 6 月 6 日发布《企业年金规定（征求意见稿）》，提出“将企业缴费上限由本企业上年度职工工资总额的‘十二分之一’调整为‘8%’，将企业和职工个人缴费之和的上限由本企业上年度职工工资总额的‘六分之一’调整为‘12%’，并明确具体缴费比例由企业和职工协商确定”，意在结束企业年金的试行状态、调整内容构成向机关事业单位职业年金制度靠拢，迈向职业年金制度的一体化，保证职业年金制度的模式稳定。职业年金制度模式稳定需要突出以下几个特征：一是概念整合，以“职业年金”进行制度标识；二是要素统一，内容涵盖规范强度、覆盖对象、缴费主体、资金筹集、待遇计发、资金运营、监管体制等，提供制度范式；三是操作灵活，总体上强调制度的强制性，执行中突出制度的层次性，根据不同的行业建立不同的执行弹性。通过制度构成要素的微观构建，强化理念和实践的统一，到2020年可达到模式成熟。

第三节　中国职业年金制度建设的成效分析

一、中国职业年金制度建设的成绩

改革开放以来，中国职业年金制度建设实现了工具理性和价值理性的有机统一，从无至有，不断变革，取得了显著成就，有效支撑养老保险制度乃至社会保险制度改革的顺利进行，整体提升养老金替代率水平，为社会基本养老制度、职业年金制度以及社会养老保障体系的深化改革夯实了坚实的基础。

（一）职业年金制度构建渐入佳境

中国职业年金制度构建符合“否定之否定”规律，不断实践，不断创新，目前进入“再认识”新阶段。中国职业年金制度构建不但从感性认识上升到理性认识，而且还实现了“实践、认识、再实践、再认识”的质的飞跃。20世纪90年代，中国职业年金制度以“补充养老保险”萌芽状态存在，建设内容主要表现在理念宣传和框架构建上，处于职业年金制度的感性认识阶段，初步实践了中国职业年金制度建设。进入21世纪后，中国职业年金制度以企业年金为发端，推广至事业单位、聘任制公务员群体、社会组织、机关事业单位、军事单位等领域，进入理性认识阶段。在理性认识阶段，中国职业年金制度经过21世纪前15年的探索期实践，先后出台了《企业年金试行办法》《事业单位职业年金试行办法》《关于鼓励社会团体、基金会和民办非企业单位建立企业年金有关问题的通知》等制度政策，为“再认识”提供了实践基础。《机关事业单位职业年金办法》《关于军人职业年金转移接续有关问题的通知》和《企业年金规定（征求意见稿）》就是“再认识”的成果，2016年6月发布的《企业年金规定（征求意见稿）》强调同《机关事业单位职业年金办法》的系统衔接恰恰表明职业年金制度正反思其制度构建和实践的成败得失。正如毛泽东所说，“实践、认识、再实践、再认识，这样形式，循环往复以至无穷，而实践和认识之每一循环的内容，都比较地进到了高一级的程度”，《机关事业单位职业年金办法》是对事业单位职业年金制度和深圳市聘任制公务员职业年金制度等“再实践”基础上的“再认识”，《企业年金规定（征求意见稿）》是对企业年金制度“再实践”基础上的“再认识”。中国职业年金制度构建的“再认识”主要体现了制度变革的要求，突出体系健全、定位明确、效果显著和模式稳定等基本内涵。《机关事业单位职业年金办法》突出职业年金的“一体化”趋势、强制性规范要求等特征为职业年金制度发展树立了较高的标准，强化了制度的可操作性，既是“再认识”的结果，又是实践的新起点。中国职业年金制度“再认识”以《机关事业单位职业年金办法》为发端，以其实施为“实践与认识”的新循环，不断自我变革、自我完善，从而构建符合中国国情的职业年金制度体系。

（二）职业年金制度实践成果丰硕

中国职业年金制度坚持“扩面”实践，不断增加覆盖范围，有效提高了参保职工的养老待遇水平，为制度构建提供了坚实的实践基础。中国职业年金制度在构建层面上出台了《企业年金试行办法》，并进行有效实践，截至2015年底，全国7.5万户企业建立了企业年金，参保职工达2317万人，覆盖率接近10%。深圳市实施《深圳市行政机关聘任制公务员职业年金计划总体方案》，将职业年金制度建设同养老保险制度改革进行捆绑，基本覆盖了深圳市所属聘任制公务员。《事业单位职业年金试行办法》出台后，国内高等院校等事业单位积极进行实践，因制度规范强度和机关事业单位的整体性关联，事业单位职业年金制度实施效果较差，基本停留在制度出台层面。2015年3月，《机关事业单位职业年金办法》出台，因制度强制性规范，4000多万名机关事业单位工作人员将整体性参加职业年金，覆盖率将可预见地达到100%，绝对参保数量和覆盖率都远远超过企业年金，职业年金总体参保人数也由原来的不足10%跨越上升至22%以上。“扩面”的同时，养老金替代率平均水平不断上升。参保企业职工的个人养老金得到翻倍提高，企业年金收入对养老金贡献率达到50%以上。①

① 《中国社会保险发展年度报告（2014）》指出，2014年“企业年金领取人数47.6万人，领取金额141.3亿元，人均月领2500元”，而企业离退休人员月人均养老金2061元。

中国职业年金制度发展是基于实践基础的一场改革，职业年金制度实践也为制度构建提供了依据，推动职业年金制度不断在规范强度、覆盖对象、缴费主体、资金筹集、待遇计发、资金运营、监管体制等构成要素上进行创新。

（三）职业年金制度改革思路成型

中国职业年金制度建设严格遵循“实践决定认识，认识反作用于实践”“实践是检验真理的唯一标准”等客观规律，探索形成职业年金制度改革的基本理论和基本思路，为职业年金的科学构建提供了方向。一是制度整合成为首要趋势。“分久必合，合久必分”也是历史发展的基本规律，中国职业年金制度在探索期的分类建设就是“分”，《机关事业单位职业年金办法》将行政机关和事业单位作为整体进行制度建设就是“合”。目前仍然存在企业年金、社会组织企业年金、事业单位职业年金①等，制度整合成为职业年金制度改革的一个必然趋势，机关单位职业年金制度将行政机关和事业单位进行整合建设、军人职业年金和企业职业年金对机关单位职业年金制度的参照都表明了这种发展思路。二是制度定位需要转换。职业年金制度建设是工具理性和价值理性的有机统一，从补充养老保险、企业年金到机关事业单位职业年金都强调职业年金制度对社会基本养老保险制度改革的补充作用，弥补保障对象基本养老金待遇水平下降差距以减少制度构建的阻力。职业年金制度建设需要脱离完全的附属地位，在工具理性认知的基础上更多地实现自身价值定位，真正变成养老保险体系的第二支柱，切实有效地提高职工养老金提高率。三是制度规范强度需要加大。企业年金制度因强调“自愿建立”，经过 15 年的建设，覆盖范围不足 10%，参保单位多为国有企业。事业单位职业年金制度也因强调“自愿建立”，基本流于形式，停留在制度构建和理论探讨层面。深圳市聘任制公务员职业年金制度、机关事业单位职业年金制度、军人职业年金制度都同养老保险制度改革进行捆绑建设，突出了制度规范的强制性要求，制度能够有效实施。因此，职业年金制度建设需要突出强制性，保障制度有效实施，保障全体劳动者养老待遇的公平。

---

① 《事业单位职业年金试行办法》在《机关事业单位职业年金办法》中没有明确规定废止，形成事实废止。

二、中国职业年金制度发展存在的问题

中国职业年金制度经过20多年的建设和改革，取得了显著成绩，但仍处于形成期，处于“再实践、再认识”的新阶段，中国职业年金制度建设仍然存在许多问题。中国职业年金制度发展主要存在“体系化”问题，主要表现为职业年金与养老保障的关系、内部制度构成之间的相互关系等。

（一）职业年金制度定位问题

中国职业年金制度建设一直处于附属地位。自“补充养老保险”，经“企业年金”，至“职业年金”，职业年金制度一直强调其为社会基本养老保险“补充”的性质定位。1991年，国务院颁布《关于企业职工养老保险制度改革的决定》，将“补充养老保险”作为企业职业养老保险制度改革的配套措施，1997年，国务院又颁布《关于建立统一的企业职工基本养老保险制度的决定》仍然沿袭这一定位，2000年，印发《企业年金试行办法》系统归纳了企业养老保险制度改革中“补充养老保险”建设成果。2008年，发布《关于印发事业单位工作人员养老保险制度改革试点方案的通知》提出在事业单位工作人员养老保险制度改革的同时建立事业单位职业年金制度，2011年，印发《事业单位职业年金试行办法》。2015年1月，颁布《国务院关于机关事业单位工作人员养老保险制度改革的决定》提出机关事业单位工作人员养老保险制度改革的同时建立机关事业单位工作人员职业年金制度，2015年3月，印发《机关事业单位职业年金办法》。深圳市聘任制公务员职业年金制度建设也仅仅是养老保险制度改革的一部分。中国职业年金制度建设一直活在养老保险制度改革的阴影里，一直强调工具理性，成为减少养老保险制度改革阻力的有效工具。

中国职业年金制度的附属地位制约了其功能发挥。中国职业年金制度20多年的实践表明，社会基本养老保险改革是主要矛盾，职业年金建设是次要矛盾，社会基本养老保险改革处于支配地位，决定和影响着职业年金建设的存在和发展。中国养老保险制度改革集中力量解决社会基本养老保险改革的问题，职业年金建设属于统筹兼顾。1994年，世界银行在《防止老龄危机——保护老年人及促进增长的政策》中提出养老保险“三支柱”，2005年，世界银行在《21世纪的老年收入保障——养老金制度改革国际

比较》中提出养老保障“五支柱”，强调作为“第二支柱”的职业年金是支撑养老保障的中坚力量，体现更多的价值理性，绝非养老保险制度改革的“附属”或“工具”。中国职业年金制度建设没有获得自主地位，“补充”定位也徒有其表，与养老保险第二支柱的要求不相适应，工具理性凸显，价值理性受到忽视。没有价值理性的职业年金制度发展空间有限，仅仅弥补基本养老保险改革造成的利益差距，补充养老功能不足，无法真正独立发挥提高养老保险待遇水平的功能。

（二）职业年金制度构建问题

中国职业年金制度构建存在不公平问题，主要表现在制度覆盖不足和多元结构两方面。

一是在制度覆盖面上，覆盖群体不全。中国职业年金制度已经有《企业年金试行办法》（升级版《企业年金规定（征求意见稿）》正在建设中）、《关于鼓励社会团体、基金会和民办非企业单位建立企业年金有关问题的通知》《机关事业单位职业年金办法》《关于军人职业年金转移接续有关问题的通知》等政策，覆盖了企业职工（包括农民工）、机关事业单位工作人员、社会组织工作人员、军人等群体，但是同样作为劳动者的农民和非正式就业者被排除在外。覆盖群体缺失体现了制度不健全，没有赋予同样作为劳动者在养老积累中应享有的税收优惠、投资收益等公民权利。

二是在制度结构上，存在“双轨制”和城乡“二元结构”。以《机关事业单位职业年金办法》为主体的公共部门职业年金制度同以《企业年金试行办法》为主体的企业年金制度在规范强度上存在强制性和非强制性的天壤之别，导致制度实践及待遇水平的“双轨制”。2015 年以来，机关事业单位集体参保 4000 多万名工作人员，远远超过 2000 年以来企业单位自愿参保的 2000 多万名职工，后来者居上。机关事业单位工作人员养老金替代率因职业年金的有效补充在养老保险制度“并轨”后并不会下降，仍然高于企业，没有改变养老保障待遇的不公平。无论是企业职工，还是机关事业单位工作人员，都属于城市范畴，都成为职业年金制度覆盖的群体。占人口绝大多数的农民被排除在职业年金制度之外，虽然农民是个体经营、自负盈亏，自我缴费形同商业储蓄养老，但有权享有国家在养老积累上提供的税收优惠、投资收益等权利。

总之，中国职业年金制度在规范强度、覆盖对象上存在差异，企业年金相关条款与职业年金办法存在不一致，导致职业年金制度体系的不平衡，导致制度存在不公平。中国职业年金制度体系化建设需要强调“公平”与“效率”的有机统一，需要贯彻习近平总书记在宣传介绍中国“十三五”规划时强调的“更加注重公平”，在提高效率的基础上切实保证职业年金制度公平，在保证制度公平的同时强调职业年金制度的层次性、差别化以提高劳动者的劳动积极性。

（三）职业年金制度实践问题

中国职业年金制度主张差别化实施，存在规模小、受益面窄、保障功能有限等问题，导致职业年金制度不适应市场发展需要，不利于保护劳动者权益。

中国职业年金制度因制度规范强度不同，制度实践规模小、受益面窄，覆盖范围有限。截至2000年，参加各级劳动部门经办的企业补充养老保险有200多万名职工，同比2000年参加城镇职工基本养老保险达13617.4万人，占比只有1.5%，企业补充养老保险制度并没有被多数有条件的企业实施。2004年《企业年金试行办法》开始实施，中华人民共和国人力资源和社会保障部于2016年6月6日发布的《关于〈企业年金规定（征求意见稿）〉的说明》中提到，“截至2015年底，全国建立企业年金的企业7.5万户，参保职工2317万人”，同比企业在职职工参加养老保险23932.3万人，企业年金实践范围有限，规模较小。2015年3月，《机关事业单位职业年金办法》出台，因制度强制性规范，4000多万名机关事业单位工作人员将整体性参加职业年金。总体来看，职业年金制度覆盖范围的绝对数量也不过6000多万，同近8亿在职劳动者（包括农民工、农民等）相比较，覆盖面不足10%，受益面较为狭窄。

中国职业年金制度保障功能有限。中国养老保险制度改革脱胎于“国家保险制度”，沿袭了国家直接承担养老责任的惯性模式，政策渐进主义同样也强调改革的继承性，因此社会基本养老保险在养老金替代率中所占比例较大，职业年金处于从属地位。《中国社会保险发展年度报告（2014）》指出，中国2009—2014年的企业职工养老金替代率在66%上下波动，在企业年金参保不足的情况下企业职工基本养老保险金替代率达

50%以上，职业年金替代空间有限。中国企业承担基本养老保险责任过多造成企业年金参保能力受限，中华人民共和国人力资源和社会保障部原副部长、中国社会保险学会会长胡晓义认为，在养老保险“三支柱”体系中职业年金属于“短腿”，可以考虑为企业降低基本养老保险及其他费率，统筹规划为职业年金发展留出空间。职业年金在实践中覆盖面不足，在价值定位中处于从属地位，既需要开拓实践范围，又需要同基本养老保险制度争取发展空间，因此职业年金制度保障功能受限，需要深化实践以强化效果，需要转换定位以发挥提高劳动者养老保险待遇水平的作用。

第四章
中国职业年金制度体系建构的必要性

中国职业年金制度建设同养老保障制度改革水乳交融，历经萌芽、探索、形成等阶段，存在一系列问题，有待进一步成熟和拓展。中国职业年金制度建设“体系化”缺失问题较为突出，职业年金制度同养老保障制度之间的功能定位问题、职业年金制度要素构建及实践问题集中阐释了“体系化”缺失问题。中国职业年金制度进行体系建构是养老保障制度深入改革的关键，能够满足防范人口老龄化风险、维护社会公平等方面的社会需求，能够满足改革养老保险体系、减轻政府养老金财政支付压力、促进经济发展等方面的政府需求，能够满足保障劳动者养老水平、调动劳动者积极性、便于劳动者自由流动等方面的劳动者需求。

第一节 社会需求

职业年金具有社会性，满足劳动者不断增长的普遍性需求。劳动者作为一个庞大的群体具有同质性的补充养老保险需求，劳动者职业年金需求无法由个体或部分成员的分散活动加以满足，职业年金制度必须依托政府的强制性手段才能形成，职业年金制度体现出的整体性、集中性和强制性等特点充分表明其社会需求的动力十足。

一、防范人口老龄化风险

人口老龄化成为人类共同面临的一大难题。人口老龄化包含过程和状态两个方面，一方面指老龄人口相对年轻人口的比例呈增长态势；另一方面指老龄人口在总人口中的比重过大。1956 年，联合国委托世界著名人口学家、法国国立人口所所长皮澈（B. Pichat）撰写《人口老龄化及其社会经济影响》一书，提出 65 岁及以上老年人口数量占总人口比例超过 7% 的国家或地区就进入了老龄化状态。1982 年，在维也纳召开的联合国“老龄问题世界大会”又提出 60 岁及以上老年人口占总人口比例超过 10% 的国家或地区就进入了严重老龄化状态。联合国发布的这两个衡量人口老龄化的标准表明一个国家或地区的人口结构状况，属于静态范畴。人口老龄化同样也是一个动态范畴，一个国家或地区的人口老龄化是一个逐步发展的过程。《中国老龄产业发展报告（2014）》详细分析了中国人口老龄化的现状。中国已经步入老龄社会初期，截至 2014 年底，中国 60 岁以上的老年人口占到总人口的 15.5%，达到了 2.12 亿人（如图 4－1 所示）。中国人口老龄化发展速度也较快，虽然中国人口老龄化问题出现时间不长，但是在人均寿命不断增高、实施计划生育政策导致年轻人口增长速度相对较低等因素影响下人口老龄化问题较为严峻，“银发浪潮”和“人口海啸”引发世人关注。据预测，到 2050 年，全世界老年人口将达到 20.2 亿人，其中中国老年人口将达到 4.8 亿人，这个数字将超过美国人口总数，几乎占全球老年人口的 1/4。

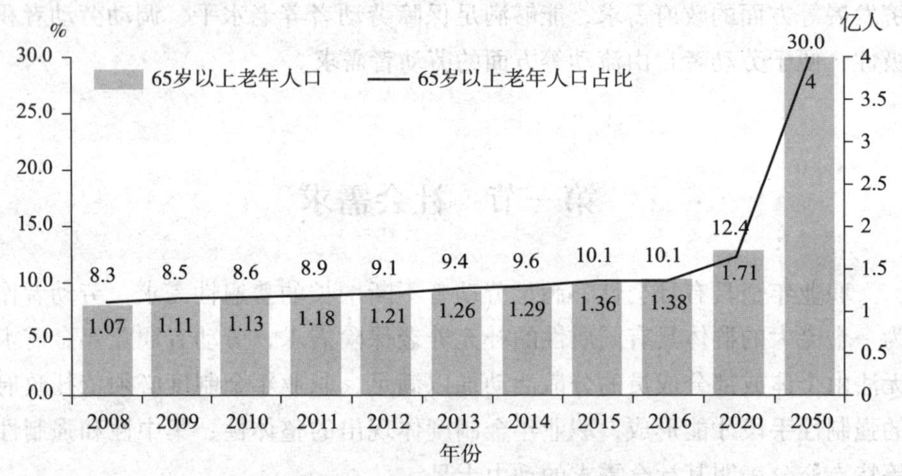

图 4－1　中国人口老龄化态势

数据来源网络，经加工整理而成。

中国人口老龄化无论是现状还是发展趋势都十分严峻，严重影响中国社会的科学发展。一是增加现有劳动者的养老负担，人口老龄化势必降低劳动者同老年人口之间存在的抚养比，2015 年人力资源和社会保障部部长尹蔚民曾指出职工养老保险的抚养比是 3.04 : 1，2020 年将下降至 2.94 : 1，2050 年将下降至 1.3 : 1，从三个劳动者赡养一个退休老人到“一对一”的改变势必造成劳动者身负沉重的养老负担。二是增加政府的养老负担，人口老龄化表现为领取养老金的人数不断增加，引起国家财政在养老保险等方面支出的急剧上升，国家需要在养老保险改革成本、弥补养老保险支出不足、养老保险管理成本、养老福利支出等方面不断提高支出，国家养老方面的财政负担不断加重。三是削弱家庭养老功能，人口老龄化将家族结构由正金字塔模式转变为倒金字塔模式，家庭人口结构倒置无疑增加劳动者的养老负担，出现一个家庭赡养四位老人的状况，家庭无法完全承担退休老人的物质、服务及精神保障责任，家庭养老功能不断削弱。总之，人口老龄化造成整个社会负担过重，生产关系不能适应生产力发展的需要，最终阻碍生产力的解放和发展。

职业年金制度建构在一定程度上能够化解人口老龄化带来的养老风险。保险本质功能在于集合多数人的力量通过互助以解决养老问题，即依靠社会力量摊薄养老责任。随着人口老龄化趋势明朗，养老责任完全由劳动者、政府、家庭一方或多方承担的风险加剧，造成集合多数人力量也无法解决养老负担。世界银行认为，构建基本养老保险、职业年金和自愿性养老储蓄等多支柱、多层次的养老保障体系才能有效防范人口老龄化产生的风险。职业年金制度作为一种补充养老保险，单一明确的目标是为未来退休养老做准备，其本质是劳动者在职工作期间工资的延期支付，强调劳动者通过自我储蓄以提高退休后的养老保障水平。职业年金制度将人口老龄化带来的养老风险进行拆解，强调个体的自我责任，分散到每一个劳动者肩上，养老责任实现了风险转移。国家建设职业年金制度，有意识地将人口老龄化带来的养老风险向劳动者自身进行转移，避免养老保险责任集中而造成无力承担的社会化问题，有效化解了养老责任整体性代际传递的巨大风险。职业年金制度增加了劳动者退休养老的自我责任，能够有效缓解国家财政在养老支出上的压力，提高养老保障替代率，避免劳动者基本养老保险金不足造成的生活水平下降问题。因此，职业年金制度建设成为防范人口老龄化在养老问题上存在风险的必然选择。

二、维护社会公平

社会公平是人们之间一种平等的社会关系，养老保障制度内在本质特别强调公平正义。公平主要表现为权利公平、机会公平、效率公平。权利公平强调基本，即建立全覆盖的基本养老保障体系。新中国成立以来，国家非常重视养老保障问题，虽历经国家养老保障、单位养老保障和社会养老保险等时期，保障水平参差不齐，但是政府一直努力实现基本养老保障全覆盖。2009 年，国务院发布《关于开展新型农村社会养老保险试点的指导意见》建设“新农保”，2011 年，国务院发布《关于开展城镇居民社会养老保险试点的指导意见》建设城镇居民社会养老保险制度，历经波折重新实现了养老保险的制度全覆盖。通过建立全覆盖的基本养老保障体系，确保每一个人都有权利参加养老保障，强调公民在养老保障制度面前享有平等的参与权。机会公平强调实践，即制度实践过程中的无差别化。2014 年，国务院发布《关于建立统一的城乡居民基本养老保险制度的意见》提出“统筹城乡居民社会养老保险制度”，2015 年，国务院发布《关于机关事业单位工作人员养老保险制度改革的决定》提出养老保险制度的公私“并轨”改革，努力确保公民参与养老保障的机会均等。效率公平强调结果，即制度建设效果具有激励性，20 世纪 90 年代以来，中国通过建设补充养老保险、各类职业年金制度，历经萌芽、探索、形成等阶段，努力改革上层建筑和生产关系以推动生产力发展，激发发展活力，探索满足人的不同层次养老需要和不同人的不同层次养老需要。在制度公平的前提下保证效率，强调多劳多得的分配公平。

中国当前养老保障制度脱胎于计划经济体制下的“国家—单位”养老保障模式，烙有鲜明的历史印记，由此造成中国职业年金制度也存在类似的权利公平、机会公平和效率公平等问题。。一是覆盖不足导致的权利公平问题。中国在 1991 年提出建立企业补充养老保险，从私人组织开始由点至面，至今职业年金制度仍然没有实现全覆盖，这必然造成部分公民没有权利参保职业年金。截至 2015 年，中国职业年金制度已经有《企业年金试行办法》（升级版《企业年金规定（征求意见稿）》正在建设中）、《关于鼓励社会团体、基金会和民办非企业单位建立企业年金有关问题的通知》《机关事业单位职业年金办法》《关于军人职业年金转移接续有关问题的通知》等政策，覆盖了企业职工（包括农民工）、机关事业单位工作人员、社会组织工作人员、军人等群体，但是同样作为劳动者的农民和非正式就业者被排除在外。二是结构差异导致的机会公平问题。中国现行职业年金制度同养老保险制度一样存在公共部门与企业之间的区别，2004 年发布的《企业年金试行办法》和 2015 年发布的《机关事业单位职业年金办法》在规范强度上存在根本差异，前者鼓励性执行，后者强制性执行。企业年金制度实践效果不明显，机关事业单位职业年金制度整体性实行，形成职业年金制度“小双轨制”，劳动者因从事工作领域不同导致参加职业年金的机会不均等。三是平均主义导致的效率公平问题。中国养老保障体系中基本养老保险所占比重较大，分别在公共部门与企业内部存在趋同态势，养老功能性差别不大。2015 年，国务院发布《国务院关于机关事业单位工作人员养老保险制度改革的决定》提出养老保险制度并轨，制度并轨的同时更加剧了基本养老保险制度保障功效的趋同性。基本养老保险金发挥基本养老保障功效，个体之间差别越来越趋同，导致劳动付出和养老金回报之间的个体差异不明显，存在平均主义现象，无法解除劳动者的后顾之忧和激发劳动者的劳动积极性。

中国职业年金制度体系建构能够维护社会公平，解除职业年金乃至养老保障体系造成的公平问题。中国职业年金制度体系建构旨在整合制度，从规范强度、覆盖范围、制度结构上进行统一，建立规范强度一致、覆盖全体公民、制度构成相似的制度体系，从而维护劳动者参加职业年金的权利和机会，保证养老保障基本公平。权利公平和机会公平是职业年金制度建设的本质要求，效率公平也是职业年金制度建设的本质要求。职业年金不能抛开效率讲公平，效率是公平的基础，否则沦为平均主义笑谈。职业年金制度公平强调相对性，柏拉图在《理想国》中指出公正的阶级性，①通过等级分工把国家分为受过严格哲学教育的统治阶层、保卫国家的武士阶层、平民阶层，公正就是三个等级各守其序、各司其职的一种秩序与和谐。职业年金制度绝对的公平必然损害制度的效果。职业年金制度将劳动者和非劳动者区别开来，将不同贡献的劳动者区别开来，能够充分体现多劳多得的基本原则，从而调动劳动者的积极性，提高劳动效率。职业年金

① ［希腊］柏拉图. 理想国［M］. 北京：商务印书馆，1997：18.

体现出极大的效率公平，承认劳动者价值贡献存在差异，以及在此基础上财富分配的非平均性公平。

第二节 政府需求

美国著名经济学家道格拉斯·C. 诺思（Douglass C. North）认为，随着社会环境的变化和制度相关者理性认知的提高，制度相关者对新制度的需求不断提升，制度的供给和需求之间基本均衡时其具有稳定性，制度供不应求时就会发生制度变迁。制度变迁主要有两种力量：第一行动集团和第二行动集团。“自下而上”的诱致性制度变迁中作为制度作用对象的民众充当第二行动集团，“自上而下”的强制性制度变迁中作为制度变革主体的政府充当第一行动集团。职业年金制度作为单位福利的属性需要政府作为制度变迁的第一行动集团“自上而下”地推动，以满足改革养老保险体系、减轻政府养老金财政支付压力、促进经济发展的基本需求，最终保障劳动者的养老权益。

一、改革养老保险体系

养老保险体系是满足不同养老需求的养老保险项目按照不同功能构成的集合。1994 年，世界银行在《防止老龄危机——保护老年人及促进增长的政策》中提出公共养老金计划（第一支柱）、辅助性补充养老金计划（第二支柱）、个人储蓄养老金计划（第三支柱）的“三支柱”理论，将养老保险进一步细分，构建了“三支柱”的养老保险体系。养老保险体系属于养老保障体系的分系统，存在内容差异。养老保障体系涵盖养老福利、养老救助和养老保险，养老保险体系是养老保险分系统的进一步细化。养老保险体系从要素功能角度进行划分，可以分为基本养老保险、职业年金和个人养老计划。职业年金作为养老保险体系的构成要素，其自身体系建构能够推动养老保险体系完善，牵一发而动全身。

中国养老保险体系经过新中国成立以来的探索、改革，形成了涵盖基本养老保险、职业年金、商业养老保险及个人储蓄养老等在内的制度框架，但仍然存在一些问题需要进一步完善和发展。一是养老保险体系结构不合理，中国养老过度倚重基本养老保险项目。2016 年 2 月 27 日，中国人民大学教授董克用在中国养老金融 50 人论坛上做《重构中国养老金体系的战略思考》的报告，明确指出截至 2012 年底经合组织（OECD）成员国的第二支柱和第三支柱的养老金占 GDP 加权平均比重为 77%，而中国第二支柱和第三支柱养老金占 GDP 比重仅为 5. 1%。养老保险体系结构不合理造成中国养老保险事业面临系统性风险，中国基本养老金替代率在制度建立之初大致维持在 70% 左右，其后一路下滑，2014 年降至 45%，处于国际劳工组织公约划定的养老金替代率警戒线之内，人口老龄化加重促使基本养老保险已经不堪过分倚重。二是养老保险体系要素定位不清晰。中国基本养老保险制度在世界上首创社会统筹和个人账户相结合的模式，将国家、单位和个人的养老责任进行了集约化处理，反映了改革伊始制度建设要求停留在初级框架层面。政策渐进主义将养老保险“统账结合”的模式部分推广到职业年金制度上，没有将社会统筹的社会性功能和个人账户的激励性功能进行有效区分，致使基本养老保险既有社会性又有激励性，混淆了基本养老保险同职业年金的基本界限。

中国职业年金制度体系建构能够充分发挥工具理性和价值理性的作用以推动养老保险体系改革。一是通过职业年金制度体系建构，构建合理的养老保险体系结构。职业年金制度作为养老保险制度体系的一部分，提升其价值能够有效弥补养老金替代率逐年下降的风险，顺利构建多层次养老保险体系，化解基本养老保险的过重负担。二是通过职业年金制度体系建构，明确养老保险体系要素的功能定位。随着社会养老保险制度改革的深入，强调社会互济、分散风险、保障基本的社会统筹部分应该独立体现其公共养老保险的属性，强调激励因素和劳动贡献差别的个人账户也应该回归职业年金序列以真正体现职业关联性和补充性。三是通过职业年金制度体系建构，有效推动养老保险体系一体化改革。中国养老保险体系存在“二元结构”和“双轨制”，减少改革阻力，需要充分发挥职业年金制度的工具理性。2015 年，国务院发布《国务院关于机关事业单位工作人员养老保险制度改革的决定》提出养老保险制度“并轨”改革，其中关键点在于提出了“同步建立职业年金制度，形成多层次的养老保险体系”，通过职业年金弥补机关事业单位养老保险制度改革造成的养老金替代率下降问题，从而为机关事业单位养老保险制度的有序改革提供了坚实的保证。

二、减轻政府养老金财政支付压力

新中国成立以来，中国政府充分体现社会主义国家本质，积极承担养老责任。政府承担养老责任主要表现为向民众分层次提供养老福利、养老救助和养老保险的财政支出。养老福利主要由政府提供，在保障老年人物质保障的基础上进一步提高老年人的服务保障和精神慰藉保障，促进老年人“老有所为、老有所乐”。养老福利的财政支出主要表现为高龄津贴、老年保健、老年服务机构（包括老年公寓、老年福利院、老年敬老院、老年护理中心、老年文化活动中心）等。养老救助供给以政府为主、社会为辅，主要包括老年人最低生活保障制度等。养老保险供给以社会为主、政府兜底，政府承担的财政支出事项表现在基本养老保险、职业年金等方面的支出。政府在养老保险方面的财政支出主要表现在以下几个方面：一是城镇职工基本养老保险的“政府兜底责任”，即政府在城镇职工基本养老保险基金出现收不抵支的情况下，为了确保养老金按时足额发放，就必须通过财政预算或其他方式来填补养老金缺口；二是城乡居民基本养老保险制度中“政府两头财政补贴”，即政府既要补贴基础养老金，又要补贴个人缴费；三是机关事业单位养老保险制度中“全额补助”，即政府在基本养老保险制度中作为单位负责缴纳社会统筹部分；四是机关事业单位职业年金制度中政府负责“单位缴费”部分；五是养老保险缴费的税前列支减少了政府的财政收入，政府变相对养老保险承担了责任。

中国养老保障的政府财政支出负担较重、增长速度也较快，严重威胁中国养老保障事业的健康发展，主要存在以下几个方面的问题。一是养老保障政府财政支出基数较大。养老保障体系复杂，涉及领域宽广，强调对国民的全覆盖。目前，中国养老保障宏观框架包括养老福利、养老救助、养老保险，养老保险又涉及基本养老保险和职业年金等，几乎都需要政府涉足其中。政府需要通过财政补贴弥补养老金收支缺口，承担制度改革成本。据《2015 年度人力资源和社会保障事业发展统计公报》显示，2015 年城镇职工基本养老保险“各级财政补贴基本养老保险基金 4716 亿元”，占全年基金总支出的 18% 以上（如图 4 – 2 所示）。政府在仅仅承担兜底责任的基本养老保险事项中财政支出数额就较大，在城乡居民养老保险、机关事业单位养老保险、养老福利、养老救助等事项中财政支出更为庞大。二是养老保障政府财政支出增长速度较快。随着人口老龄化加剧趋势，中国养老保险支出增长较快，政府养老财政支出也水涨船高。改革开放 30 多年来，中国经济发展成果显著，让广大人民群众分享举世瞩目的经济建设成果也是社会主义国家的本质要求，提高养老保障财政支出是有效途径。通过增加养老保障的财政支出，既能够减轻在职劳动者负担，也能够提高老年人的生活水平。根据近十年《人力资源和社会保障事业发展统计公报》统计显示（如图 4－3 所示），各级财政补贴基本养老保险基金逐年增加，2006 年补贴 971 亿元，2015 年补贴 4716 亿元，近十年增加了近 4 倍，年均增长率为 11.7%，超过中国近十年 GDP 年均 11.2% 的增长速度，增长幅度较大。

图 4－2　2015 年基本养老保险支出构成

数据来源：历年《劳动和社会保障事业发展统计公报》。

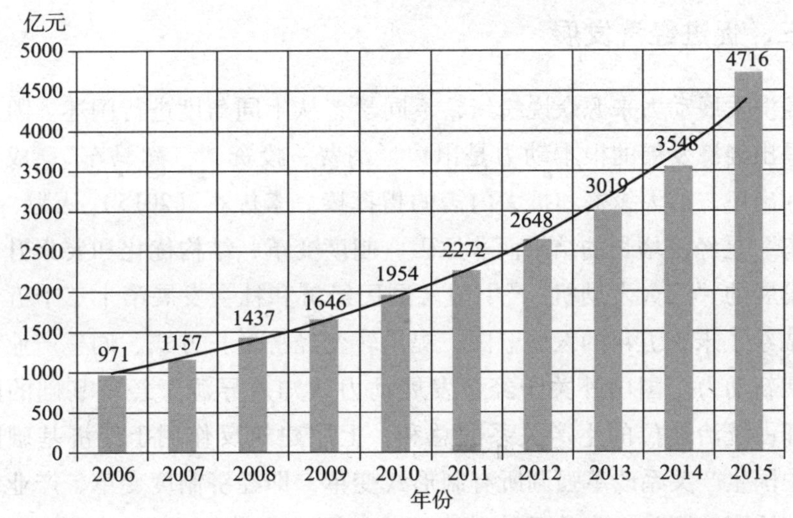

图 4－3　2006—2015 年各级财政补贴基本养老保险基金发展趋势

数据来源：历年《劳动和社会保障事业发展统计公报》。

中国养老保障政府财政支出规模较大、增长速度较快，同养老保险社会化取向存在一定的冲突，给养老保障事业带来较大的风险。化解养老保障的未来风险，中国需要大力发展职业年金，构建多层次养老保障体系，减轻养老事业的政府财政负担。一是扩大职业年金覆盖范围，构建覆盖农民、非正规就业者等在内的全体劳动者，消除职业年金的正式和非正式就业之间的“二元结构”，全面发挥职业年金的养老补充功能，减轻基本养老保险承受的压力。职业年金制度强调组织和个人的养老责任，政府提供减免税收的优惠政策，相比较而言，政府承担的财政支出责任较小。职业年金实现全覆盖既可以提高劳动者退休后的抗风险能力，又可以减轻政府责任。二是推进职业年金“并轨”改革，实现企业年金、机关事业单位职业年金的一体化建设，消除制度双轨运行带来的差异。企业年金、机关事业单位职业年金在规范强度上存在差别，造成制度运行的天壤之别，2015年以来，机关事业单位集体参保4000多万名工作人员，远远超过2000年以来企业单位自愿参保的2000多名职工，后来者居上。职业年金“并轨”改革是从实践效果上“扩面”，切实提高企业职工的养老金替代率，减少公共部门和私人部门养老金差距造成的政府财政支出压力。总之，职业年金能够减轻政府养老财政支出压力，制度建立越早、越系统，政府养老金财政支付压力就越小。

三、促进经济发展

经济发展动力来源众说纷纭，不同学者从不同角度进行阐述。凯恩斯主义提出经济发展的根本动力是出口、消费、投资“三驾马车”，成为各国增加出口、加大投资和扩大内需的指挥棒。李佐军（2015）认为，“三驾马车”是经济增长的结果而非原因，制度变革、结构优化和要素升级是经济发展的“三大发动机”。中国《国民经济和社会发展第十三个五年规划》描绘了未来五年的发展蓝图，提出转变经济增长方式、调整产业结构是发展新动力。国内外关于经济发展动力认知差异源于经济基础的阶级性，即占统治地位的生产关系的总和，上层建筑反作用于经济基础的结果。中国生产关系改革强调所有制形式变革，即经济制度变革、产业结构调整等诱因。国外生产关系改革强调交换形式和分配形式，即注重出口、消费和投资等经济过程。所有制形式、交换形式和分配形式都是生产关系的具体表现，通过变革生产关系都能够解放和发展生产力。经济基础又决定上层建筑，中国经济体制改革必然促进上层建筑不断变革，作为上层建筑的养老保险制度也需要不断进行调整以适应和促进经济基础的改革。养老保险事业发展有利于经济制度深化改革、人力要素升级、扩大消费和加大投资，最终促进经济发展。

中国养老保险制度体系不健全，反作用于经济基础，形成经济发展的障碍，存在以下几个方面的问题。一是养老保险制度体系存在部门阻隔，职业年金制度存在私人组织和公共组织的“双轨制”以及正规就业者和非正规就业者之间的“二元结构”，非正规就业者在基本养老保险无法满足养老需求的情况下无法通过职业年金制度解除后顾之忧，制度差异造成人力资源流动受阻而无法优化配置劳动力资源，最终影响经济发展。二是养老保险基金有效投资不足，不能有效发挥为国家经济建设提供长期资金的作用。养老保险基金承担着化解人口老龄化风险的重任，虽然国家在投资范围、投资比例等方面做出了限制，规定基本养老基金、企业年金等可以按比例投资于股票、基金、债券等领域，强调基本养老基金可以按比例投资国家重大项目和重点企业股权，但养老保险基金投资实践严重滞后。三是养老金替代率下降不利于扩大内需。1952 年，国际劳工组织制定并通过《社会保障最低标准公约》规定养老金替代率最低标准为55%，世界银行也曾建议养老金替代率不低于 70% 才能维持退休前的生活水平，中国养老金替代率部分低于世界水平。虽然中国人力资源和社会保障部发布《中国社会保险发展年度报告（2014）》明确指出中国“2014 年企业退休人员养老金替代率为 67.5%”,① 但也有研究机构通过实地调查研究提出中国养老金替代率已经下降至 40% 多。养老金替代率下降，影响老年人的购买力，也拉低年轻人的购买意愿，全面减少民众消费需求，消解经济发展动力。

职业年金作为一种补充性的养老保险，能够深化经济体制改革、激发人力资源要素活力、扩大消费和加大投资，从而促进经济发展。一是职业年金制度建设本身就是经济体制深化改革的必然需求，职业年金制度体系

① 人力资源和社会保障部社会保险事业管理中心．中国社会保险发展年度报告（2014）［M］．北京：中国劳动社会保障出版社，2015.

建构能够充分发挥上层建筑对经济基础的推动作用，经济体制改革深化有利于进一步解放和发展生产力。二是职业年金制度体系建构能够清晰界定、统一规范职业年金制度内容和过程，消解制度差异，解除劳动者的后顾之忧，促进劳动者在不同制度体系中自由流动，提高劳动者的积极性。三是职业年金制度具有工具理性，减少养老保险制度改革阻力，防范人口老龄化风险，保证养老金替代率保持在合理水平，为民众放心消费提供坚实的物质基础。四是职业年金基金采用个人账户累积方式能够形成数额较大的运营资本，通过委托管理的形式促使基金进入资本市场，为经济发展注入强大的血液。

第三节　劳动者需求

一、保障劳动者养老水平

退休老年人的物质保障是基础，服务保障是主体，精神保障是关键。养老物质保障可以分为实物供给和货币供给，以货币供给主。衡量老年人养老物质保障水平的关键指标是养老金替代率。养老金替代率是劳动者退休后养老金发放数额同退休前工作收入数额的比率。养老金替代率主要通过比较老年人退休前后收入差异来衡量其生活水平的好坏，成为养老保险制度绩效评估的经济指标和社会指标。1952 年，国际劳工组织提出养老金替代率最低标准为55%，世界银行组织建议养老金替代率不低于70%，世界各国养老金替代率处于60%左右（见表 4 - 1）。养老保险旨在通过国民收入再分配的方式保障退休老年人的基本生活。养老金需要在经济发展、劳动者工资提高的基础上“水涨船高”，保障退休老年人生活的质量。养老金替代率需要保持相对的均等化，消除城乡、公私、行业等不同造成的过度差距。影响养老金替代率的因素多样化，既有个人工作年限、缴费年限、缴费基数、退休年龄等因素，也有制度构成、计发办法等制度因素。职业年金作为一种补充养老保险制度，增加一个养老金来源，大大提高养老金替代率。

表4-1　部分国家养老金替代率

国家名称	养老金总体替代率
澳大利亚	44.5
加拿大	69.7
德国	50.0
日本	35.1
英国	51.4
美国	67.8
巴西	69.5
印度	96.5
俄罗斯	75.2
希腊	95.7

数据来源：OCED 官网数据。

中国老年人退休后的养老金支付水平复杂多样，养老质量也参差不齐，养老水平存在问题，通过养老金替代率分析主要表现在以下几个方面。一是养老金替代率呈下降趋势，养老水平降低。新中国成立至“文化大革命”结束，中国城镇实行全员就业制度，国家和单位负责养老金支付，养老金替代率普遍较高；中国农村实行土地养老、家庭养老、养老救助等政策，不存在养老金支付问题。改革开放以来，中国先后推出城镇职工社会养老保险、农村养老保险、机关事业单位养老保险等制度，基本实现养老保险制度全覆盖，20 世纪前养老金替代率基本维持在 80% 左右，21 世纪后养老金替代率已经下降至 50% 左右，中国社科院世界社保研究中心发布的《中国养老金发展报告（2012）》显示养老金替代率由 2002 年的 72.9% 下降至 2005 年的 57.7%，此后一直呈下降趋势，到 2011 年更是降至 50.3%。① 不断下降的养老金替代率不利于养老事业的健康发展。二是养老金替代率分化严重，养老水平呈不均衡状态分布。1978 年至今，中国从修改宪法开始逐步构建企业职工养老保险制度，2015 年国务院发布《关于机关事业单位工作人员养老保险制度改革的决定》推进公职人员养老保险制度改革，私人组织和公共组织养老保险制度改革步伐相差了近 40 年，养老金替代率有天壤之别，机关事业单位工作人员养老金替代率超过 80%，

① 郑秉文. 中国养老金发展报告（2012）[M]. 北京：经济管理出版社，2012.

企业养老金替代率已经降至40%左右。三是养老金替代率总体较低，国际同期比较养老水平不高。中国官方数据显示，养老金替代率达到60%以上，民间研究机构认为中国养老金替代率已近低至40%。从表4－1可以看出，中国养老金替代率低于美国、加拿大等发达国家，同巴西等少数发展中国家相比也偏低。较低的养老金替代率必然影响退休老年人的生活质量。

中国职业年金是一种补充养老保险，属于多支柱养老保障体系中的第二支柱，拓展养老金增收渠道，提高养老金替代率，提高劳动者的养老水平。职业年金在本质上是劳动者工资的延期支付，延期支付的目的在于平衡劳动者工作期间和退休后的收支不均衡状况。雇员通过工资延期支付项目，既享受项目实施附带的个人所得税免征或减征的优惠，还能够获得职业年金基金在投资中享有的低风险、高收益的好处，最终实现生命周期内的收支平衡，为未来退休养老做准备，避免养老金替代率下降导致的退休生活质量下降。

二、调动劳动者积极性

劳动者积极性是劳动者工作过程中表现出来的自觉状态，需要通过各种手段进行激发。劳动者积极性表现为工作目标明确、克服困难的意志坚定和工作认知的积极情感。调动劳动者积极性需要最大限度地激发劳动者的欲望，充分挖掘劳动者的潜力，促使劳动者为了实现目标保持高昂的情绪。调动劳动者积极性的手段主要分为物质激励和精神激励，物质激励最为直接有效。物质激励通过物质手段满足劳动者的物质需求，从而可以进一步调动劳动者的积极性、主动性和创造性。物质激励形式主要有工资、奖金、奖品、福利和股权等。其中福利主要包括各种社会保险、带薪休假等，社会保险主要指养老保险、医疗保险、失业保险、工伤保险和住房公积金等。养老保险作为组织的一种重要福利，历来备受关注，缘于直接产生退休人员的养老金。职业年金是建立在基本养老保险基础上的一种补充养老保险，在保障劳动者退休后基本生活的基础上进一步提高其生活质量，主要通过以下几个方面调动劳动者的积极性。一是退休后的职业年金收入能够解除其后顾之忧，提高其养老水平，直接激发劳动者未来的愿景。参加职业年金的劳动者在达到国家规定的退休条件并依法办理退休手续后可以按月或一次性领取，保证劳动者退休后的生活水平。二是职业年金坚持多缴多得的差别化原则，鼓励劳动者努力工作以提高退休后职业年金收入。职业年金同劳动者的工资待遇、工作年限关联，职业年金收入同工作时间、缴费工资基数呈正比例关系。工作年限越长、缴费工资基础越大，职业年金个人账户累计资金越多，退休后职业年金自然越高。

职业年金能够提高劳动者退休后的收入预期，调动劳动者积极性。中国职业年金因覆盖面窄、非均等化等问题存在，并未能发挥调动劳动者积极性的作用。一是职业年金制度实践覆盖范围有限，大面积影响劳动者的积极性。20 世纪 90 年代以来，职业年金制度经过萌芽、探索和形成，目前仍在形成过程中，但没有形成规模，成效影响范围有限。中国企业职业年金制度实行“自愿建立”的规范强度，企业和劳动者参加职业年金的意愿并不明显，实施效果不理想。截至 2015 年，全国建立企业年金的企业 7.5 万户，参保职工 2317 万人，同比企业法人单位数为 1061.7 万多、企业在职职工参加养老保险人数为 23932.3 万多，企业实施企业年金计划占比不足 7‰，职工企业年金参保率不足 10%，企业的职业年金覆盖范围有待进一步拓展。二是职业年金制度的城乡差别和双轨运行造成的机会不均等严重挫伤劳动者的积极性。中国职业年金制度建设稳步推进，造成工人、农民和机关事业单位工作人员在参加职业年金机会上存在不平等，农民被排除在外，工作属于鼓励性参加，机关事业单位工作人员属于强制性参加，机会不公平和效率不公平都会挫伤劳动者的积极性。

中国职业年金制度体系建构将针对性解决职业年金制度的覆盖面和公平性问题，切实提高劳动者退休后的养老金收入，促进在职劳动者努力工作。一是职业年金制度为劳动者提供未来养老的安全阀。马斯洛需求五层次理论表明物质满足是最基本的要求，但人类并不满足于生理安全。赫茨伯格的双因素理论认为，生理安全等物质因素属于保健性范畴，但也有社交、尊重和自我实现等激励性因素。职业年金功能具有双重属性，一方面直接表现为劳动者提供物质保障，为劳动者退休提供生理和安全保障；另一方面间接表现为劳动者提供精神保障，通过提高养老金替代率以满足劳动者退休后社交、尊重和自我实现等需求。职业年金作为在基本养老保险基础上的一种补充养老保险，更能体现出激励性特性，超越基本物质保障的精神激励更能调动劳动者的积极性。二是中国职业年金制度体系建构重在消除差异，保障劳动者参与职业年金的机会均等和效率公平，激发劳动者积极性。20 世纪 60 年代，美国学者亚当斯（J. S. Adams）提出公平理论，认为只有公平的报酬才能使职工感到满意、起到激励作用，不公平导致心理失衡从而影响行为。中国职业年金制度体系建构能够系统规范制度，消除城乡分化和双轨运行问题，促进机会均等。平均主义大锅饭也能够影响劳动者积极性，干多干少一个样无法调动劳动者工作情绪，中国职业年金制度体系建构也尊重效率公平，鼓励多劳多得。

三、便于劳动者自由流动

劳动者流动是劳动者的职业变换，从一个组织或岗位流向另外一个组织或岗位。劳动者流动对劳动者和劳动力市场都具有积极的作用，劳动者通过劳动角色的变换积累工作经验，劳动力市场也需要通过劳动者流动以保证劳动力市场的活力和人才供给效率。劳动者流动是劳动者为了获得更高经济报酬而出现的垂直流动或水平流动。劳动力流动并不是一帆风顺的，2010 年诺贝尔经济学奖得主克里斯托弗·皮萨里德斯（Christopher A. Pissarides）指出，住房成本、福利无法转移及教育不足等三大因素制约劳动力流动，特别指出包括养老保险在内的薪资福利能否有效衔接将直接影响劳动者跨区域流动。欧洲一体化进程中，劳动者自由流动也成为一个焦点，要保证劳动者在欧盟内部自由流动，建立统一的劳动力大市场，必须确保劳动者不会因跨区域流动而失去本来可以得到的社会保障或得到的社会保障不会少于流动之前。职业年金制度作为一种补充养老保险制度，主要通过职业年金实践行为和制度模式两个方面影响劳动者自由流动。在职业年金制度实践上，有些行业或组织实施了职业年金计划方案，给劳动者带来了切实的利益，促使其他劳动者流转过来。在职业年金制度模式上，制度能够实现无缝对接也将影响劳动者流动的意愿。

中国职业年金制度仍然处于形成时期，没有形成系统化的制度体系，阻碍了劳动者跨区域、跨行业的自由流动。一是中国职业年金制度覆盖范围不足，影响劳动者自由流动。劳动者通过劳动谋求其一生效用最大化，职业年金的边际收益同劳动者流动之间存在利益博弈，劳动者不会放弃既有组织职业年金的获得权而流向没有建立职业年金制度的组织，一旦其他组织提供了职业年金制度就会选择流动。中国职业年金制度覆盖范围有限，目前机关事业单位通过强制性政策进行了建设，部分大企业建立了企业年金制度，其他广大农民、非正规就业者被排除在外，劳动者在不同职业角色中无法自由转换，总是权衡职业年金形成的利益最大化问题。二是中国职业年金制度衔接不顺畅，不利于劳动者自由流动。中国职业年金制度刚刚结束探索期，正处于形成、成熟的过程中，存在制度体系一体化问题。农民职业定位、非正规就业者的权利保护、公共组织和私人组织的职业年金存在“双轨”运行等问题割裂了制度的系统性，劳动者跨地区、跨行业流动存在利益纠葛。劳动者跨区域流动时，职业年金基金和关系无法有效转移接续，规定强度、缴费基数等不同为劳动者自由流动设置了障碍。三是中国职业年金制度的差异性导致劳动者的逆向流动，在工资等报酬平等的情况下劳动者集中流向职业年金收益较高的组织。机关事业单位成为大批应届毕业生的从业首选，无不同包括职业年金在内的社会保障收益有关。中国职业年金制度尚未体系化，正处于形成过程中，在一定程度上阻碍了劳动者的自由流动。

中国职业年金制度体系建构主要解决阻碍劳动者自由流动的因素，疏通劳动者职业转换的渠道。一方面，中国职业年金制度体系建构注重职业年金制度的覆盖面问题。目前中国职业年金正在建设的制度主要包括机关事业单位职业年金制度、企业年金制度、军人职业年金制度等，涵盖了大部分正规就业者，但是仍然缺失了农民、自由职业者等非正规就业者。通过中国职业年金制度体系建构重点扩大职业年金制度覆盖范围，同时更要注重职业年金的实践覆盖范围，目前企业年金制度的执行效果并不明显。通过扩大职业年金制度覆盖范围，促使劳动者都能够纳入职业年金保障范围，解除劳动者在职业转换过程中对有关机会成本的忧思。另一方面，中国职业年金制度体系建构注重消除制度鸿沟问题，中国职业年金制度建设存在制度有无、制度隔阂等现象。通过制度体系建构扩大覆盖面，将农民、自由职业者等非正规就业者纳入职业年金制度体系内，建立能够享受政府财税政策、类似于自我储蓄的职业年金制度。通过制度体系建构消除企业和机关事业单位之间存在职业年金制度的差异，实现私人组织和公共组织职业年金制度的一体化。中国职业年金制度鸿沟的消失，有利于劳动者职业转换的实践。

第五章 中国职业年金制度体系建构的可行性

中国职业年金制度建设一直遵循试点先行、稳步推进的基本原则，既注重实践经验的积累，又积极借鉴国外职业年金制度建设的有益经验。从补充养老保险政策的出台，到企业年金制度、事业单位职业年金制度的探索，直至机关事业单位职业年金制度的成型，中国职业年金制度走过了艰难而又辉煌的历程，为中国职业年金制度成熟积累了丰富的经验。美国、英国、日本、澳大利亚等发达国家在职业年金建设方面取得了较为突出的成绩，深入实践了职业年金制度的价值选择、规范强度、覆盖对象、缴费主体、资金筹集、待遇计发、资金运营、监管体制等方面的内容，能够为中国职业年金建设提供有益的经验。中外职业年金制度的系统实践和理论总结，为中国职业年金制度体系建构提供了可能性。

第一节 中国职业年金制度探索的案例分析

改革开放以来，中国政府大力推进养老保险制度改革，为建立职业年金制度夯实了基础。随着养老保险制度改革深化，20 世纪 90 年代，国务院颁布《关于企业职工养老保险制度改革的决定》，正式提出建立企业补充养老保险，揭开中国职业年金制度建设的序幕。中国各级政府先后推出了企业年金、行政机关聘任制公务员职业年金、事业单位职业年金等制度，探索中国职业年金制度建设的正确道路，喜忧参半。其中深圳市行政机关聘任制公务员职业年金、事业单位职业年金是公共部门职业年金制度探索的两个典型案例，为2015年开始建设的机关事业单位职业年金制度提供了最为直接的经验。通过分析这两个典型案例，能够为中国职业年金制度的系统性构建提供有益经验。

一、深圳市行政机关聘任制公务员职业年金制度的改革试点

深圳市是中国改革开放的缩影，相伴而生，代表中国经济、政治等体制改革的方向。2007年，深圳市政府发布《深圳市行政机关聘任制公务员制度试点方案》（深府办〔2007〕164号），探索公务员“铁饭碗”的转换机制。2010年，深圳市政府发布《深圳市行政机关聘任制公务员管理办法（试行）》，深入推进行政管理体制改革，探索公务员聘任制改革。深圳市为了稳定聘任制公务员队伍，激发队伍活力，促进人才自由流动，解除聘任制公务员的后顾之忧，积极推进聘任制公务员的养老保险制度改革，提出建立聘任制公务员职业年金制度。

（一）深圳市行政机关聘任制公务员职业年金制度

2008年8月7日，深圳市人事局发布《关于印发〈深圳市行政机关聘任制公务员职业年金计划总体方案〉的通知》（深人发〔2008〕62号），明确提出深圳市行政机关聘任制公务员在参加社会基本养老保险的基础上，试行职业年金计划。在规范强度上明确提出“聘任制公务员全部纳入职业年金计划”，坚持统一实施原则，具有强制性特征。覆盖对象是深圳市行政机关所有聘任制公务员（含参照公务员法管理的事业单位聘任的工作人员）。缴费主体是深圳市政府，由市财政按月缴纳，各聘任单位将职业年金列入部门预算，聘任制公务员个人不需缴费。资金筹集坚持个人账户完全积累模式，每月以税前工资收入为缴费基数、以8%为缴费比例进行资金筹集。在待遇计发上，聘任制公务员根据办理退休手续、出国定居、去世等情况采取可以一次性领取或按标准逐月计发。资金运营坚持在确保职业年金安全的基础上可参照企业年金进行。监管体制偏向分散管理，财政纳入专户管理，委托深圳市企业年金管理中心负责职业年金的收缴、日常管理和计发，建立了职业年金同企业年金的转移机制。

2010年5月27日，深圳市人力资源和社会保障局、深圳市财政委员

会联合发布《深圳市行政机关聘任制公务员社会养老保障试行办法》（深人社规〔2010〕8号），同时废止了《深圳市行政机关聘任制公务员职业年金计划总体方案》，深入推进养老保险制度改革，同时细化了职业年金制度的相关规定，拓展了职业年金的工具性认知。该办法通过构建聘任制公务员社会基本养老保险、地方补充养老保险和职业年金制度为主要内容的社会养老保障体系，突出强调了职业年金制度不可或缺的补充作用。在规范强度上，该办法将职业年金同社会基本养老保险、地方补充养老保险捆绑实施，带有明显的强制性。覆盖对象为综合管理类、行政执法类、专业技术类及其他实行薪级工资制度的聘任制公务员。缴费主体为各行政机关，通过将本单位聘任制公务员职业年金缴费列入年度部门预算，按月划缴至聘任制公务员职业年金个人账户。资金筹集采取个人账户进行管理，实行基金完全积累模式，按照聘任制公务员月工资总额与上年度社会平均工资的倍数实行不同的缴费比例。在待遇计发上，必须根据聘任制公务员退休手续办理、出国定居、去世等情况采取可以一次性领取或定期领取。在资金运营上，委托符合条件的法人受托机构（以下简称受托人）管理，受托人再委托专业的投资运营机构负责职业年金基金的投资运营。在监管体制上，强调综合监管，深圳市人力资源和社会保障行政部门负责组织实施工作，财政部门负责经费安排及资金监管，社会保险经办机构承办具体事务，在坚持职业年金同企业年金能够相互转移的基础上全面构建了委任制公务员、军队转业军人、事业单位工作人员等转为聘任制公务员的衔接机制。同时，该办法具体规定了聘任制公务员职业年金的奖励、停缴、补缴及收回措施，将职业年金内置了廉洁年金的特性。

表5－1　深圳市聘任制公务员职业年金制度演进比较

政策 要素	职业年金计划总体方案	社会养老保障试行办法
规范强度	强制性	强制性
覆盖对象	深圳市行政机关所有聘任制公务员（含参照公务员法管理的事业单位聘任的工作人员）	综合管理类、行政执法类、专业技术类及其他实行薪级工资制度的聘任制公务员
缴费主体	深圳市政府	深圳市政府
资金筹集	个人账户完全积累模式	个人账户管理，基金完全积累模式

续表

要素＼政策	职业年金计划总体方案	社会养老保障试行办法
待遇计发	可以一次性领取或按标准逐月计发	可以一次性领取或定期领取
资金运营	信托型	信托型
监管体制	个人账户资金可自由转移。偏向分散管理，财政设置账户，委托企业年金管理中心承办	个人账户资金可自由转移。综合监管，人力资源与社会保障部门组织实施，财政、社保经办部门承办

（二）深圳市行政机关聘任制公务员职业年金制度评析

深圳市行政机关聘任制公务员职业年金制度具有强制性特征，改革实践效果明显。2007 年深圳市开展聘任制公务员制度试点，2010 年深圳市针对全市行政机关新引进公务员全面实行聘任制，截至 2015 年深圳市聘任制公务员已突破 5000 人。深圳市聘任制公务员实行合同管理，推行“社会基本养老保险 + 职业年金”相捆绑的养老保险制度，冲破了养老保险制度改革的难关，5000 多名聘任制公务员参加养老保险和职业年金，激发了公务员队伍的活力，为养老保险制度深化改革提供了成功范例。

深圳市行政机关聘任制公务员职业年金制度改革充分实现了工具理性和价值理性的有机统一，主要表现在以下几个方面。一是聘任制公务员职业年金制度是养老保险制度改革的有力工具，能够有效弥补委任制和聘任制公务员在养老保障方面存在的落差。深圳市委任制公务员仍然实行退休制度，虚拟参加养老保险制度，实行以在职工资为基数核定退休工资并由财政拨款，退休后领取退休金，养老金替代率可达 100%。深圳市聘任制公务员的养老保险费虽然由财政按月缴纳，但缴费基数和比例同企业一致，退休后社会基本养老金同企业职工一样，其替代率只有 40%。聘任制公务员通过将社会基本养老保险同职业年金进行捆绑，在一定程度上可以弥补委任制和聘任制公务员养老金替代率的差距。职业年金这一工具理性被 2015 年 1 月国务院颁布的《国务院关于机关事业单位工作人员养老保险制度改革的决定》所采纳，将机关事业单位基本养老保险同职业年金制度进行捆绑建设。二是聘任制公务员职业年金制度是行政管理体制改革的配套措施，能够转变公务员的利益认知，减少改革阻力。行政管理体制改革着力转变职能，建设服务型政府，其中心问题是公务队伍建设。激发公务员队伍活力首先不能损害其整体利益，因此深圳市政府在2007年和2010年推进公务员制度改革时重点提出职业年金制度建设，调节公务员队伍的养老待遇。三是聘任制公务员职业年金制度根本的价值所在是保持聘任制公务员养老金替代率处于一个较高的水平，避免完全参照企业年金做法致使聘任制公务员养老金替代率内外差别较大，有利于稳定公务员队伍，吸引人才精英进入公共部门。

深圳市行政机关聘任制公务员职业年金制度改革是成功的典范，能够为中国职业年金制度体系建构提供有益的经验，其成功经验主要有以下几个方面。一是制度规范强度表现为强制性，无论是借助公共权力的自我纳入，还是养老保险制度的捆绑实施，都有效保证了职业年金制度在深圳市行政机关聘任制公务员群体内的全面贯彻，这是职业年金制度实施效果的决定性因素。二是制度建设表现出很强的开放性和包容性。待遇计发方式由“按标准逐月计发”向“定期领取”演进，为退休老人提供了更多的选择。构建职业年金跨地区、跨行业的转移机制，解决了公共部门、私人部门之间的转移接续问题，疏通了行政机关和企业之间养老保险制度的隔阂，为解决养老保险制度“双轨制”问题提供了积极的经验，促使公务员队伍的自由流转，激发公务员队伍活力。三是全面探索了职业年金制度的构成要素，从规范强度、覆盖对象、缴费主体、资金筹集、待遇计发、资金运营、监管体制等方面界定了职业年金制度的基本内容。覆盖对象上，坚持实行“老人老办法、新人新制度”，有效减少了制度改革的影响范围。在缴费主体上，强调政府的主导责任，由政府承担缴费责任，减少制度阻力。

深圳市行政机关聘任制公务员职业年金制度改革的成功经验为中国职业年金制度及其体系建构提供了有益的经验，但是其建设过程中也存在一些问题。一方面，深圳市行政机关聘任制公务员职业年金制度的工具理性过于突出，不但是各领域改革的抓手，而且还是带有奖惩性质的廉政年金，寄予了太多的责任；另一方面，深圳市行政机关聘任制公务员职业年金制度覆盖范围仅局限于聘任制公务员，割裂了委任制公务员和聘任制公务员养老保险制度的联系，不但造成公共部门内部形成养老保险双轨制，而且深化了公共部门同企业养老保险制度之间的双轨制，将聘任制公务员职业年金制度置于委任制公务员养老保险和企业职业年金之间的尴尬境地。

二、中国事业单位职业年金制度的改革试点

中国事业单位具有半官方性质，不完全等同于西方国家的非政府组织。2004 年，国务院第 411 号令发布《事业单位登记管理暂行条例》，明确界定"事业单位，是指国家为了社会公益目的，由国家机关举办或者其他组织利用国有资产举办的，从事教育、科技、文化、卫生等活动的社会服务组织"。截至 2014 年，中国事业单位有 111 万个，事业编制 3153 万人。中国事业单位涉及面广，推动养老保险体系改革，事业单位是不可逾越的一大领域。中国事业单位养老保险制度改革也采用社会基本养老保险捆绑职业年金的模式进行，但效果并不明显。

（一）中国事业单位职业年金制度

事业单位职业年金的提出是为了满足事业单位养老保险制度改革的需要。2008 年 3 月，国务院印发《事业单位工作人员养老保险制度改革试点方案》的通知，满足事业单位分类改革的需要，推动事业单位养老保险社会改革，同时提出建立事业单位职业年金制度。事业单位职业年金制度的提出，根本目的是弥补事业单位养老保险制度改单后养老待遇的降低，现实目的是减少事业单位职业年金制度改革的阻力。2009 年，人力资源和社会保障部要求山西、上海、浙江、广东、重庆 5 个试点省市按照《事业单位工作人员养老保险制度改革试点方案》正式启动事业单位养老保险制度改革。政策出台后，引起了各方的质疑，机关事业单位社会保障权益具有一致性，打破后造成政府机关和事业单位养老保险权益的不公平，改革后事业单位养老金待遇水平将大幅下降，政府机关成为独立于企业、事业单位之外享受国家退休福利制度的特权部门。虽然该试点方案提出了建立职业年金制度，但没有出台具体的实施办法。事业单位养老保险制度改革出台后，遭到了事业单位工作人员的抵制，五个试点省市的改革也未能取得实质性突破，最终无果而终。

《事业单位职业年金试行办法》出台是事业单位职业年金制度建设的新阶段。2011 年 3 月 23 日，中共中央、国务院为了转变政府职能，改革政企、政社、社企之间的关系，推进公共服务事业的健康发展，不断满足

人民群众日益增长的公共服务需求，印发《关于分类推进事业单位改革的指导意见》（中发〔2011〕5号），提出通过综合配套改革，构建公共服务事业新格局。配套改革包括事业单位机构、人事、收入分配、财政和养老保险等一系列改革，再次明确提出事业单位养老保险制度改革。2011年7月，国务院办公厅下发《关于印发分类推进事业单位改革配套文件的通知》（国办发〔2011〕37号），印发包括《事业单位职业年金试行办法》在内的9个配套文件。《事业单位职业年金试行办法》构建了完整的制度内容。在规范强度上，提出“由单位与工会或职工代表通过民主协商确定”，属于非强制性政策。覆盖对象为“分类推进事业单位改革后从事公益服务的事业单位及其编制内工作人员”，提出单位建立职业年金方案是要确定“参加人员范围”，表明该办法覆盖对象不确定。缴费主体为“单位和工作人员个人共同负担”，不是通过财政预算直接拨付。资金筹集采取个人账户进行管理，实行基金完全积累模式，单位缴纳职业年金费用的比例最高不超过本单位上年度缴费工资基数的8%，个人缴费比例不超过上年度本人缴费工资基数的4%。待遇计发可以一次性或分期领取，资金运营采取信托管理方式。监管体制强调人力资源社会保障行政部门的主导作用，职业年金个人账户资金可以随同转移。

《事业单位职业年金试行办法》实践效果差强人意。该办法颁布后仍然在山西、上海、浙江、广东、重庆5个省市进行试点，但改革实践进展缓慢，大部门省市停留在摸索、观望阶段（见表5－2）。山西、上海、浙江、重庆反复提出推进事业单位职业年金制度改革的重要性，表明作为试点省市的决心，但没有出台落实措施，多停留在宏观调研阶段，广东省除深圳市以外的其他地区也同上述四省市一样。深圳市成为中国事业单位职业年金制度探索的唯一试点，2012年8月印发《深圳市事业单位工作人员养老保障试行办法》提出事业单位新聘人员在参加基本养老保险、地方补充养老保险的基础上参加职业年金。“深圳市事业单位工作人员职业年金制度”同“深圳市行政机关聘任制公务员职业年金制度”基本一致，职业年金制度建设同样作为养老保险制度改革的配套措施以弥补改革后养老金的落差，缴费主体同为单位财政预算，资金筹集都采取个人账户的完全积累模式，待遇计发都可以一次或定期领取，资金运营同样进行信托管理，监管体制都强调综合监管，同样也提出职业年金在奖励、停缴、补缴及收回措施等廉洁年金方面的属性，唯一不同在于覆盖对象不同，前者是事业单位新聘人员，后者为全体聘任制公务员。

表 5 – 2　《事业单位职业年金试行办法》试行情况

试点省份	试行情况
山西	完善并推进企业年金制度，建立职业年金制度，鼓励用人单位为劳动者建立补充养老保险
上海	深入研究事业单位养老保险制度改革方案，探索在本地实施职业年金的可行性
浙江	提出加快事业单位职业年金建设
重庆	通过制定优惠鼓励政策，发展企业年金、职业年金
广东	深圳市在事业单位新聘用员工中试行职业年金制度，建立“养老保险 + 职业年金”制度。广东省其他地区没有开展

（二）中国事业单位职业年金制度评析

中国事业单位职业年金制度建设充分反映了改革开放以来中国经济、政治和社会的发展需求。经济基础决定上层建筑，随着中国经济体制改革的深入推进，养老保险制度改革被提上日程，职业年金制度也必须加快建设。2008 年以来推进的事业单位职业年金制度建设虽然总体失败，但为中国职业年金制度建设积累了正反两方面的教训。深圳市事业单位职业年金制度改革实践取得了一定的成效，在深圳市范围内进行了有效实践，为中国事业单位职业年金制度改革积累了有益的经验。通过 5 省市试点改革总体失败的实践，证明《事业单位职业年金试行办法》存在理论与实践的割裂，需要进行修正。

中国事业单位职业年金制度改革从总体上进行定性其为一次失败的改革，制度实践范围和深度有限，失败的原因主要包括以下几个方面。一是改革致使事业单位工作人员利益受损是改革失败的根本原因。2008 年出台的《事业单位工作人员养老保险制度改革试点方案》没有调动职业年金的工具性作用，事业单位工作人员养老保险社会化改革后养老金待遇同企业员工一样，必然大大降低养老金替代率，而职业年金制度建设又严重滞后，2011 年才出台非强制性的《事业单位职业年金试行办法》，割裂了社会基本养老保险同职业年金的一体化关系，事业单位工作人员养老保障权益受损，集体无意识地抵制制度实践。二是改革前提条件悬空致使职业年金制度建设后劲不足。《事业单位工作人员养老保险制度改革试点方案》是在事业单位养老保险制度改革的基础上推进职业年金制度，事业单位养老保险制度试点改革失败了，职业年金制度无从推进。《事业单位职业年金试行办法》是事业单位分类改革的配套措施之一，中国事业单位分类改革实践行动迟缓，事业单位分类改革不落实致使事业单位职业年金制度无法定位覆盖群体，事业单位职业年金制度无从建设。三是改革公平性受到质疑引起事业单位工作人员的抵触。中国机关事业单位属于共同体，中国事业单位具有半官方性质，将事业单位同政府机关进行剥离，单独建立事业单位职业年金制度，而政府机关仍然保留不承担缴费责任的退休福利制度，在企业部门同公共部门不公平的基础上又造成政府机关和事业单位之间的不公平，必然引起人们对政府部门利用公共权力进行部门利益寻租的质疑。四是制度规范强度不足，在各种矛盾冲突中制度松散的执行要求致使制度无力推进。《事业单位工作人员养老保险制度改革试点方案》仅仅提出建立事业单位职业年金制度，实践更是无从谈起。《事业单位职业年金试行办法》提出单位通过“民主协商确定”，非强制性条件下各级政府无心推动。《深圳市事业单位工作人员养老保障试行办法》将社会基本养老保险同职业年金进行捆绑，突出强调制度规范的强制性要求，奠定了成功实践的基础。

中国事业单位职业年金制度改革正反两方面的实践经验为职业年金制度体系构建提供了有益的启示，主要有以下几个方面。一是职业年金制度建设需要同时推进关联性变革。职业年金制度作为养老保险体系中的第二支柱，在养老保险制度改革中具有很强的工具属性，需要统一推进养老保险制度、职业年金制度及相关制度的一体化改革。郑秉文（2010）在谈到事业单位职业年金制度改革时提到事业单位与公务员改革、事业单位的三个类别改革、事业单位改革与建立职业年金三个“联动”是保证改革顺利推进的途径，这也为职业年金制度建设提供了解决困境的思路。深圳市事业单位职业年金制度的成功实践就是基于社会基本养老保险同职业年金的一体化推进，而事业单位职业年金制度实践的失败正是改革共振不足。二是职业年金制度规范强度是改革的关键，需要强制性推进。深圳市事业单位职业年金制度强制性捆绑推进，事业单位职业年金制度对5个试点省市的强制性要求不足。职业年金制度体系建构需要统一制度规范强度，突出强制性要求。三是职业年金制度改革需要维护覆盖群体的既得利益。深圳市事业单位职业年金制度强调缴费主体为政府，各单位通过财政预算的方式直接进行划拨，工作人员个人不需要缴费，弥补基本养老保险社会化的差距，保持养老金替代率基本稳定。职业年金制度体系建构需要在维护不同群体既得利益的基础上，提高养老金待遇水平。四是职业年金制度改革需要坚持公平性原则，消除不同部门之间的利益鸿沟。事业单位职业年金制度造成行政机关工作人员同事业单位工作人员之间的不公平，遭到抵制在所难免。企业年金制度同机关事业单位职业年金之间的不公平，同样发展迟缓。2015年出台的《机关事业单位职业年金办法》将机关事业单位职业年金进行一体化推进，意在消除政府机关和事业单位之间的不公平。五是职业年金制度需要具备开放性、包容性，允许不同地区和部门根据具体情况灵活建立实施方案。《深圳市事业单位工作人员养老保障试行办法》没有照搬《事业单位职业年金试行办法》，而是结合深圳市养老保险制度改革的需要同聘任制公务员职业年金制度实现统一。《事业单位职业年金试行办法》几乎照搬《企业年金试行办法》，服务社会的事业单位和追求利益最大化的企业之间存在价值追求的不同，职业年金制度建设要求也会存在差别，需要区别对待。

表5-3 事业单位职业年金试行办法比较

政策 要素	事业单位职业年金试行办法	深圳市事业单位工作人员职业年金试行办法
规范强度	非强制性	强制性
覆盖对象	事业单位工作人员（试点5省市）	深圳市事业单位工作人员
缴费主体	单位和个人	深圳市政府
资金筹集	个人账户完全积累模式	个人账户完全积累模式
待遇计发	可以一次性或分期领取	可以一次性或定期领取
资金运营	信托型	信托型
监管体制	个人账户资金可随同转移。人社部门集中管理	个人账户资金可自由转移。综合监管，人力资源和社会保障部门组织实施，财政、社保经办部门承办

第二节　中国职业年金对企业年金的借鉴

中国企业年金制度是职业年金制度的一个组成部分。《企业年金试行办法》将其定义为企业及其职工在依法参加基本养老保险的基础上，自愿建立的补充养老保险制度。职业年金本质上为拥有职业、从事工作的劳动者及其所在组织参加的补充养老保险，企业年金属于职业年金的范畴。中国职业年金建设首先从私人部门开始推进，20 世纪 90 年代首先在企业部门开展。企业年金制度作为职业年金制度的一个构成部分，其建设的成败得失能够为中国整个职业年金制度体系建构提供有益的借鉴。

一、企业年金建设概况

企业年金制度建设自 20 世纪 90 年代从企业补充养老保险建设开始，1991 年国务院颁布《关于企业职工养老保险制度改革的决定》，正式提出建立企业补充养老保险。2004 年颁布《企业年金试行办法》，鼓励企业自愿建立企业年金制度。经历了制度萌芽、制度构建和实践探索三个阶段，即将进入形成阶段。

（一）企业年金制度萌芽

企业年金制度萌芽期贯穿 20 世纪 90 年代，国务院先后颁布了《关于企业职工养老保险制度改革的决定》（国发〔1991〕33 号）、《关于深化企业职工养老保险制度改革的通知》（国发〔1995〕6 号）、《关于建立统一的企业职工基本养老保险制度的决定》（国发〔1997〕26 号）和原劳动部印发《关于建立企业补充养老保险制度的意见》（劳部发〔1995〕464 号）等企业补充养老保险政策，不断完善政策认知。一是提出建立企业补充养老保险，“随着经济的发展，逐步建立起基本养老保险与企业补充养老保险和职工个人储蓄性养老保险相结合的制度”，建立地位次于基本养老保险的企业补充养老保险，建立多支柱的养老保险体系。二是企业补充养老保险在规范强度上属于非强制性，“国家提倡、鼓励企业实行补充养老保险”。三是缴费责任由企业负担或企业和个人共同负担。

（二）企业年金制度构建

企业年金制度构建主要为脱离补充养老保险的内涵界定、身份认定，主要通过《国务院关于印发完善城镇社会保障体系试点方案的通知》（国发〔2000〕42号）、《企业年金试行办法》（劳动和社会保障部令第20号）两个政策完成的，形成了完整的制度构建。在规范强度上，提出符合条件的企业可以“由企业与工会或职工代表通过集体协商确定”建立企业年金，属于非强制性。覆盖对象为企业试用期满的职工，缴费主体为企业和职工个人。资金筹集模式采用个人账户的完全积累模式，没有规定企业和职工的缴费比例，仅仅规定“企业缴费每年不超过本企业上年度职工工资总额的1/12，企业和职工个人缴费合计一般不超过本企业上年度职工工资总额的1/6”。待遇计发方式为一次性或定期领取，资金运营为信托型，监管体制为综合监管，劳动保障部门负责。

（三）企业年金实践探索

企业年金实践探索围绕两个关键性文件进行积极探索和经验总结。一是1995年出台的《关于建立企业补充养老保险制度的意见》，文件出台前后企业补充养老保险制度进行了实践探索。根据《劳动事业发展年度公报》显示，文件出台前的1994年“全国已有12000户企业、300多万职工试行了企业补充养老保险制度”，文件出台后的1995年全国“206.3万职工参加了企业补充养老保险”，参加企业补充养老保险的职工占城镇职工的比率为2.4%，多层次养老保险制度体系正在努力探索中。二是2004年出台的《企业年金试行办法》，既是企业补充养老保险制度实践探索的经验总结，又是企业年金发展的纲领性文件。文件出台前，企业补充养老保险在实践中已经转变为企业年金。根据《劳动和社会保障事业发展统计公报》显示，2000年“全国参加企业年金制的从业人员为560万人，全国企业年金基金滚存结余192亿元”，2001年“全国参加企业年金制的从业人员为193万人，全国企业年金基金滚存结余49亿元”，企业年金实践不断推进，最终形成《企业年金试行办法》的制度规范。文件出台后，企业年金既有实践经验，又有制度规范，获得了稳步发展（见表5－4）。近十年间，企业年金参保企业数和参保职工数都呈逐年增长趋势，但职工参加企业年金的参保率一直偏低，虽稳中有升，但企业年金一直都是“大企业俱乐部”，广大普通职工的养老权益并未获得有效保障。

表5-4 企业年金实践情况

指标 年份	参保企业数（万个）	参保职工数（万人）	基金累计结存（亿元）	参保率（%）
2006	2.4	964	910	5.7
2007	3.2	929	1519	5.1
2008	3.3	1038	1911	5.2
2009	3.35	1179	2533	5.5
2010	3.71	1335	2809	5.6
2011	4.49	1577	3570	6
2012	5.47	1847	4821	6.5
2013	6.61	2056	6035	6.8
2014	7.33	2293	7689	7.2
2015	7.55	2316	9526	7

数据来源：历年《劳动和社会保障事业发展统计公报》。

注：企业年金参保率=参加企业年金职工数÷企业参加基本养老保险人数。

（四）企业年金形成展望

企业年金仍然处于试行阶段，正在形成稳定的规章制度。2016年6月6日，人力资源和社会保障部正式下发《关于〈企业年金规定（征求意见稿）〉公开征求意见的通知》，提出适应经济发展需求，注重与《企业年金基金管理办法》和《机关事业单位职业年金办法》相衔接，发挥企业年金提高职工收入的价值等基本诉求，有望通过政策过程最终形成《企业年金规定》，消除私人组织和公共部门之间在职业年金上的双轨制。成熟的企业年金制度就是成熟的职业年金制度，不再存在部门之间的割裂，即中国职业年金制度作为一个整体出现。

二、机关事业单位职业年金与企业年金的比较

机关事业单位职业年金制度和企业年金制度分别属于公共部门、私人部门，具有同质性，但制度要素存在着关键性差别，实践效果截然不同。

（一）制度比较

机关事业单位职业年金和企业年金既有相同点，又存在着实质性的区

别（见表5-5）。

表5-5 机关事业单位职业年金与企业年金的比较

政策 要素	机关事业单位职业年金办法	企业年金试行办法
规范强度	强制性	非强制性
覆盖对象	机关事业单位工作人员	企业职工
缴费主体	政府财政和个人	企业和个人
资金筹集	个人账户完全积累模式。单位缴纳职业年金费用的比例为本单位工资总额的8%，个人缴费比例为本人缴费工资的4%	个人账户完全积累模式。企业缴费每年不超过本企业上年度职工工资总额的1/12。企业和职工个人缴费合计一般不超过本企业上年度职工工资总额的1/6
待遇计发	可以一次性或定期领取。 账户余额可继承	可以一次性或分期领取。 账户余额可继承
资金运营	信托型	信托型
监管体制	个人账户资金可自由转移。综合监管，人力资源和社会保障部门组织实施，财政、社保经办部门承办	个人账户资金可转移。劳动保障行政部门负责对本办法的执行情况进行监督检查

机关事业单位职业年金制度和企业年金制度具有很多相同之处。一是价值选择具有一致性。两项制度一致强调为了建立多层次养老保险体系，保障机关事业单位工作人员、企业职工等劳动者退休后的生活水平。价值选择较为明确、一致，努力追求劳动者退休后的养老权益。二是制度框架具有一致性。两项制度都从规范强度、覆盖对象、缴费主体、资金筹集、待遇计发、资金运营、监管体制等方面进行构建，制度内容要素都很健全，其中在资金筹集、待遇计发、资金运营、监管体制等方面两项制度保持了高度的一致性。

机关事业单位职业年金制度和企业年金制度也有很多不同之处。一是制度的具体构成要素有所区别，造成制度实施效果差异。在制度规范强度上，前者为强制性，后者为非强制性。在覆盖对象上，前者为机关事业单位工作人员，后者为企业职工。在缴费主体上，前者为政府财政和个人，后者为企业和个人，虽然都强调单位和个人的责任，但费用来源不同。二是制度建设时间不同。两项制度建设有先后次序，前者在后者定型之后开始建设周期，后者仍为“试行”办法。两项制度相互借鉴，渐进推进制度融合发展，前者借鉴了后者的建设经验，后者也在前者成型之后进行积极的修订。三是制度的模仿与超越，前者借鉴了后者的有益成果，同时进行了积极的创新。企业年金制度规范强度的非强制性，造成实践效果不明显。2011 年颁布实施的《事业单位职业年金试行办法》也因效仿企业年金的自愿建立要求，制度实施搁浅。2015 年出台的《机关事业单位职业年金制度》克服了这一关键性问题，取得了较好的实践效果。

（二）实践比较

机关事业单位职业年金和企业年金在实践过程中相互作用，也存在着较大的区别，形成了截然不同的实践效果。

机关事业单位职业年金和企业年金在实践探索过程中既相互促进，又存在着区别。一是两项制度实践相互借鉴，趋同性发展明显。企业年金实践自 1994 年开始至今，不断扩大覆盖企业职工的绝对数量，为企业年金制度建设提供基础。机关事业单位职业年金实践探索开始于《企业年金试行办法》出台及实践之后，借鉴企业年金建设成果于 2008 年从事业单位职业年金建设、深圳市行政机关聘任制公务员职业年金计划大力推进，直至目前机关事业单位职业年金实践。2016 年正在征求意见的《企业年金规定》同样也借鉴了机关事业单位职业年金建设经验。二是两项制度实践探索的时间和周期都不同。前者开始得较晚，实践探索了 7 年多；后者开始得较早，实践探索已有 20 多年。三是两项制度实践探索的模式有所区别。企业年金实践属于纵深探索，在私人组织内部整体性推进，从初级形态的企业补充养老保险向高级形态的企业年金进行推进，为完善职业年金制度要素提供实践经验；机关事业单位职业年金实践属于横向探索，分类开展事业单位职业年金和行政机关聘任制公务员职业年金，在不同群体中直接进行高级形态的职业年金建设，为公共部门职业年金的整体性建设提供实践经验。

机关事业单位职业年金和企业年金在实践结果上既有相同点，也有不同之处。一是两项制度实践具有共同的价值诉求，实践覆盖的群体都为拥有权力的上层社会群体。前者因制度规范的强制性要求完全覆盖公共权力行使者群体，后者因制度规范的非强制性要求只能覆盖在国有等大中型企业中处于经济权力主导群体，处于社会阶层的中层、下层的非权力群体被排除在外。二是两项制度实践效果存在差异。前者因制度规范的强制性完全覆盖了机关事业单位的所有工作人员，将公共部门的所有人都整体性地纳入了保障年金计划内。后者因制度规范的非强制性，自2006年至今参加企业年金的人数占参加基本养老保险的职工数一直在7%左右徘徊，覆盖范围有限，不能为私人部门的所有劳动者提供足够的养老保障。

三、企业年金建设成效分析

企业年金制度属于探索性制度，自20世纪90年代开始至今历经20多年的建设，获得了正反两方面的经验教训。

（一）企业年金建设的成绩

企业年金经过20多年持续不断的建设，制度框架基本形成，内容要素渐趋稳定，实施范围不断扩大，取得了骄人的成绩。

一是企业年金的工具性作用得到了充分发挥。无论是企业补充养老保险，还是企业年金，都是企业职工养老保险制度改革的配套措施。通过推出企业年金制度，尽力维护企业职工养老待遇水平，减少改革阻力。

二是企业年金制度成为职业年金制度建设的参照系。中国养老保险制度改革首先从私人部门开始，经过制度构建和实践探索，形成了较为成熟的内容体系，公共部门构建职业年金制度时进行了模仿。《事业单位职业年金试行办法》几乎完全照搬，惨遭失败。《机关事业单位职业年金办法》进行批判式参照，弃其不利要素进行有利性改造，获得了初步成效。

三是企业年金建设强化了养老保险第二支柱的社会认知。在中国养老保险制度中社会基本养老保险一直一枝独大，地位不可撼动，在养老金替代率中的占比达到100%，但随着人口老龄化的加剧其无力独自承担养老责任。企业补充养老保险、企业年金概念逐步深入人心，通过经年建设渐渐置换了社会基本养老保险的份额，由养老保障的补充地位向重要地位转变。

四是企业年金的实践范围不断扩大。1994年全国有1.2万户企业、300多万职工参加了企业补充养老保险，截至2015年全国有7.55万户企业、2316万多职工参加了企业年金计划，20多年间参加企业年金的企业户数和职工人数都翻了近三番，覆盖范围不断扩大，部分发挥了企业年金的养老功能。

（二）企业年金建设的缺憾

企业年金建设虽然取得了骄人的成绩，但在制度建设和实践中仍然存在一些问题，影响制度作用的发挥，没有惠及更多的劳动者群体。

一是企业年金制度的非强制性规范阻碍了制度的作用范围。参加企业年金的人数占参加基本养老保险的职工数一直在7%左右徘徊，参加企业年金人数占企业职工总人数的比率会更少。企业实施企业年金计划占比小，职工企业年金参保率低，企业年金覆盖面较窄，广大普通劳动者被排除在制度外。随着社会基本养老金替代率的下降需求，企业年金不能够充分为私人部门的职工提供养老保障，93%左右的企业职工养老金替代率必然下降，退休后的生活水平受到影响。

二是企业年金建设过多地强调工具理性，没有突出强调企业年金的价值理性。企业年金建设的根本宗旨是提高劳动者的养老金待遇水平，解除劳动者的后顾之忧。纵观中国企业年金制度改革的进程可以看出，企业年金制度一直都是养老保险制度改革的配套措施、伴生产品、附属物，没有获得独立发展的身份。《关于建立企业补充养老保险制度的意见》是《关于企业职工养老保险制度改革的决定》配套措施，《企业年金试行办法》是《关于完善城镇社会保障体系的试点方案》的配套措施，这种改革模式影响到事业单位职业年金、深圳市行政机关聘任制公务员职业年金、机关事业单位职业年金等制度的构建思维。这种关联改革能够有效地减少改革阻力，但也会严重影响对职业年金的科学定位，职业年金发展受到前提条件的束缚，沦为改革工具，而脱离了提高劳动者退休后养老待遇水平的原初价值选择。

三是企业年金建设附带养老金待遇水平的不公平，既有公共部门同私人部门之间的不对等，也有企业年金内部的不公平。为了减少改革阻力，掌握改革决策权力的公共部门选择私人领域推进改革，企业年金建设就是中国养老保险制度改革的试验品。企业年金制度建设之初就埋下了利益博弈的因子，随着改革进程的推进，机关事业单位职业年金建设后来者居上，职业年金覆盖面差距较大，最终形成公共部门和私人部门在养老金待遇水平上的不公平。同样为了减少改革阻力，企业年金制度以非强制性为基本要求，造成国有等大中型企业开始实施企业年金计划，而大多数企业并没有动力推进企业年金。私人部门内部在企业年金建设上存在分化，参加企业年金的职工相比没有参加的在退休后养老金待遇水平要高出很多，最终形成私人部门内部在养老金待遇水平上的不公平。

四、企业年金对中国职业年金建设的启示

中国职业年金的概念存在逻辑错位问题。职业年金按照保障对象不同可以分为企业职业年金、机关事业单位职业年金等。中国职业年金出现之初便带有公共部门属性，以示区别于企业年金，混淆了职业年金和企业职业年金之间存在的整体与局部的关系。因此，职业年金是指包括企业年金、机关事业单位职业年金等在内的所有同劳动相关联的补充养老保险。企业年金虽然作为职业年金的一部分，但同样能够为职业年金制度建设提供正反两方面的经验教训。

（一）借鉴企业年金建设的经验

中国企业年金制度经过20多年的改革探索，形成了较为成熟的制度框架。中国企业年金制度构建了完整的体系框架，涉及制度的价值选择、规范强度、覆盖对象、缴费主体、资金筹集、待遇计发、资金运营、监管体制等方面内容。2004年《企业年金试行办法》颁布以来，企业年金制度框架成为各类职业年金构建的范式。2011年颁布的《事业单位职业年金试行办法》几乎照搬企业年金的制度框架，设置的条款数量大致一样，内容规范的逻辑次序一致，除了覆盖对象迥异之外其他内容要素也基本相同。2015年颁布的《机关事业单位职业年金办法》同样参照了企业年金的制度框架，虽然在制度规范强度、覆盖对象等内容要素方面存在不一致性，其他制度构件基本相似。中国职业年金制度是企业年金制度和机关事业单位职业年金制度的系统整合，因此其制度框架必然要保持连续性。美国著名学者林德布洛姆（Charles Edward Lindblom）提出政策渐进主义，认为政策变迁是一个渐进调适过程，中国职业年金制度框架就是在企业年金和机关事业单位职业年金等现行制度的基础上采用渐进方式进行整合建构的结果。

企业年金建设周期达20多年，形成了完备的制度内容，缴费主体、资

金筹集、待遇计发、资金运营、监管体制等方面都值得借鉴。缴费主体界定为组织和个人，资金筹集按照一定比例进行缴费，待遇计发方式的灵活变通，监管体制采用综合监管方式，这些都成为后续制度改革应当遵循的模式。特别是2011年颁布的《企业年金基金管理办法》，系统总结了养老保险基金管理的经验，成为机关事业单位职业年金参照的范本，同样也是中国职业年金制度体系建构应该借鉴的重要内容。

（二）汲取企业年金建设的教训

企业年金虽然覆盖范围不断扩大，但仍然不足7%，尚有发展空间，实践效果不足根源于制度规范强度较弱和工具性特征过于突出。中国职业年金制度体系建构需要汲取企业年金建设的教训。一是制度规范强度坚持强制性，通过制度强制性执行，提高职业年金的覆盖面，为所有劳动者提供参加企业年金的均等机会。2015年机关事业单位职业年金制度积极汲取了企业年金制度规范强度过低的教训，机关事业单位强制性参加职业年金，从而保障公共部门工作人员退休后的养老权益。二是制度价值定位坚持本位主义，通过突出职业年金作为养老保障体系第二支柱的重要地位，将企业年金、机关事业单位职业年金同养老保险制度改革相剥离，从养老保险制度改革的配套措施转变为提高劳动者养老水平的重要支柱。企业年金的内在价值迷失在养老保险制度改革的现实需求中，机关事业单位职业年金认知仍然无法扭转。中国职业年金制度体系需要从提高劳动者养老水平的本质需求角度进行建构，消除工具性的低端认知，促进制度理性发展。

企业年金虽然探索了职业年金制度建设的道路，惠及了部分群体，但其探索之初附带的不公平特征使事业单位职业年金、机关事业单位职业年金等制度探索形成了路径依赖，中国职业年金制度探索被深深烙上了“不公平”的印记。企业年金作为企业养老保险制度改革的配套措施，没有补充企业职工因养老保险制度改革造成的养老金替代率下降落差，形成同公共部门之间的不公平状态长达20多年。企业年金非强制性特征造成大多数企业没有建立企业年金的内在动力，广大普通企业职工被排除在企业年金之外，企业年金沦为“富人俱乐部”，形成私人部门内部分配的不公平。中国职业年金制度体系建构就需要汲取教训，针对全体劳动者构建全面的职业年金保障体系，充分体现机会均等。

第三节　国外典型职业年金建设对中国的启示

职业年金是养老保险的一种形式，先于基本养老保险出现，最初表现为职工福利。先从公共部门开始设立，再拓展到较大的私人组织，旨在加强对职工的激励。18 世纪美国、德国、英国、法国等国家就曾出现过雇主实施的养老计划，类似于今天的职业年金。1875 年美国运通快递公司为其职工建立了世界上第一个正式的雇主养老金计划。经过 100 多年的发展积累，经历工业革命至“二战”期间的萌芽、“二战”结束至 20 世纪 90 年代初的发展、21 世纪以来的完善等阶段，世界职业年金制度精彩纷呈，逐渐形成相对稳定的模式，为应对世界人口老龄化、提高劳动者退休后养老水平做出了重要的贡献，能够为中国职业年金制度体系建构提供有益的启示。

一、国外典型职业年金建设概况

职业年金功能是工具理性和价值理性的辩证统一，不同国家根据基本养老保险制度建设的需求构建职业年金，最终目的都是提高劳动者的养老金替代率，减轻政府养老财政支出压力。国外职业年金建设较为典型的国家有美国、日本、澳大利亚、英国等（见表 5 – 6），在职业年金制度的价值选择、规范强度、覆盖对象、缴费主体、资金筹集、待遇计发、资金运营、监管体制等方面建设成绩突出。

表 5 – 6　国外典型职业年金建设情况比较

政策 要素	美国	日本	澳大利亚	英国
规范强度	非强制性	自愿加入	强制性	强制性
覆盖对象	劳动者	企业职工	劳动者	限定雇员
缴费主体	单位和个人	企业全额承担或职工部分承担	企业全额承担或职工部分承担	单位和个人

续表

要素＼政策	美国	日本	澳大利亚	英国
资金筹集	个人账户完全积累模式	企业建立统筹基金向个人账户变革	个人账户完全积累模式	个人账户完全积累模式
待遇计发	可以一次性或定期领取。账户余额可继承	一次性、逐年领取或二者混合领取	一次性支付或定期支付，也可以二者混合领取	一次性领取或定期领取
资金运营	多种投资渠道	委托金融机构或自设法人机构管理	基金直接投资、投资经理投资、通过寿险公司等	外部保险公司管理和企业内部自我管理
监管体制	综合监管，税收优惠，基金可随同转移	集中监管，税收优惠，不可携带性	分散监管，具体管理工作外包，税收优惠，基金可转移	综合监管，没有税收优惠，可以随同转移

（一）美国职业年金建设情况

美国是最早建立养老保险制度的国家之一，1935 年颁布《社会保障法案》，历经多年积累形成了三支柱的养老保险体系。第一支柱为社会养老保险，包括老年养老金、遗属养老金和伤残养老金。第二支柱为雇主养老金计划，包括单一雇主计划和多雇主联合计划。第三支柱为个人储蓄养老计划。美国第二支柱的职业年金制度覆盖了美国一半的劳动者，影响较大的为 401（K）、403（B）、401（A）、457（B）等养老计划。

美国 401（K）计划是美国最流行的企业补充养老保险，名称源于 1978 年美国《国内税收法》（*Internal Revenue Code*）中的 401（K）条款。在规范强度上，401（K）计划强调雇主和雇员的自愿性。覆盖对象主要为企业等私人组织职工，近年来美国有些不堪财政重负的州政府已开始在政府雇员和教师中推行。缴费主体为企业单位和职工个人，待遇计发为正式退休后可以一次性或定期领取。在资金筹集上，雇员作为投资的主体根据事先约定在每一个支付期期末自动划拨一定比例的收入投入进自己的 401（K）账户，雇主根据企业运行情况可以为每个雇员的 401（K）计划投资“搭配”一定百分比的资金，缴费数额灵活变动，职工账户资金可以随同转移。在资金运营上，企业向参加 401（K）计划的雇员提供多种投资计划，可以购买股票、债券或共同基金投资等。在监管体制上，美国政府相应职能部门负责管理该计划，由政府出台政策进行规范，并提供递延纳税优惠政策（EET 征税模式）。

美国 403（B）计划、401（A）、457（B）计划是美国公共部门职业年金制度，403（B）计划主要适用于教育、宗教、医疗机构等非政府组织，401（A）和 457（B）计划主要适用于州政府及地方政府。除制度覆盖对象不同之外，规范强度、缴费主体、资金筹集、待遇计发、资金运营、监管体制等制度要素同 401（K）计划基本相同。

美国职业年金制度的各个实施计划具有高度的一致性，形成了较为系统的职业年金制度体系。美国是一个过度崇拜自由主义的国度，养老保障主要通过市场机制解决，政府承担政策供给的责任，因此职业年金制度表现出非强制性特征，组织进行方案设计具有很大的灵活性，雇员能够结合自身情况及需求决定缴费比例，雇主的利己本性也可能不给雇员“投资搭配”。美国职业年金制度实施取得了较大的成功，主要取决于税收优惠和投资优势。在税收优惠上，雇员通过延迟纳税在若干年内平均分配收入可以将收入从较高收入区间推迟到较低收入区间，雇主的“搭配投资”同样可以税收递延。在投资优势上，投资渠道多样化，坚持强制性的长期投资，投资进行专业化管理。

（二）日本职业年金建设情况

日本经过多年改革和发展，建立了多层次、多支柱的养老保险体系。第一支柱为公共年金，包括国民年金、厚生年金和共济年金；第二支柱为企业年金；第三支柱为个人储蓄养老金。日本参加共济年金的公务员、教师等公职人员，能够获得国民年金和共济年金的双层保障，但此类人员所在公共部门不允许设立第二支柱的补充养老计划，意味着日本公务员、教师等公职人员在参加社会基本养老保险的基础上无权参加职业年金。日本职业年金主要是企业等私人组织建立的企业年金。目前，日本的企业年金主要分为三类：厚生年金基金、缴费确定型企业年金（DC 模式）和待遇确定型企业年金（DB 模式）。厚生年金基金是公立厚生年金的补充养老保险，分为单一型、集合型和综合型三种。单一型是单个企业设立、至少有 500 名雇员参加的厚生年金基金，集合型是两个以上企业设立、至少有 800 名雇员参加的厚生年金基金，综合型是多个企业联合设立，至少有 3000 名雇员参加的厚生年金基金。缴费确定型企业年金是参照美国401（k）计划设立的，企业和雇员履行缴费责任，养老金支付水平取决于缴费累积及其投资收益的总和。待遇确定型职业年金是企业设立，通过金融机构或另设独立法人机构进行年金资产管理，并进行年金支付的制度。

日本企业年金定位为基本养老保险的补充，能够应对人口老龄化风险、减轻国家财政负担。在规范强度上，强调自愿建立的原则。覆盖对象为企业雇员，厚生年金基金主要覆盖大中型企业职工，缴费确定型企业年金和待遇确定型企业年金覆盖中小企业职工。缴费以企业为主体，企业职工缴费逐渐得到认可。资金筹集主要由企业建立统筹基金进行养老金支付，DC模式建立了个人账户。在资金运营方式上，企业委托金融机构或自设法人机构进行管理。在监管体制上，政府集中管理比较明显，提供税收优惠，不支持企业年金资金的自由转移。

日本职业年金制度体系较为复杂，其多层次的制度取向值得借鉴，鼓励长期任职能够减少职工离职率，但也存在较多问题。一是企业年金制度隐含着养老保险体系的公平性问题。日本养老保险双轨制明显，公共部门同私人组织之间的养老待遇差距较大，企图用企业年金制度弥补二者之间的差距，但自愿建立的企业年金制度没未见成效。二是企业年金制度的非强制性规范强度，企业年金的价值并未实现。三是企业年金制度从覆盖面上考察，主要实现了私人组织的制度全覆盖，在实践过程中参保率仍有上升空间，而且忽略了公共部门、农民等劳动者。四是企业年金基金运行存在较大风险，企业负责缴费、管理，企业年金基金及其预期收益积累不足，可能导致企业破产或年金基金解散。五是企业年金基金的可携带性较差，不利于职工的自由流动，人力资源优化配置效率不高。

（三）澳大利亚职业年金建设情况

澳大利亚职业年金发展的历史较为悠久。19世纪初期，澳大利亚建立养老保障制度。19世纪中期开始向政府部门和银行业等企业高层雇员推行职业年金计划，但覆盖率低，养老保障待遇水平不高。20世纪中期，公共部门职业年金比私人部门发展更为迅速，但仍然只有不到50%的覆盖率。80年代以来，澳大利亚大力推进超级年金计划，1991年澳大利亚通过《超级年金担保法案》，取得了较大的成功，劳动者覆盖率达到了90%以上。目前，澳大利亚建立了三支柱养老保障体系：第一支柱为国民福利养老金，政府通过政府财政支付、按照现收现付原则建立的公民最低生活保障福利；第二支柱为超级年金，雇主为雇员提供的职业年金；第三支柱为雇员自愿参加的退休储蓄。澳大利亚超级年金实现形式多样化，主要有六类：零售基金、行业基金、公司基金、公共部门基金、小型基金和自我管理基金，前四类为“大型基金”。零售基金面向所有雇员，通过雇员购买保单或单位投资参加的盈利型年金。行业基金、公司基金、公共部门基金通过行业、公司或政府发起的非营利型年金。小型基金和自我管理基金属于小型基金，包括审慎监管局（APRA）监管的小于五名成员的小型基金和税务办公室（ATO）监管的小型自我管理基金。

澳大利亚超级年金缓解了政府财政压力。在规范强度上，实行强制缴费政策。覆盖对象为全体劳动者。在缴费主体上，强制缴费部分全部由雇主承担，自愿增加的缴费额度部分由雇员自己负担。在资金筹集方式上，个人账户的完全积累模式，属于缴费确定型（DC）。在待遇计发上可以一次性支付或定期支付，也可以二者混合领取。在资金运营上，主要采取三种投资方式：基金直接投资、投资经理投资、通过寿险公司等进行分散投资。在监管体制上，主要通过审慎监管局、证券与投资委员会和税务总局进行分散监管，具体管理工作承包出去，采取递延纳税的税收优惠政策，基金可转变、携带。

澳大利亚超级年金建设20多年来取得了令人瞩目的成绩。一是澳大利亚超级年金建设无关工具理性，完全体现了补充养老保险的价值理性。养老金替代率切实得到了提高，年金缴费率提高至9.25%，超级年金目标替代率逐步提高至40%左右，广大劳动者养老待遇水平获得了大幅度提高。二是年金制度规范的强制性特征，保证了年金社会覆盖率很高，年金能够充分发挥作用为劳动者提供保障。三是采用个人账户完全积累的DC模式，根据劳动者自己缴费及其运营收益来支付劳动者的养老金，减轻了政府财政负担。四是采用ETE税收优惠模式（缴费阶段免税，投资收益要纳税，支付阶段免税的税收优惠模式），体现了澳大利亚超级年金的特色，在国际企业年金中占有重要的地位。五是采用市场化投资模式，以受托人为管理中心，成为世界养老金基金投资的成功案例。1997—2005年，澳大利亚职业年金投资平均回报率是6.1%，获得了较好的投资回报。

（四）英国职业年金建设情况

英国社会保障制度历史悠久，最早可以追溯至1601年的《济贫法》，历经“从摇篮到坟墓”的福利国家建设，目前英国通过不断改革，养老保险体系逐渐形成三支柱。第一支柱为国家养老金计划，主要包括国家基本养老金和国家第二养老金，国家基本养老金是针对工作期间已经为国家保险缴付足够费用的全体符合条件的纳税人提供的一种贡献性津贴。国家第二养老金是针对收入不能满足支出的家庭提供的一系列与收入相关联的津贴。第二支柱为职业年金。第三支柱为个人养老金计划，包括私人养老金、养老储蓄和个人寿险等。英国职业年金制度建设同样源远流长。前身为职业养老金计划，依据1946年颁布的《国民保险法》确立，其后不断颁布新法案加以完善。2004年和2008年先后颁布两部养老金法案，提倡大力发展补充养老保险，即职业年金和个人养老金计划。2012年起英国职业养老金计划成为强制性规范的职业年金。

英国职业年金旨在通过减少政府养老责任、加强企业和个人在养老方面的投入，保证劳动者退休后的养老待遇水平。在规范强度上逐渐发展成为强制性要求。覆盖对象为所有年收入7475英镑以上、年龄在22岁到法定退休年龄之间、没有参加任何职业养老计划的劳动者，强制性“自动加入”。缴费主体为单位和个人双方。在资金筹集上，雇主将缴纳雇员工资的3%，雇员缴纳4%，政府以税收让利的形式计入1%，合计8%的缴费注入雇员的个人账户进行累积。在待遇计发上，一次性领取或定期领取。在资金运营上，通过外部保险公司管理和企业内部自我管理两种方式将积累的资金主要投资于以股票为主的资本市场。在监管体制上，属于综合监管，政府组织个人账户服务和基金管理系统，建立个人账户管理委员会负责政策制定和监督执行，没有税收优惠政策，账户资金可以随同转移。

英国职业年金是英国养老保险体系中的重要支柱，成为大部分退休劳动者养老金的主要构成部分。英国参加职业年金的劳动者占总人口的45%左右，职业年金平均替代率约为50%。英国职业年金建设成就非凡，可以为中国职业年金制度体系建构提供积极的经验。一是职业年金运行DC模式成为制度建设的普遍性取向。英国职业年金运行模式有待遇确定型（DB

模式）、缴费确定型（DC 模式）和二者混合模式，2012 年英国政策规定新参加者必须选择 DC 模式。在 DC 模式下，职业年金运行风险主要由雇员承担，同时雇员能够拥有更多的投资选择权，有效减轻政府财政兜底压力。二是职业年金采取顶层设计的方式，界定制度规范的强制性特征为制度的有效推行提供了法定依据。三是职业年金制度设计的灵活性，制度设计层次和形式都可以多样化，投资渠道多元化，推动制度内容能够切实反映实践需求。

二、国外职业年金建设的经验总结

世界建立职业年金制度的国家，在养老保险体系构建上基本相似，探索建立社会基本养老保险、职业年金和个人储蓄养老三支柱，养老责任由国家、单位和个人三方分担。纵观世界各国职业年金建设的历程，结合美、日、澳、英四国职业年金制度建设的成败得失，国外职业年金建设取得了可供借鉴的有益经验。

（一）职业年金价值定位不断提高

养老保险体系强调三支柱的协同作用，为了减轻政府财政负担、应对世界人口老龄化趋势，世界各国普遍弱化社会基本养老保险的作用、强化职业年金的支撑作用。社会基本养老金替代率逐年下降，养老金总收入中的占比也逐年下降。

表 5－7　21 世纪以来中国基本养老金平均替代率

年份	养老金平均替代率（%）
2001	73.3
2002	72.5
2003	65.1
2004	60.8
2005	57.7
2006	57.5
2007	57.3
2008	55.9
2009	52.4

续表

年份	养老金平均替代率（%）
2010	51.1
2011	50.3
2012	49.2
2013	48.3
2014	45.8
2015	42.6

资料来源：根据历年统计年鉴数据、人力资源和社会保障事业发展统计公报和专家学者公开言论等测算和整理而成。

中国基本养老金平均替代率逐年下降就是世界基本养老金下降的反映和缩影，自改革开放初期的90%左右下降至2015年的45%左右。随着世界人口老龄化加剧和市场经济发展对“小政府、大社会”的需要，基本养老保险难以独立支撑养老责任，逐渐向雇主和雇员转移养老责任。世界各国都一致强调职业年金的重要地位，在养老保险三支柱中的占比不断提高。崇尚自由主义的国家，主张通过市场解决养老问题，职业年金成为美国等改革的标的。崇尚保守主义的国家，不堪人口老龄化带来的养老压力，也将职业年金作为改革的方向。

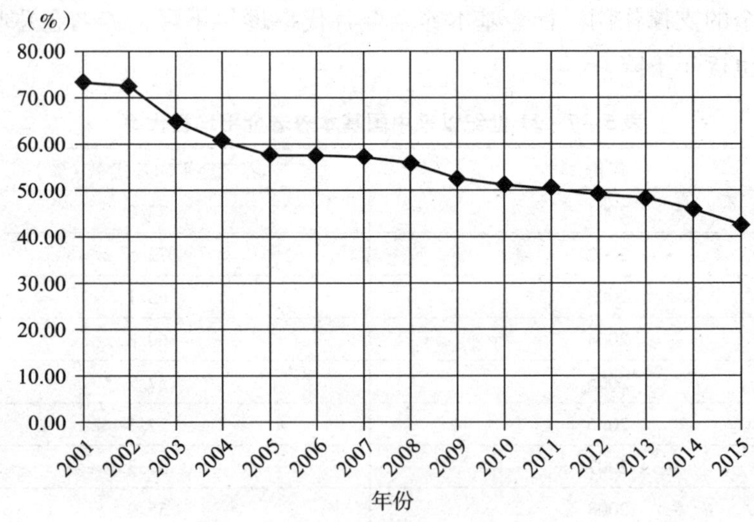

图5－1　21世纪以来中国基本养老金平均替代率下降趋势

（二）职业年金构成要素的灵活性

职业年金制度构成要素主要涉及价值选择、规范强度、覆盖对象、缴费主体、资金筹集、待遇计发、资金运营、监管体制等方面。美、日、澳、英等国家在职业年金制度内容构建上体现出极大的灵活性，制度框架体系较为稳定，但内容要素体现了各自的本土化特征。通过比较研究发现，职业年金制度构成要素在缴费主体、资金筹集、待遇计发、监管主体等方面趋向一致性，在规范强度、覆盖对象、资金运营等方面存在差异，即使一致性方面也存在着多种可能的选择和组合。职业年金构成要素体系包含不同的方面，每一个方面又有多种可选择项，在制度构建时可以在每一个方面提供多种选择项，每一个国家选择不同的要素就组建了既有相同点又有不同点的职业年金制度，促使职业年金制度体现出极大的灵活性，能够协调不同年金参加者的权益诉求，充分满足不同国家的保障需求。

（三）职业年金制度规范的强制性趋向

职业年金建设始于雇主建立的员工福利，雇主为了留住雇员、解除雇员的后顾之忧而设立，具有很强的组织自愿性。职业年金的自愿建立属于非理性选择，取决于雇主道德，但随着养老保险社会化趋势明朗，职业年金强制性规范要求越显强烈。一是职业年金强制性规范有利于消除不公平，职业年金造成雇员退休后养老待遇出现较大的差异，不公平将降低整个社会生产效率，利益固守也不利于人力资源流动。二是职业年金强制性规范体现了组织的社会责任，企业等组织以实现价值最大化为目标，但也要承担社会责任。三是职业年金强制性规范能够有效推动政府改革，减轻政府财政养老支付压力，利于政府职能转变，促进“小政府、大社会”格局形成。美国虽然坚持自愿建立的自由主义原则，但政府基本不承担养老责任，职工养老完全依靠市场法则，享受国家、社会的养老福利空间有限，职业年金成为最后的依托。日本建立了完善的两层次公共年金，养老保障有力，属于第三层次的企业年金旨在锦上添花以提高养老待遇水平，强调自愿建立，但日本过度依赖公共年金已经造成政府财政养老支付压力巨大、退休老人养老金替代率过低等突出问题，企业年金强制性要求也凸显出来。英国和澳大利亚等国从养老福利转变为养老保险，强调职业年金强制性实施，缩短了改革进程。

（四）职业年金缴费的分担原则

职业年金制度是雇主为雇员提供的单位养老福利，定位为社会基本养老保险的一种补充养老保险，旨在减轻政府财政养老支出压力，责任主体为雇主和雇员。职业年金建设初期，主要表现为单位福利，养老责任由雇主一方承担，日本、澳大利亚等国仍然秉持这一传统由雇主全额承担。随着养老保险体系多层次、多支柱的深入推进，养老保险社会化取向越来越明显，缴费模式逐步向美国靠拢，通过市场化解决养老困局。政府只承担政策制定、税收优惠和运行监管等责任，不再直接承担缴费责任，缴费责任完全交给市场主体。政府承担责任体现了政府有限责任理论，特别是政府职能改革，传统的养老责任可以交给雇主和雇员进行解决。雇主承担缴费责任充分体现了雇主父爱论，有义务解除劳动的后顾之忧，提高劳动者的积极性。雇员缴费主要体现了工资延期支付理论，自我负责，为退休后的养老积累足够的储蓄。

（五）职业年金待遇支付的 DC 模式选择

职业年金待遇支付采用 DC 模式成为一种普遍性选择。缴费确定型（Defined Contribution，DC）模式，“以收定支”，职业年金基金运行风险由雇员个人承担，将养老保险风险在多支柱分散的基础上再分散给每一劳动者自己身上，大大降低了养老保险风险给社会造成不稳定的概率。美国、澳大利亚、英国等大多数国家较早就实施了 DC 模式的职业年金，已经形成了稳定的模式。日本逐渐改革社会统筹的 DB 模式，企业新建职业年金计划都需要采用 DC 模式。职业年金 DC 模式因强调多老多得、有利于调动劳动者积极性、有利于减轻政府负担，受到了公共部门和私人部门的青睐。

（六）职业年金基金进行市场化运营

职业年金基金运营的关键问题是保值增值问题，职业年金基金保值增值问题是制度建设成败的关键指标。职业年金基金运营依据资金运营方式划分，可分为信托型、基金型、契约型、公司型、互助型、内部管理型。职业年金基金为了满足保值增值的刚性需求，大多采用多种投资渠道，其中信托型投资模式影响较大。英国是最早采用信托方式运营养老保险基金的国家，受益人及委托人将职业年金费缴纳给基金管理机构，基金管理机构通过签订契约方式选择投资机构负责年金基金投资，以确保稳定收益、支付受益人退休后的养老待遇。美国、澳大利亚等尊崇市场化原则，采用多种渠道运营，以确保基金收益最大化。日本和英国相对保守，公司型、内部管理型等运营方式还大有市场。

（七）职业年金享受纳税优惠政策

职业年金制度建设需要多重动力驱动，政府不仅仅需要提供政策，而且还需要切实采取措施有效激励组织实施年金计划、个人参与年金保险。无论是强制性实施职业年金政策的澳大利亚、英国等国家，还是自愿建立职业年金计划的美国、日本等国家，都突出强调税收优惠政策是职业年金制度建设的有效驱动手段。目前大多数国家都采用递延纳税模式，即 EET 模式，在缴费阶段、投资阶段不纳税，养老金领取阶段征税。EET 模式把缴费阶段、投资阶段应当缴纳的税收延迟到给付阶段，避免双重纳税，能够减少企业纳税数额以鼓励企业积极发展企业年金，能够通过转移政府税收时间以化解政府财政养老支出压力，最终还会间接增加税收收入，能够减少职工纳税额，增加职工最终的实质性收入。国内外职业年金税收优惠政策都趋向采取 EET 模式，以期实现三方共赢。

三、国外职业年金建设对中国的启示

世界各国职业年金建设既有相同之处，又有自身独特魅力，为世界上其他国家进行职业年金建设提供考察的样本，为中国职业年金建设提供有益的启示。

（一）坚持价值理性和工具理性的统一

国外职业年金制度坚持了价值理性和工具理性的有机统一，倾向注重职业年金的价值发挥而非工具性作用。美国、日本、澳大利亚、英国等西方国家将职业年金定位为一种补充养老保险，强调职业年金的工具性作用，为社会基本养老保险提供一种补充，其本身具有天然的工具属性。在这种工具属性的基础上，西方大国深入挖掘了这种工具性作用，在推进养老保险制度改革的进程中强调职业年金对社会基本养老保险制度改革的推进作用，通过职业年金弥补改革前后的落差。但是，这些国家又超越了这种工具性认知，在推进养老保险体系改革的进程中更加注重劳动者的养老保障水平。美国、日本、澳大利亚、英国等并没有将职业年金制度同社会基本养老保险制度进行捆绑改革，职业年金和社会基本养老保险二者重要性等同，甚至美国、澳大利亚等国家更加突出强调职业年金的重要地位，真正发挥职业年金作为第二支柱的独立作用。中国职业年金制度建设过程中过多地强调工具理性，推进养老保险体系改革过程中往往进行捆绑式改革，养老保险和职业年金进行此消彼长的零和博弈，没有将职业年金定位为劳动者养老待遇提高的切实途径。中国职业年金制度建设需要坚持价值理性和工具理性的有机统一，减少职业年金的工具性作用，更强调职业年金提高劳动者养老待遇水平的真正价值所在。

（二）坚持原则性和灵活性的统一

国外职业年金制度建设坚持原则性和灵活性的统一，更多地突出灵活性。在原则性上，美国、日本、澳大利亚、英国等国家在制度价值定位、制度框架、缴费主体、资金筹集、监管体制等方面具有一致性，保证职业年金制度运行的有效性。职业年金制度定位为养老保险的第二支柱，旨在提高劳动者养老待遇水平。制度框架基本一致，能够系统地反映职业年金建设需求。缴费主体都强调雇主和雇员的共同责任，监管实行政府领导下的综合监管。职业年金制度也表现出较大的灵活性，在规范强度、覆盖对象、待遇计发、资金运营提供多种选择方案。覆盖对象较为灵活，日本、英国等国家在覆盖对象上区别对待、针对特定人群建立了不公平的制度。规范强度的强制或非强制的选择、待遇计发的一次性或分期的规定、资金运营的多渠道都充分展示了职业年金制度构建的灵活性。在覆盖对象上，既有原则性也有灵活性，美国、澳大利亚等国家针对所有劳动者建立相对公平的制度就具有原则性，而日本、英国等国家灵活建设恰恰反映了丧失原则性。中国职业年金制度建设需要坚持原则性和灵活性的有机统一，充分发挥职业年金制度为全体劳动者提供养老保障的价值，满足劳动者养老需求的制度体系。

（三）坚持借鉴和创新的统一

国外职业年金建设也相互借鉴，积极总结成功经验、汲取失败教训，不断探索形成职业年金制度建设的共识。从职业年金制度的基本框架，到职业年金制度构成的内容要素，美国、日本、澳大利亚、英国等国家职业年金制度可以看到相同的因素，正是这些人类智慧的共同结晶促使职业年金制度呈现出趋同化。西方国家职业年金制度虽然有诸多共同点，但同时也各具特色。美国、日本等在制度规范强度上都强调非强制性，但在覆盖范围、资金运营等方面存在根本区别。澳大利亚、英国在制度规范强度上不同于美国、日本，强调制度的强制性，但同样在覆盖范围、资金运营等方面存在根本区别。西方国家职业年金制度相互借鉴，并没有形成制度的雷同，根源在于各国基于借鉴基础上进行的制度创新。西方国家基于本国国情有着历史与现实的差别，构建符合本国需求的制度内容，保证制度建设的科学性和合理性。中国和外国的国情存在本质不同，中国是处于社会主义初级阶段的发展中国家，职业年金制度需要借鉴国外建设的有益成果，充分发挥后发优势，但同时需要积极创新制度模式，在职业年金制度的价值选择、规范强度、覆盖对象、缴费主体、资金筹集、待遇计发、资金运营、监管体制等方面结合中国国情进行深入研究，构建具有中国特色的职业年金制度体系。

第六章 中国民族地区职业年金制度建设研究

中国自古以来就是一个统一的多民族国家，新中国成立后，通过识别并经中央政府确认的民族共有56个。由于汉族以外的55个民族相对汉族人口较少，习惯上被称为“少数民族”，少数民族呈现出大杂居、小聚居和交错居住的格局。为了国家稳定，中国实行民族区域自治制度。截至目前，全国共建立了155个民族自治地方，其中自治区5个、自治州30个、自治县（旗）120个。在全国55个少数民族中，有44个民族建立了自治地方。实行区域自治的少数民族人口占少数民族总人口的比例超过70%，民族自治地方的面积占全国国土总面积的64%左右。中国的民族地区主要指这些少数民族自治地方，为了便于研究，本书主要以广西壮族自治区、西藏自治区、新疆维吾尔自治区、宁夏回族自治区、内蒙古自治区5个省级行政区域为研究对象，重点研究职业年金同区域的关联性。中国民族地区多分布在高原、山区、草原和边疆地区，属于经济落后地区，同非民族地区相比较能够体现出明显的差异。职业年金从过程角度看属于一种资本流动，以资本为中心，因此，不同地区在经济发展水平上存在的差异是职业年金地区差异的根源。基于研究的可比性，职业年金同区域的关联性研究主要以民族自治区为研究样本。

职业年金同地区存在关联性，揭示二者的关系有助于进一步认清职业年金制度建设的本质。职业年金建设的内在影响因素主要包括政府、组织、劳动者、政策制度等，外在影响因素主要表现为行业和地区。内在影响因素是职业年金制度建设的基本内容，属于本书研究的主要内容。职业年金在理论上强调同劳动的关联性，要求充分体现是多劳多得，但是，因劳动在行业之间存在非同质性造成职业年金在实践中无法依据劳动价值进行分类建设。中国职业年金建设历程表明，职业年金多以行业为依据进行分类建设。2004 年颁布《企业年金试行办法》建立企业年金制度，2008 年深圳市发布《深圳市行政机关聘任制公务员职业年金计划总体方案》建立聘任制公务员职业年金制度，2011 年颁布《事业单位职业年金试行办法》建立事业单位职业年金制度，2013 年发布《关于鼓励社会团体、基金会和民办非企业单位建立企业年金有关问题的通知》建立社会组织企业年金制度，2015 年颁布《机关事业单位职业年金办法》建立机关事业单位职业年金制度，2015 年发布《关于军人职业年金转移接续有关问题的通知》建立军人职业年金制度。职业年金的行业性分类造成了中国职业年金制度建设的“碎片化”倾向，引发不公平，需要破除行业隔阂，系统构建职业年金制度体系，这是本书研究的重点内容。职业年金在实践中存在地区差异，不同地区的实施情况和保障水平都有所不同，同样推动了中国职业年金制度建设的“碎片化”倾向，引发不公平，需要消除地区差异，系统构建职业年金制度体系。

第一节　民族地区职业年金制度的建设历程

民族地区既属于少数民族自治地区，也属于中国管辖的行政区域，在养老保障事业的发展方面深受中央政策导向的影响，在改革开放初期、高度集中的计划经济体制尚未转型的历史时期表现得尤为明显。20 世纪 80 年代至今中国逐步探索养老保险制度改革，从 1991 年颁布《关于企业职工养老保险制度改革的决定》提出建立企业补充养老保险，至 2015 年颁布《国务院关于机关事业单位工作人员养老保险制度改革的决定》提出建立机关事业单位职业年金，中国民族自治地区随之先后出台了一系列的政策和规划，推动包括补充养老保险、企业年金、职业年金在内的养老保险体系改革。同国家职业年金制度发展历程相比较，民族地区职业年金建设因自主创新的意识不足无法体现职业年金建设的动态发展过程，不能够从萌芽、探索、形成和成熟等成长角度来分析民族地区职业年金建设历程。民族地区职业年金建设更多地体现在国家政策执行层面，以国家政策为建设动力，通过职业年金项目进行建设。由于国家没有将民族地区作为事业单位工作人员养老保险制度改革试点，民族地区也没有推进事业单位职业年金制度建设。纵观中国民族地区职业年金制度发展的历程，主要分为三个阶段：一是补充养老保险制度建设阶段；二是企业年金制度建设阶段；三是机关事业单位职业年金制度建设阶段。

一、补充养老保险制度建设阶段

中国1991年颁布《关于企业职工养老保险制度改革的决定》提出建立企业补充养老保险，广西壮族自治区、西藏自治区、新疆维吾尔自治区、宁夏回族自治区、内蒙古自治区也先后出台了相应的执行性政策。例如，1991年广西颁布《广西壮族自治区人民政府贯彻国务院关于企业职工养老保险制度改革决定的规定》（桂政发〔1991〕73号）贯彻实施《国务院关于企业职工养老保险制度改革的决定》，在城镇企业职工的养老保险改革中提出“可采取社会养老保险和企业补助养老保险相结合的办法”，鼓励企业根据自身经济能力自主建立“企业补助养老保险”。广西建立的“企业补助养老保险”具有明显的鼓励性和规范性。一是通过国家税收减免的方式鼓励有条件的企业建立制度，“企业补助养老保险加社会统筹养老保险不超过国家规定的退休职工待遇标准的，所需要费用在税前提取。超过国家规定待遇标准的所需费用从企业自有资金中的奖励、福利基金内提取”。二是通过明确规定“具体办法由各级劳动部门提请当地人民政府批准后实施”，强调政府的监管作用，规范建立制度。西藏自治区、新疆维吾尔自治区、宁夏回族自治区、内蒙古自治区也先后出台了相关政策，同样延续了国家政策的本质内涵。

民族地区补充养老保险的实践效果并不理想，其工具理性和价值理性都没有得到体现。民族地区补充养老保险作为推动养老保险制度改革的工具，没有有效支撑企业职工养老保险制度改革，甚至没有推动养老保险制度深入民心。民族地区补充养老保险作为提高职工养老保障水平的价值理性更是无从谈起，没能提高职工的养老收入水平。

二、企业年金制度建设阶段

2000年国务院制定《关于完善城镇社会保障体系的试点方案》提出

“有条件的企业可为职工建立企业年金”和2004年颁布实行《企业年金试行办法》明确“鼓励企业自愿建立企业年金制度”。广西壮族自治区、西藏自治区、新疆维吾尔自治区、宁夏回族自治区、内蒙古自治区也先后出台了相应的执行性政策。广西壮族自治区在2008年颁布《广西壮族自治区劳动和社会保障厅关于实施企业年金有关问题的通知》（桂劳社发〔2008〕67号），提出“建立企业年金，有利于完善社会保障体系，提高企业职工退休后的生活水平”，由此开始了广西企业年金制度建设的历程。西藏自治区在2006年颁布《西藏自治区人民政府关于印发西藏自治区完善企业职工基本养老保险制度实施方案的通知》（藏政发〔2006〕37号），提出“积极推进企业年金制度的建立”。企业应按《企业年金试行办法》（劳动保障部令第20号）和《企业年金基金管理试行办法》（劳动保障部令第23号）为职工建立企业年金。企业年金的管理要严格按“受托人、账户管理人、托管人、投资管理人”四个法定程序进行，并形成相互监督、相互制约的机制。企业为职工缴纳的企业年金在职工工资总额4%～6%以内的部分，以及职工个人缴费在4%～6%以内的部分，允许在税前扣除。企业未按法定管理程序提取和建立企业年金的，其提取的年金费用不得在税前扣除。新疆维吾尔自治区、宁夏回族自治区、内蒙古自治区先后出台的企业年金制度同样延续了国家政策，更多地体现为一个政策过程。

民族地区企业年金在实践中贯彻执行了《企业年金试行办法》的政策要求。新疆维吾尔自治区在政策上积极鼓励有条件的企业建立企业年金计划，提供政策支持。政府通过引导企业和个人缴费、推动企业和银行等金融机构合作等，不断深化企业年金制度实践。企业年金缴费由企业和职工个人共同承担，按约定额缴给金融机构。金融机构作为受托人和基金账户管理人，委托相关机构进行投资组合投资运营，职工可在退休后获得投资收益。新疆维吾尔自治区倡导和推动的企业年金制度，不仅惠及员工、企业和银行，也将为民族地区的经济发展提供财力保证，促进民族地区资本市场的发展和创新，还可缓解民族地区人口老龄化对养老基金带来的潜在危机。新疆维吾尔自治区通过政策支持，鼓励有条件的企业建立企业年金制度，截至2016年，已经初步形成基本养老保险、企业年金、个人储蓄养老保险相结合的多层次养老保险体系，有效缓解老龄化的风险与压力。

民族地区企业年金制度全面整合了《企业年金试行办法》和《企业年

金基金管理试行办法》的基本内容，又结合民族地区具体实践要求实现了制度创新。在建设主体上，明确规定“依法参加城镇职工基本养老保险并按规定履行缴费义务、生产经营正常、具有相应的经济负担能力、集体协商机制完善、内部管理制度健全的各类企业”可以为职工建立企业年金。在企业年金方案制定上，强调“企业与工会或职工代表通过集体协商”的方式建立，需要明确规定参加企业年金职工范围、筹集资金方式和水平、个人账户的建立和管理办法、基金管理方式、企业年金（含运营收益部分）分配原则和支付方式、支付企业年金待遇的条件、组织管理和监督方式、终（中）止缴费条件等内容。民族地区建立的“企业年金”制度实现了创新：一是突出制度的激励性质，规定“在制定企业年金方案时，企业可根据职工劳动贡献、工作年限、专业技能的不同，设立不同的档次，适当拉开差距，特别是要向业绩优、贡献大的职工和技术骨干及专业人才进行倾斜”；二是强调政府的监管作用，详细制定了“企业年金方案的备案管理”规定，规范了企业年金方案的要求及流程；三是实现了企业年金制度建设的可操作性，通过制定详细的实施细则，为企业年金制度的实践提供了政策保障。

三、机关事业单位职业年金制度建设阶段

2015 年 1 月国务院颁发《国务院关于机关事业单位工作人员养老保险制度改革的决定》提出建立机关事业单位工作人员职业年金制度，广西壮族自治区、西藏自治区、新疆维吾尔自治区、宁夏回族自治区、内蒙古自治区也先后出台了相应的执行性政策。2015 年 11 月广西壮族自治区人民政府颁发《关于实行机关事业单位工作人员养老保险制度改革的实施意见》（桂政发〔2015〕53 号），2015 年 12 月又颁发《关于我区机关事业单位工作人员养老保险制度改革有关问题的通知》，对机关事业单位工作人员养老保险的改革范围、缴费比例、待遇计发方法、转移接续等进行明确规定，涉及职业年金的贯彻实施问题。2015 年西藏自治区颁发《西藏自治区贯彻落实国务院关于机关事业单位工作人员养老保险制度改革决定的实施意见》，坚持全覆盖、保基本、多层次、可持续的方针，坚持公平与效率相结合、权利与义务相对应、保障水平与经济发展水平相适应、改革前与改革后待遇水平相衔接、解决突出矛盾与保证可持续发展相促进的基本

原则，提出建立机关事业单位职业年金制度以促进西藏自治区机关事业单位工作人员养老保险制度改革。2015 年 12 月新疆维吾尔自治区颁发《新疆维吾尔自治区人民政府关于自治区机关事业单位工作人员养老保险制度改革的实施意见》（新政发〔2015〕105 号），提出“建立职业年金制度”，明确职业年金的实施主体为参加机关事业单位基本养老保险的单位；覆盖对象为机关事业单位工作人员；筹资模式为单位和工作人员个人共同承担，单位和个人缴费基数与机关事业单位基本养老保险缴费基数一致，单位缴费比例为 8%，个人缴费比例为 4%；基金运营采用个人账户方式管理，个人缴费由单位代扣代缴，单位缴费按照个人缴费基数的 8% 计入本人职业年金个人账户，个人缴费直接计入本人职业年金个人账户，按照国家和自治区有关规定计息；领取方式为，工作人员退休后，按国家和自治区有关规定领取职业年金待遇；也明确提出了职业年金运行由自治区政府人力资源和社会保障部门监管。2015 年 12 月宁夏回族自治区印发《关于机关事业单位工作人员养老保险制度改革的实施意见》（宁政发〔2015〕85 号），提出建立职业年金，规定职业年金的缴费由单位和个人共同负担，单位按工资总额的 8% 缴费、个人按 4% 缴费，工作人员退休时可按规定领取职业年金待遇。2015 年内蒙古自治区发布《内蒙古自治区人民政府办公厅关于印发机关事业单位工作人员养老保险制度改革实施办法的通知》（内政办发〔2015〕127 号），提出建立职业年金，明确规定了制度的规范强度、覆盖对象、缴费主体、资金筹集、待遇计发、资金运营、监管体制等基本内容。

民族地区机关事业单位职业年金建设同样也是中国职业年金制度建设的一个缩影，表现出新的时代特质。一是改革响应相对较快。虽然国家出台政策为 2015 年初，民族地区出台实施办法基本都为 2015 年尾，但是在同一年内基本完成了政策的贯彻执行。二是制度实施的层级有所不同，广西壮族自治区、西藏自治区、新疆维吾尔自治区、宁夏回族自治区都以自治区人民政府的名义颁发实施办法，内蒙古自治区通过自治区人民政府办公厅的名义颁发实施办法，政策执行的力度所有区别。三是改革的亦步亦趋特征。民族地区职业年金建设多以国家政策为导向，没有体现自治区的自治性特征，致使民族地区职业年金建设因条件不充足而流于形式，更多地停留在政策的贯彻层面，政策在执行层面没有深入实践，也不能产生政策效果。

第二节 民族地区职业年金制度建设评析

中国民族地区职业年金制度建设在时间跨度上同中国职业年金制度建设同步，从无至有，引起民族地区对职业年金制度的关注，为民族地区基本养老制度、职业年金制度以及社会养老保障体系的深化改革夯实了坚实基础。但是民族地区职业年金制度建设更多地停留在制度构建层面，没能很好地深入实践，没有体现出低层次的工具理性以有效支撑养老保险制度乃至社会保险制度改革的顺利进行，更谈不上实现工具理性和价值理性的有机统一。民族地区职业年金制度建设任重而道远。

一、民族地区职业年金制度建设成效

民族地区职业年金制度建设历程同国家职业年金制度建设的历程在时间上基本相同，民族地区职业年金制度从基本面上有效贯彻了国家职业年金制度的基本内容，保障了民族地区劳动者的养老权益。

（一）职业年金逐渐深入民心

民族地区在职业年金制度建设上有一个意识觉醒的过程。中国1991年颁布《关于企业职工养老保险制度改革的决定》提出建立企业补充养老保险，广西壮族自治区及时出台《广西壮族自治区人民政府贯彻国务院关于企业职工养老保险制度改革决定的规定》，但是西藏自治区、新疆维吾尔自治区、宁夏回族自治区、内蒙古自治区反应并不及时，虽然陆续出台了相关的改革政策，但基本成为沉默政策。2000年国务院制定《关于完善城镇社会保障体系的试点方案》提出“有条件的企业可为职工建立企业年金”和2004年颁布实行《企业年金试行办法》明确“鼓励企业自愿建立企业年金制度”，广西壮族自治区、西藏自治区、新疆维吾尔自治区分别在几年后才推出相应的政策，宁夏回族自治区、内蒙古自治区的政策反应相对滞后。虽然政策反应滞后，但政策执行力度加大。2015年1月国务院颁发《国务院关于机关事业单位工作人员养老保险制度改革的决定》提出建立机关事业单位工作人员职业年金制度，广西壮族自治区、西藏自治

区、新疆维吾尔自治区、宁夏回族自治区、内蒙古自治区都在同一年内做出了积极的政策反应，而且由于政策覆盖范围为机关事业单位工作人员，政策得到了完全的贯彻。职业年金从补充养老保险、企业年金到职业年金，在民族地区逐渐引起劳动者的关注和重视，已经深入民心。

（二）职业年金部分提高了劳动者的养老收入

民族地区补充养老保险、企业年金也属于鼓励性政策，企业单位可以自主选择。民族地区的大中型企业逐步建立了相应的补充养老保险、企业年金项目，为其所属职工在基本养老保险的基础上多提供一份养老保险。广西壮族自治区、西藏自治区、新疆维吾尔自治区、宁夏回族自治区、内蒙古自治区在推行政策过程中，已经在部分企业单位建立了补充养老保险、企业年金项目，覆盖了部分劳动者。

民族地区机关事业单位职业年金因制度的强制性规范，机关事业单位工作人员将整体性参加职业年金，覆盖率将可预见地达到100%，绝对参保数量和覆盖率都远远超过企业年金。中国职业年金制度发展是基于实践基础的一场改革，职业年金制度实践也为制度构建提供了依据，推动职业年金制度不断在规范强度、覆盖对象、缴费主体、资金筹集、待遇计发、资金运营、监管体制等构成要素上进行创新。因此，机关事业单位职业年金从制度上保证了工作人员的养老保障权益。

二、民族地区职业年金制度存在的问题及原因

民族地区职业年金制度建设历程相对比较简单，是中国职业年金制度建设的一个简略版，在国家职业年金制度建设的历史阶段上存在事业单位职业年金、社会组织职业年金、农民职业年金等改革缺失。民族地区职业年金制度建设主要存在覆盖面较窄、保障水平不高、改革进程零散等问题。

（一）民族地区职业年金覆盖面较低

民族地区职业年金体系包括企业年金、机关事业单位职业年金，覆盖对象包括企业职工和机关事业单位工作人员，但社会组织从业人员、农民、非正规就业者等劳动者被排除在职业年金之外。究其原因，民族地区职业年金制度承袭了国家职业年金制度的安排，因此在覆盖对象上也沿袭了制度本身存在的问题。除了机关事业单位职业年金因制度的强制性规范

能够保证足够的覆盖面，大多数企业无力建立企业年金，大多数企业职工被排除在职业年金项目之外，不能够享受职业年金为其提供的养老保障。民族地区职业年金制度实践规模小、受益面窄、覆盖范围有限。

民族地区职业年金覆盖面较低的根本原因在于经济发展的相对落后。中国的民族地区多分布在高原、山区、草原和边疆等发展条件较差的地区，经济发展相对滞后无法给社会制度变革提供坚实的经济基础。中国少数民族聚居地区交通不便，信息不灵，受地理、气候等自然环境与落后生产生活方式的影响和制约，生产生活条件差，经济文化相对滞后，人口素质偏低，给民族地区经济社会发展带来了不少的困难和问题。民族地区经济总量仍然较小，不能够进行有效地扩大再生产，同样也不能够抵御较大的自然灾害的冲击，经济发展的基础非常薄弱。民族地区受经济发展条件基础差、发展能力底子薄的制约，总体经济实力与发达地区依然存在显著差距。在这种情况下，民族地区也无法开展较大规模的基础设施建设，工业基础薄弱，交通设施落后，经济的自我循环发展状况没有得到根本的改变。这种状况不仅制约着民族地区的经济发展，同样也制约着包括职业年金制度在内的社会发展与进步。

（二）民族地区职业年金保障水平不高

民族地区职业年金保障水平不高，深受基本养老保险制度的影响。中国养老保险制度改革脱胎于“国家保险制度”，沿袭了国家直接承担养老责任的惯性模式，政策渐进主义同样也强调改革的继承性，因此社会基本养老保险在养老金替代率中所占比例较大，职业年金处于从属地位。民族地区承袭了中国养老保险体系的基本内核，基本养老保险制度建设成为养老保险制度建设的重点。民族地区基本养老保险的扩面工作刚刚完成，数额庞大的基本养老保险支出让职业年金建设举步维艰，职业年金的保障水平无法提高。《中国社会保险发展年度报告 2014》指出，中国 2009 年到 2014 年的企业职工养老金替代率在 66% 上下波动，在企业年金参保不足的情况下企业职工基本养老保险金替代率达 50% 以上，因此，职业年金替代空间有限，民族地区职业年金的替代率同样较低。中华人民共和国人力资源和社会保障部原副部长、中国社会保险学学会会长胡晓义认为在养老保险“三支柱”体系中职业年金属于“短腿”，可以考虑为企业降低基本养老保险及其他费率，统筹规划为职业年金发展留出空间。民族地区职业年金也面临同样的困境，甚至职业年金既没有工具理性的认知，也没有价值理性的认知，职业年金的保障水平更加受限。

民族地区职业年金保障水平不高的根本原因同样在于经济发展的相对落后。民族地区的财政无力支撑职业年金的庞大资金需求。民族地区企业相对沿海发达地区企业其发展相对落后，也不能够积极建立职业年金制度。

（二）民族地区职业年金改革进程零散

民族地区职业年金改革进程相对比较缓慢。从职业年金制度建设的发展历程上看，广西壮族自治区、西藏自治区、新疆维吾尔自治区、宁夏回族自治区、内蒙古自治区先后经历了补充养老保险制度建设、企业年金制度建设、机关事业单位职业年金制度建设阶段。但这一进程同中国职业年金制度建设历程并不吻合。民族地区没有作为事业单位职业年金制度改革的试点，缺乏事业单位职业年金制度改革的实践，也没有积极发挥“自治”权主动开展事业单位职业年金制度建设。从职业年金制度建设的时间进程上看，民族地区职业存在滞后性。例如，中国 1991 年颁布《关于企业职工养老保险制度改革的决定》提出建立企业补充养老保险，广西在《广西国民经济和社会发展第八个五年计划纲要（1991—1995 年）》并未提及养老保险事项。广西在《国民经济与社会发展“九五”计划（1996—2000 年）和 2010 年远景目标规划纲要》提炼“九五”经济与社会发展的奋斗目标时才明确提出“2000 年，城镇社会保险覆盖面达到 30% 以上”。广西壮族自治区、西藏自治区、新疆维吾尔自治区、宁夏回族自治区、内蒙古自治区在补充养老保险、企业年金和机关事业单位职业年金等职业年金制度建设上都存在滞后性，甚至不作积极反应。

民族地区职业年金制度改革进程零散的根本原因同样在于经济发展的相对落后。经济基础决定上层建筑，职业年金作为上层建筑的一部分需要坚实的经济基础作为后盾。民族地区经济发展同比东部沿海地区相对落后，无力完全承袭国家职业年金制度改革进程，只能选择补充养老保险制度、企业年金制度、机关事业单位职业年金制度进行重点建设，而且还不能够全面推进。民族地区内部也存在经济发展不平衡的现象，不具备基本条件的地区无力建立职业年金制度。民族地区经济发展滞后、不平衡的现象又制约了地方政府的改革意识，因此，民族地区只能疲于应付国家职业年金制度的推行，在制度层面贯彻国家职业年金制度，在实践层面无力推进，也没有意识去推进。例如，广西壮族自治区在建设补充养老保险、企业年金、机关事业单位职业年金等制度上，主要强调对国家政策贯彻实施，改革的主动性不足，这是国内大部分省级行政区域在职业年金制度建设上存在的共性问题，也是其他领域改革存在的普遍问题。广西在职业年金制度建设上的主动性问题主要表现为：一是在企业年金、机关事业单位职业年金建设上的滞后性，同国内其他省份比较在贯彻国家政策上相对较晚，企业年金的实施办法比国家政策出台晚了 4 年，机关事业单位职业年金则晚了近 1 年；二是职业年金制度实践探索的意识匮乏，完全靠国家政策推动。广西壮族自治区的补充养老保险、企业年金、机关事业单位职业年金等建设大多围绕国家政策开展，出台的各种政策多体现为国家政策的贯彻实施，拓展的权限和空间有限。广西地区经济经济基础差、增长速度慢，基本养老保险的扩面建设加大了政府压力，在职业年金制度建设上存在财力不足。企业规模和效益同东部沿海发达地区比较存在较大的差距，鼓励性的职业年金制度在实践中的效果较差，企业建立职业年金的积极性不高。

第三节　民族地区职业年金制度发展的建议

广西壮族自治区、西藏自治区、新疆维吾尔自治区、宁夏回族自治区、内蒙古自治区既是少数民族自治地区，也是省级行政区域。选取民族地区作为研究案例有利于认知职业年金的本质，在职业年金同职业的本质关联基础上揭示职业年金同民族属性、地域差别之间的关联。民族地区同非民族地区之间的差异从一定程度上说明了地区与地区之间的经济差异，民族地区往往属于中国经济相对落后地区。民族地区职业年金制度建设具有民族属性和区域属性的双重性，存在的问题需要引起足够的重视，以推动中国职业年金制度体系的系统构建。

一、夯实民族地区职业年金发展的经济基础

职业年金本质上同劳动相关联，劳动者所在的行业或地域直接决定了职业年金是否建立及缴费水平。中国地区发展不平衡，东部、西部、中部不同地区之间经济发展水平存在着很大差距。东部沿海地区职业年金的建立比例高于中部、西部地区。处于中国西部的少数民族地区建立职业年金的组织数量较少，参保的劳动者数量较少。东部沿海发达地区建立企业年金的企业数量多，机关事业单位职业年金改革速度较快，参保人数较多，而且覆盖的行业范围也较大。从地区分布考察，广东、浙江、上海由于经济基础好、增长速度快、基金积累较多，这些地区的职业年金发展快于少数民族地区。职业年金存在的地域差别本质上属于经济发展不平衡问题，国家需要出台政策促进区域协调发展，消解职业年金存在地域差别的基础。职业年金存在的地域差别也从另一个角度体现了职业年金的效率性特征，激励地区积极发展经济以缩小差距。经济条件是制约职业年金功能发挥的一个重要因素。民族地区职业年金既不能够有效发挥工具理性以推动养老保险制度改革，也不能够有效发挥价值理性以提高劳动者的养老待遇水平。民族地区需要大力发展经济，为职业年金的可持续发展奠定坚实的经济基础。

一是推动民族地区产业结构调整，要着力于转变发展方式，大力发展低碳经济。民族地区分布广泛，工业化进程较为缓慢。民族地区拥有的区位优势、能源优势和产业基础优势，使其成为承接国内外发达地区产业转移的主要目标地，同时西部地区发展这类产业对于统筹区域经济发展是必要的，促进东部发达地区向西部地区产业转移，是实现区域经济协调发展的重要条件。民族地区产业结构调整优化过程是加速工业化进程、加快缩小与其他地区发展差距、实现追赶的过程。对落后产业及资源消耗高、环境污染严重、经济效益低的产业应坚决关、停、并、转。促进传统农业向现代农业转变，农业在各民族地区经济发展中都占有重要地位，应继续稳定发展。发展现代农业、提高农业劳动生产率是农业发展的主线。大力发展民族地区旅游业，按照旅游业发展的趋势，促进旅游和民族文化的有机结合，开发旅游新产品，打造精品旅游线路，提高旅游服务水平，加强旅游基础设施建设，保护民族文化遗产和生态环境，促进旅游业的持续

发展。

二是充分发挥特殊资源优势，进行合理的开发利用，加强当地的经济建设步伐，为养老的发展铺平道路。中国民族地区拥有较为丰富的矿产、能源、旅游等资源，可以结合各自条件和资源禀赋，选择发展新能源、新材料、电子信息、生物医药、特色农产品及加工、现代服务业等产业，利用民族地区工艺产品、技艺、宗教活动、音乐、民俗、文学艺术、文化遗产等特色文化发展旅游产业。

总之，通过民族地区产业机构调整和充分挖掘资源优势，促进民族地区经济发展，为社会变革提供推动力，缩小东西部差距，促进民族地区经济平衡，有力推动职业年金制度的可持续发展和变革。

二、强化民族地区职业年金发展的财政支持

职业年金是组织根据国家规定在参加社会基本养老保险的基础上为其工作人员提供劳动关联、共同缴费、灵活支付等的一种养老保险机制。在本质上同职业之间存在着紧密的关联，主要体现在：一是职业年金以参加劳动为前提条件，劳动者对所在组织具备基本的价值贡献才可能享有组织实施的职业年金；二是职业年金的主体是组织，企业、机关事业单位等组织为所属职工建立的补充养老保险，体现组织对职工的激励；三是职业年金的客体是劳动者，没有参加劳动的人被排除在职业年金制度之外。职业年金的内涵特征界定了民族身份同职业年金不存在本质的关联。广西、西藏、新疆、内蒙古、宁夏少数民族地区同样将职业年金同劳动进行关联，没有抛开职业年金的本质要求建立同民族身份相联系的制度。作为职业年金制度建立主体的企业、机关事业单位等组织在实践上也不从民族性上界定组织性质，即使民族企业和民族地区的机关事业单位建立的职业年金制度也以组织的规模和职工的价值贡献为前提条件。少数民族劳动者同汉族劳动者之间不存在价值贡献评价上的差异，一视同仁的价值判断排除了职业年金制度对民族身份的倾斜。中国职业年金不具备民族性并不意味着职业年金制度建设不考虑民族因素。广西、西藏、新疆、内蒙古、宁夏少数民族地区多在中国偏远的高原、山区等落后地区，所属企业、机关事业单位等组织发展受限，不愿意或无力实施职业年金方案。国家需要积极推进改革，实施不分民族、不分组织效益好坏的强制性职业年金制度，确保少

数民族地区职业年金的普遍建立，以保障少数民族劳动者的权益。国家也需要通过财政的转移支付，为无力实施职业年金的组织提供支援，以缩小贫富差距、改善养老保障不均等问题。

民族地区的繁荣发展历来深受中央财政的高度重视，从政策和资金分配等方面对少数民族地区给予倾斜和照顾，民族地区职业年金制度建设需要强化中央的财政支持。一是设立职业年金制度建设的专项基金，通过转移支付建立民族地区职业年金制度建设的基础。二是提高职业年金的税收优惠幅度，民族地区应实行完全免税政策。

三、健全民族地区职业年金发展的基本条件

民族地区职业年金制度发展需要构建制度的体系框架、规范强度、资金筹集、待遇计发、资金运营等基本内容，完善民族地区职业年金制度发展的基本要件。

（一）健全职业年金的制度体系

民族地区现在推行企业年金和机关事业单位职业年金，存在覆盖面问题。民族地区职业年金制度需要依据覆盖范围划分其构成要素，形成企业职业年金、政府组织职业年金和非政府组织职业年金等基本制度，进行分类规范。企业职业年金属于职业年金体系的一个分系统，企业依据《职业年金制度》及《企业职业年金办法》《企业职业年金基金管理办法》等基本制度，制定本行业或企业的具体实施方案，这些具体实施方案是企业职业年金的分系统，属于职业年金的三级子系统。政府组织、非政府组织、农民群体、非正规就业者群体也依此进行构建，制定相应的职业年金办法，形成相应的垂直体系。中国职业年金制度体系基本框架通过建构，实现对全体劳动者的整体性覆盖，解决权利公平问题，为职业年金健康、持续发展奠定坚实的基础。

（二）坚持制度的强制性规范

民族地区属于中国相对较为落后的地区，更需要推行强制性的职业年金制度，以保障劳动者的养老权益，促进民族地区稳定。民族地区职业年金制度建设坚持原则性和灵活性相结合。规范强度的一致性就是民族地区职业年金制度建设需要坚持的原则性，民族地区职业年金在企业、政府组织、非政

府组织、农民群体、非正规就业者群体等覆盖对象上要坚持一视同仁，即所有职业年金的具体表现形式都以强制性为基本原则，以保证劳动者参加职业年金的机会均等。实现民族地区职业年金制度的强制性规范，需要以灵活性为基础改革养老保险体系构成、设定职业年金缴费的弹性空间。

（三）强化资金筹集的政府责任

民族地区职业年金的责任分担主要包含两方面的内容：一是责任分担主体构成；二是责任分担比例。责任分担主体是职业年金制度涉及的主体，主要包括政府、组织和个人。责任分担比例主要通过职业年金缴费比例来体现。职业年金责任分担既是制度建设的主要内容，也为制度有序发展奠定了基础。民族地区经济发展相对落后，需要政府加大财政转移支付力度。民族职业年金缴费比例需要破除固定模式，通过建构缴费比例区间发挥杠杆性作用，调解职业年金改革中面临的诸多问题，既同世界接轨，又充分反映民族地区职业年金发展要求。

（四）提高基金的保值增值能力

民族地区经济发展落后，经济基础薄弱，职业年金基金的保值增值风险相对较大。民族地区和中央政府需要采取积极的措施，首先保证资金的安全性，在保值的基础上实现增值最大化；其次采取多元化的投资方式，为基金保值提供有效渠道，投资工具可以采用政府债券、存款、金融债券、股票、不动产等。民族地区职业年金基金投资需要遵循谨慎、分散风险的原则，考虑职业年金基金的安全性、收益性和流动性，根本目的在于保证劳动者职业年金的保值增值。通过扩大年金基金规模、构建投资管理人竞争、放宽投资渠道能够实现职业年金运营的根本目标。

（五）完善职业年金的运行过程

民族地区职业年金制度建构是一个系统工程，不仅要从上述年金覆盖面、规范强度、责任分担、待遇给付、基金管理运营等重要方面进行详细规定，还需要健全年金的领取方式、可携带性等基本内容，这些基本内容主要包括职业年金的发放、转移和终止等环节。民族地区职业年金运行过程需要同国家整个职业年金制度进行有效对接，在条件不便利的地方需要积极加强基本的网络等基础设施建设，以保证职业年金的有效运行。

第七章

中国职业年金制度体系建构

中国职业年金制度建设走过了20多年的历程，在企业年金、事业单位职业年金、深圳市聘任制公务员职业年金以及机关事业单位职业年金建设过程中积累了丰富的经验，厘清了中国职业年金制度建设的必要性和价值选择，为职业年金制度体系构建奠定了坚实基础。国外职业年金建设的成熟经验，虽然不能够直接为我所用，但能够为中国职业年金制度建设提供借鉴，在制度的规范强度、覆盖对象、缴费主体、资金筹集、待遇计发、资金运营、监管体制等方面提供正反两方面的意见，结合中国经验和国情为中国职业年金制度建设提供了可行性。中国职业年金需要在国内外职业年金建设的基础上进行制度体系建构，分析建构的影响因素以解决障碍，界定制度价值定位以明确制度建设方向，建构制度内容以健全职业年金制度，从而建构具有中国特色的职业年金制度体系，推动多支柱养老保障体系快速发展。

第一节　中国职业年金制度体系建构的影响因素

中国职业年金制度建设已经形成规模，正在实施企业年金、机关事业单位职业年金等制度，虽然已经打破中国养老保障体系的既有格局、形成具有支撑作用的养老保险第二支柱，但宏观上没有实现劳动者全覆盖、微观上制度要素有待深化改革。中国职业年金制度建设任重道远，需要克服重重阻碍，不断完善适合中国国情的职业年金制度体系。中国职业年金制度体系建构的影响因素主要涉及旧制度和新制度、老人和新人、统治和治理等之间的相互博弈。

一、养老保障体系改革

中国现有养老保障体系主要由“五支柱”构成：养老福利、基本养老保险、职业年金、个人养老储蓄保险、家族等互助养老，其中基本养老保险、职业年金、个人养老储蓄保险为养老保险体系“三支柱”。职业年金作为养老保障体系中的第二支柱，作用举足轻重，同其他支柱之间存在着共振关系。养老保障体系改革成效势必影响职业年金制度体系的建构。

养老保障体系改革为职业年金建设提供了坚实的基础。中国养老保障体系改革坚持构建多支柱、多层次的制度，为职业年金建设提供了理论基础。新中国成立至“文化大革命”结束，中国养老保障坚持国家负责、单位包办的单支柱模式，国家财政支出、单位养老成本支付压力都非常大，严重阻碍了国家、企业进行扩大再生产，影响整个国家经济发展活力。改革开放至20世纪90年代，中国养老保障制度进行了社会化改革，逐步建立了养老福利、养老救助和养老保险的格局，但养老保险进行社会基本养老保险的单一制度建设，形成单位负责、政府兜底的社会基本养老模式，仍然无法改变政府负担过重、企业缺乏活力等困境，影响整个经济运行。20世纪90年代以来，中国养老保障多支柱建设深入推进，推进养老保险制度立体改革，提出建立养老保险多支柱，为成功实现责任分担、化解中国面临的养老风险奠定了基础。中国养老保障体系“五支柱”发挥各自不同的价值功能，分别满足不同群体的养老保障需求，共同支撑养老保障体系。养老保险体系多支柱改革更是职业年金建设的直接前提，养老保险体系改革就是要厘清养老保险各层次的功能定位问题，促进社会基本养老保险、职业年金和个人养老储蓄“三支柱”各司其职，从而使“三支柱”能够发挥对整个养老保障体系的支撑作用。社会基本养老保险旨在保基本，强调覆盖面，保障水平较低。职业年金作为社会基本养老保险的一种补充养老保险形式，强调养老待遇水平的提升。因此，养老保障体系的细分改革为职业年金建设扫清了道路，提供了制度基础。

养老保障体系改革促进职业年金建设不断发展，职业年金在养老金收入中的比重加大。中国养老保障体系改革打破了养老保障既有模式，改变了养老制度的属性，促进养老保障由国家保险的福利型向社会保险型转变。养老保障转型，向社会化趋势发展，职业年金作为养老保险社会化发展的典型必将获得长足发展。社会基本养老保险保障水平有限，个人养老储蓄的私人化特征明显，职业年金成为解决养老保险社会化的重要支柱。通过养老保险体系的社会化改革，职业年金建设获得了更大的发展空间。社会基本养老保险在养老保险体系中的比重逐年下降，政府统筹规划以减轻财政支出、应对老龄化风险，职业年金承担的养老责任越来越重要。随着社会基本养老保险和职业年金的此消彼长，职业年金的功能也越来越明确。职业年金不再仅仅是社会基本养老保险的一种补充，也不再是养老保险体系中的第二支柱，而是突破补充地位、破除第二支柱排名先后次序，成为养老保险体系的独立重要支柱、养老金收入的重要来源。

表 7－1　部分国家养老金构成比重

国别	社会基本养老金比重（%）	职业年金比重（%）	私人养老储蓄比重（%）
美国	79.2	17.1	3.7
英国	88.4	10.5	1.1
日本	77.2	11.4	11.4
澳大利亚	70.3	20.3	9.4
加拿大	62	12	26
中国	100	0	0

资料来源：和春雷．社会保障制度的国际比较［M］．北京：法律出版社，2001.

二、政府的政策选择

政府在养老保障制度建设中处于主导地位，通过汇集多方诉求、协调各种利益冲突有序推进制度建设。职业年金建设也是政府政策选择的结果，政府不仅影响职业年金建设的进程，而且影响职业年金建设的内容。

政府能够影响职业年金建设的进程。一是政府是职业年金制度构建的决定者。政策制定主体包括执政党领导机关、立法机关、行政机关等公共权力执行部门，其中政府机关是各种政策制定主体的枢纽，既要依据执政党的方针政策，又要依据立法机关的法律政策，同时还要综合考虑社会阶层的现实需求，针对社会运行中的公共问题出台具体政策加以规范。养老保障有效性是社会运行中的突出问题，既是执政党执政为民的具体体现，又是广大民众养老保障水平的关键保证，成为政府制定养老保障政策的首要影响因素。职业年金是提高养老保障有效性的重要途径，能够直接提高劳动者的养老保障待遇水平，减轻政府财政养老支出压力。在此种社会总需求的推动下，1991 年中国政府颁布《关于企业职工养老保险制度改革的决定》提出建立企业补充养老保险，突破传统养老保障模式，大力推进职业年金建设。二是政府是职业年金制度发展的推动者。美国著名诺贝尔经济学奖获得者道格拉斯·C. 诺思（Douglass C. North）认为制度变迁包括"自下而上"的诱致性制度变迁、"自上而下"的强制性制度变迁，其中强制性制度变迁由政府通过政治途径引入和实现。职业年金属于政府提供的养老保障公共产品，政府在养老金财政支付压力增大和劳动者养老需求递增的矛盾驱动下必须加快职业年金建设步伐。20 世纪 90 年代以来，中国政府作为制度变革主体的第一行动集团"自上而下"地推动职业年金建设，先后开展企业年金、事业单位职业年金、机关事业单位职业年金等制度建设，以改革养老保险体系、减轻政府养老金财政支付压力、保证经济发展速度，寻求政治稳定和社会和谐。

政府能够影响职业年金建设的内容。政府在职业年金制度内容建设上发挥着主导作用，主导制度规范强度、覆盖对象、缴费主体、资金筹集、待遇计发、资金运营、监管体制等内容要素的选择。20 世纪 90 年代，中国政府为了推动养老保险社会化改革，提出补充养老保险建设的政策意向，决定了补充养老保险的工具性的价值定位。2000 年发布《关于完善城镇社会保障体系的试点方案》提倡企业为职工建立企业年金，补充养老保险升级为企业年金，但企业年金的工具属性被进一步强化。中国政府对职业年金价值认知决定了制度的内容建设。在规范强度上，补充养老保险、企业年金、事业单位职业年金都强调自愿性，而深圳市行政机关聘任制公务员职业年金、机关事业单位职业年金突出强调强制性，政社、政企之间形成鲜明对比，这种差异源于政府机关利用所掌握的公共权力对职业年金制度建设形成的影响。在覆盖对象上，政府主导下的不同制度覆盖不同的人群。不同国家的政府、不同层级的各级地方政府因政治制度、经济状况、文化传统等差异会选择不同的职业年金构成要素，充分体现了政府在职业年金制度内容建设上的主导性作用。总之，职业年金制度建设需要合理的顶层设计，一方面建设制度内容，另一方面通过政策设计缓解制度改革阻力、维护制度公平，政府需要政治担当推动职业年金制度改革。

三、既得利益博弈

职业年金制度体系建构势必影响部分群体的既得利益，既得利益群体必然阻碍职业年金制度体系建构，维护其养老保障水平的绝对优势和相对优势。中国职业年金建设必然产生旧势力对新势力的阻挠，采取渐进主义道路。

既得利益群体竭力维护其养老保障的绝对水平，避免养老保障水平的降低。职业年金制度体系建构是职业年金制度的改革与发展，制度发展是现有制度向制度创新的过程，其本质是新制度的产生和旧制度的废除，即新制度代替旧制度。中国养老保险社会化改革就是制度发展的过程，由改革开放前国家负责、单位包办的国家保险型向国家、单位和个人分担的社会保险型发展，其分化改革策略产生了两次新旧力量的对峙。第一次对峙是企业养老保险制度改革，企业职工无力应对运用公共权力推出的改革政策，企业退休养老制度被终结，群体性被纳入社会养老保险体系。为了减轻企业养老保险改革阵痛造成的社会影响，自 20 世纪 90 年代开始建设补充养老保险、企业年金，企图弥补改革造成的养老保险待遇落差，但事与愿违，企业养老待遇水平一落千丈。与此同时，公共部门借助掌握的公共权力维护了其养老保障旧制度。第二次对峙是机关事业单位养老保险制度改革，机关事业单位通过强制性职业年金制度建设维护了养老保障的既得利益，机关事业单位工作人员养老待遇水平基本保持不变。两次对峙，两种结果，形成养老保险“双轨制”的僵化局面。

既得利益群体竭力维护其养老保障的相对水平，造成制度改革的渐进性。中国职业年金制度体系建构需要消解群体差异，势必受到既得利益群体的阻挠。美国政治学家查尔斯·林德布洛姆（Charles Lindblom）认为决策受主观性影响，不同利益群体之间诉求不同势必会影响政策选择。自 20 世纪 90 年代以来，中国职业年金建设一路不公平，公共部门运用公共权力竭力维护其相对优势。中国养老保险制度改革从企业开始，不断探索补充养老保险、企业年金等制度，职业年金制度的非强制性特征不能弥补企业职工养老保险改革造成的落差，损害了企业职工的群体性利益。公共部门却能够维护其养老保险旧制度、保持相对优势迎来21世纪的前15年。2015年政府发布《国务院关于机关事业单位工作人员养老保险制度改革的决定》，推进公共部门和私人部门养老保险制度的“并轨”改革，提出建立强制性职业年金制度以弥补改革造成的养老待遇水平落差，基本维持了公共部门养老待遇水平不下降，但其深层要义在于维持了养老待遇水平的相对优势。这种相对优势影响了中国职业年金制度建设的全部历程，职业年金建设从企业年金开始以维护公共部门的相对优势，机关事业单位职业年金的强制性特征同样维护了公共部门的相对优势。中国职业年金制度建设存在领域化、不公平等现象，造成职业年金制度建设至今仍未完成，制度建设历程呈现出渐进性特征。这种相对优势诉求同样影响中国职业年金制度的一体化建设。

四、社会发展契合性

职业年金制度体系建构深受社会发展水平的影响，同社会发展存在契合性，既反映社会发展的同步需求，又表明二者之间的相互作用关系。职业年金制度体系建构是社会发展的必然选择，又促进社会和谐发展。

职业年金制度体系建构是社会发展到一定水平的必然选择。马克思历史唯物主义认为“社会存在决定社会意识，社会意识是社会存在的反映，社会存在的性质和变化决定社会意识的性质和变化”，表明社会发展水平是职业年金建设的基础，作为社会意识的职业年金制度受社会发展水平的制约。改革开放以来，中国职业年金制度历经补充养老保险、企业年金、事业单位职业年金、机关事业单位职业年金的演变，与中国经济、社会的发展和变革同步，表明职业年金建设深受社会发展的驱动。中国职业年金制度规范强度由自愿性向强制性过渡，中国职业年金制度内容要素的不断完善和调整，同样表明制度建设需要物质基础、社会变革和思维认知等社会存在的驱动。中国改革开放30多年，经济平均增长率超过9.8%，2010年GDP超过日本成为世界第二大经济体。辉煌的经济建设成就为中国职业年金制度向广度、深度建设提供了坚实的物质基础。中国改革先经济领域，后政治领域，全面推进，同样为职业年金的萌芽、探索、形成提供了变革的环境。社会要素在运动中分化组合，寻找最佳存在形态，职业年金也在运动中追寻自身价值。中国社会变革推动了各种思想理论、知识体系的变革创新，职业年金建设在这种变革中被催生和发展，以适应广大人民群众对养老保障的需求。

职业年金制度体系建构能够推动社会进一步发展，形成良性互动。职业年金制度体系建构，一方面扩大制度覆盖面，促进养老保障的公平性；另一方面提高职业年金在养老保险体系中的比重，强化职业年金的地位。职业年金制度体系建构优化了养老保险责任结构，政府养老责任逐渐减少，符合政府体系改革的基本方向，向“小政府、大社会”的方向进行改革，有效推动国家治理体系现代化。职业年金制度体系建构解除了劳动者的后顾之忧，降低人口老龄化给劳动者带来的养老阻挠，促进劳动者积极创造物质财富，在为自己积累养老待遇的同时也为社会做贡献，从而促进社会进步。职业年金制度体系建构能够扩大年金基金规模，促进基金健康发展，为社会积累资本，通过扩大再生产以维护经济社会的可持续发展。职业年金发展同社会发展相互促进，职业年金制度体系建构符合社会发展需求，社会发展又能够促进职业年金制度体系的深入建构，二者之间契合性良性互动；反之，则相互掣肘。

第二节　中国职业年金制度体系建构的价值取向

职业年金制度定位为养老保险的补充，保障劳动者退休后的养老待遇水平，促进社会公平和驱动经济发展等。中国职业年金制度体系建构超越了职业年金制度的功能定位，坚持价值理性和工具理性的有机统一，逐渐消解职业年金作为养老保险体系改革副产品的简单认知，转变工具性认知，更多地关注职业年金在提高养老金替代率、促进社会公平等方面的独特价值，充分发挥其养老保障功能。

一、确保劳动者养老待遇水平

职业年金传统认知的错误导致实践的偏差，一直处于基本养老保险的从属地位，不利于发挥其养老保障功能。职业年金价值认知需要从次要地位向重要地位进行转变，需要从工具性认知转变为价值性认知，确立其根本价值在于提高劳动者养老金替代率。

中国职业年金制度体系建构需要明确职业年金具有自身价值所在，不仅仅是一种补充养老保险，不仅仅是养老保险体系的第二支柱，不仅仅是养老保险体系改革的工具。中国职业年金制度建设从萌芽、探索、形成一路发展，从未脱离“一种补充养老保险”的定位，其价值定位先天不足。中国职业年金建设需要从初级形态进行实验探索，但需要随着社会发展和经验积累进行质的变革。职业年金处于“补充”地位表明，中国养老保险体系以社会基本养老保险为主体，职业年金属于弥补社会基本养老保险的不足或进一步充实的次要地位，也不影响社会基本养老保险的主体地位。中国养老保险建设实践表明，社会基本养老金替代率逐年下降，难以独立应对人口老龄化风险，需要职业年金发挥更大的作用。世界银行也认识到职业年金不仅仅是养老保险的补充，1994 年和 2005 年分别提出养老保险“三支柱”和养老保障“五支柱”的理论，将职业年金定位为养老保险的第二支柱。此举虽然提高了职业年金的价值定位，但仍然没有彻底改变为职业年金的从属地位，在重要性排序上仍然属于“第二支柱”，劳动者的养老保障仍然需要依赖作为“第一支柱”的社会基本养老保险。基于从属地位的认知，中国政府一直将职业年金作为养老保险体系改革的有效工具，改革开放以来的企业养老保险制度改革同步建立企业年金，2015 年至今的机关事业单位养老保险制度改革同步建立机关事业单位职业年金。中国职业年金制度体系建构需要结合国家、组织、个人等的需求强调职业年金自身价值，消解职业年金的工具属性认知。

中国职业年金制度体系建构转变为职业年金的价值定位，职业年金根本价值在于提高养老金替代率，保障劳动者养老待遇水平。中国职业年金制度体系建构的根本目的就是为了突出职业年金在整个养老保障体系中的重要作用。突破世界银行界定的职业年金为“第二支柱”逻辑次序的排列，突出职业年金在养老保障体系的重要地位。职业年金是养老保障体系的重要组成部分，主要体现在养老金替代率占比上。一是职业年金是养老金的重要组成部分，对提高养老金替代率水平具有重要贡献。二是职业年金在养老金替代率中的占比越来越高。随着社会基本养老金替代率逐年下降，职业年金需要发挥重要作用，弥补养老金下降趋势的不足，保障劳动者退休后的养老水平。

二、促进社会养老公平

中国职业年金制度通过体系建构以消解制度不公，促进社会养老公平。从微观层面而言，职业年金建设的根本目的在于提高劳动者的养老金待遇。从宏观层面而言，职业年金制度体系建构是解决养老待遇不公问题。中国职业年金制度体系存在覆盖群体缺失、公共部门与私人部门待遇不对等、劳动者和非劳动者的激励等问题，通过制度体系建构旨在解决权利公平、机会公平和效率公平等问题。

中国职业年金制度通过体系建构解决权利公平问题。职业年金的突出特征为劳动关联，为劳动者提供的一种养老保险，意味着所有劳动者都有权利参加职业年金。劳动者是从事脑力劳动或体力劳动的人，通过实际参加社会劳动创造价值以获取生活资料来源的人，主要包括企业职工、机关事业单位公职人员、社会组织从业者等正规就业者，也包括农民、自有职业者等非正规就业者。目前，中国职业年金制度只覆盖了企业职工、机关事业单位公职人员，职业年金实践只覆盖了部分大企业职业和机关事业单位公职人员。无论在制度构建，还是实践探索，职业年金制度将农民、自由职业者、部分非政府组织工作人员等劳动者排除在外。中国职业年金制度体系建构通过劳动者分类体系的系统扫描，全面透视职业年金覆盖的基本诉求，从制度构建、实践措施等方面确认和保障所有劳动者都具有参加职业年金的权利。

中国职业年金制度通过体系建构解决机会公平问题。职业年金面对所有劳动者应一视同仁，不应存在企业年金和机关事业单位职业年金的差别。改革开放以来，中国养老保险制度改革基于减少阻力的需要从私人组织开始，截至2015年，中国养老保险制度一直存在公共部门、私人部门的“双轨制”，这种“双轨制”影响职业年金体系的构建，作为社会基本养老保险制度改革工具的职业年金制度也存在“双轨制”。职业年金“双轨制”主要体现在制度规范强度和责任主体上的差异，由此造成劳动者参加职业年金的机会是不均等的，机关事业单位工作人员全部参加了政府主导的职业年金，部分大企业的职工才有机会参加企业年金。中国职业年金制度体系建构通过构建一体化的制度，从规范强度、运行管理等方面消除职业年金制度“双轨制”运行的诱因，让所有劳动者都有机会参加职业年金，实现所有劳动者参加职业年金的机会均等。

中国职业年金制度通过体系建构解决效率公平问题。养老保险制度不是一种福利制度，社会基本养老保险带有全民保障的福利性质，但不能采用“平均主义”大锅饭的养老保险模式损害养老保险的效率公平。职业年金作为养老保险的一种形式，强调效率公平。职业年金效率公平主要体现在劳动者和非劳动者之间、劳动者价值贡献差异等方面强调多层性。中国职业年金体系建构强调劳动关联，覆盖人群为参加劳动的人，将劳动者和非劳动者区别开来。劳动者在参加社会基本养老保险的基础上获得一种更有力的职业年金保障，无疑可以激发劳动热情，解除后顾之忧，同非劳动者仅仅拥有社会基本养老保障相比能够获得相对优势。中国职业年金体系建构强调劳动者因工作地区、工作行业、工作岗位不同，对社会价值创造的贡献不同，职业年金保障待遇水平也不同，鼓励劳动者积极向上，不断提高劳动质量，提升贡献度，创造更多的社会财富。总之，中国职业年金制度体系建构坚持“多劳多得”的基本原则，坚持效率公平。

第三节　中国职业年金制度体系建构的基本内容

中国职业年金制度历经 20 多年建设，理论构建和实践探索渐趋成熟。职业年金制度在建设的理论基础、基本框架和构成要素等方面形成了系统化的认知，并积极借鉴国外职业年金制度建设的有益经验。职业年金制度实践从补充养老保险、企业年金、事业单位职业年金、机关事业单位职业年金等开始，不断积累经验。中国职业年金建设的理论和实践，为构建职业年金制度的体系框架、规范强度、资金筹集、待遇计发、资金运营等基本内容奠定了坚实的基础。

一、职业年金制度体系的基本框架

中国职业年金制度体系是由众多具体职业年金制度组成的有机整体，构成要素根据覆盖对象进行细分，构成了中国职业年金制度体系的基本框架。中国职业年金制度体系基本框架是一个宏观概念，强调中国职业年金制度的主体构成，不存在构成要素的具体化和固化。因此，中国职业年金制度体系基本框架内涵稳定，但具体实践会随着构成要素的改革而变动。

中国职业年金制度体系基本框架已经形成，但需要改革。中国职业年金历经20多年的改革实践，先后探索了补充养老保险、企业年金、事业单位职业年金、深圳市行政机关聘任制公务员职业年金、机关事业单位职业年金等，不断完善职业年金制度体系，形成职业年金制度相对完整的基本框架。目前，中国职业年金制度体系主要包括企业年金、机关事业单位职业年金。企业年金除鼓励企业等私人组织积极建立之外，2013年人力资源社会保障部和民政部联合发布《关于鼓励社会团体、基金会和民办非企业单位建立企业年金有关问题的通知》（人社部发〔2013〕51号）鼓励社会团体、基金会和民办非企业单位等非政府组织通过集体协商建立企业年金，因此企业年金覆盖企业和部分非政府组织。机关事业单位职业年金覆盖政府机关和事业单位。政府机关是由政府财政负担的各级党委、人大、政府、政协、军队（人民武装）、法院、检察院和人民团体的常设机构。事业单位是政府利用国有资产设立的，从事教育、科技、文化、卫生等活动的社会服务组织，承担一定的社会管理和服务职能的单位，属于政府机关的派生机构。根据上述分析，中国职业年金制度体系基本框架存在以下问题：一是体系分类错位，企业年金覆盖了私人组织和非政府组织，机关事业单位职业年金覆盖了政府组织和非政府组织，形成了私人组织和政府组织、非政府组织内部构成之间在职业年金建设上的不对等；二是体系覆盖不全面，中国劳动者除公共组织、私人组织里从事工作的人员之外，还有农民和非正规就业群体，职业年金覆盖率不足10%，而国外职业年金发展较为成熟，美国、加拿大、德国、英国等覆盖率达50%以上，瑞士、丹麦、法国等接近100%，覆盖面较低的西班牙也达到了15%。因此，中国职业年金制度体系基本框架需要进行重组、整合和完善。

中国职业年金制度体系基本框架的建构，亟待解决覆盖面问题。制度体系按照逻辑层次一般分为总体制度、基本制度和实施方案等三级，总体制度具有统摄性的总体规范，基本制度是为了实现制度目标而制定的实践准则，实施方案是具体实施计划。中国职业年金制度体系是一个总系统，出台《职业年金制度》，宏观统筹职业年金的各种具体方案，突出强调职业年金制度一体化，在制度和实践上保证公平。职业年金的统筹性称谓，破除企业年金只覆盖企业的局限性，理顺企业年金推广至社会团体、基金会和民办非企业单位等非政府组织的名不副实的尴尬局面，避免企业年金、各种职业年金称谓满天飞的混乱情形。根据《职业年金制度》，依据覆盖范围划分其构成要素，形成企业职业年金、政府组织职业年金和非政府组织职业年金等基本制度，进行分类规范。企业职业年金属于职业年金体系的一个分系统，企业依据《职业年金制度》及《企业职业年金办法》《企业职业年金基金管理办法》等基本制度，制定本行业或企业的具体实施方案，这些具体实施方案是企业职业年金的分系统，属于职业年金的三级子系统。政府组织、非政府组织、农民群体、非正规就业者群体也依此进行构建，制定相应的职业年金办法，形成相应的垂直体系。通过建构中国职业年金制度体系基本框架，实现对全体劳动者的整体性覆盖，解决权利公平问题，为职业年金健康、持续发展奠定坚实的基础。

二、职业年金制度的规范强度

规范强度是职业年金制度实施效果的保证。在制度规范强度上，存在三种形式：强制型、自愿型和混合型。强制型职业年金主要指国家通过立法强制要求所有用人单位必须为其职工建立职业年金计划。自愿型职业年金主要指国家通过政策供给，倡导、鼓励用人单位根据自身经济状况建立职业年金计划。混合型职业年金主要指国家职业年金体系中一部分制度属于强制型，另一部分制度属于自愿型。规范强度决定了职业年金制度影响的范围，至关重要。

中国现有职业年金制度属于混合型，企业年金制度属于自愿型，机关事业单位职业年金制度属于强制型。职业年金规范强度深受政治、经济、文化等各方面因素的影响，世界范围内各国职业年金制度规范强度存在较大的差异。职业年金在世界范围内的规范强度不一，世界各国根据经济的发展水平、政府的政治选择等对职业年金制度进行了强制型或自愿型的规范（见表7－2)。据不完全统计，世界实施职业年金制度的国家60%以上采用自愿型规范，38%左右的采用强制型规范，只有2%左右的国家采用混合型规范。根据各国职业年金制度改革的演变分析，世界各国职业年金规范强度由自愿型向强制型进行转变。英国职业年金制度建设初期，采用自愿建立的原则，导致职业年金制度建设效果不明显。英国通过养老保险制度同职业年金的捆绑式改革，提出劳动者强制性“自动加入”，职业年金制度规范强度增大。中国职业年金建设从补充养老保险、企业年金、事业单位职业年金进行探索，制度规范强度较低，由单位根据组织需要“自愿建立”或“民主协商”等自愿性规范。2015 年政府先后发布了《国务院关于机关事业单位工作人员养老保险制度改革的决定》《机关事业单位职业年金办法》，推进机关事业单位养老保险制度改革，强化职业年金的工具性作用，将养老保险制度改革同职业年金制度建设进行捆绑，职业年金制度具有明显的强制性色彩。中国职业年金制度规范强度由自愿型向混合型转变。

表 7-2 部分国家职业年金制度规范强度一览

规范强度类别	国别
强制型	英国、澳大利亚、冰岛、瑞士、丹麦、荷兰、瑞典等
自愿型	美国、日本、奥地利、加拿大、芬兰、法国、德国、爱尔兰、意大利、新西兰、西班牙等
混合型	中国

中国职业年金制度规范强度表现出来的混合型特征，为职业年金制度的健康发展带来了诸多问题。一是规范强度不一造成劳动者参加职业年金的机会不公平，形成职业年金“双轨制”。企业年金制度规范的自愿选择致使大部分企业实施年金计划的动力不足，企业在坚持利益最大化原则下为了减少人工成本，大多数会选择不建立企业年金计划，企业职工没有机会参加企业年金。机关事业单位职业年金制度的强制性实施，全体工作人员全部有机会参加职业年金。二是规范强度不同致使职业年金保障效果存在差异。企业年金自 2004 年《企业年金试行办法》颁布以来，参加企业年金的人数占参加基本养老保险的职工数在 7% 左右徘徊，参加企业年金人数占企业职工总人数的比率会更少。2015 年 3 月《机关事业单位职业年金办法》出台，因制度强制型规范，机关事业单位 4000 多万工作人员将整体性参加职业年金，覆盖率将可预见地达到 100%，绝对参保数量和覆盖率都远远超过企业年金。企业年金和机关事业单位职业年金二者在实践效果上的差异主要根源于制度的规范强度。

中国职业年金制度需要建构制度规范强度，实现由混合型向强制型转变。中国职业年金制度建设坚持原则性和灵活性相结合，规范强度的一致性就是中国职业年金制度建设需要坚持的原则性，中国职业年金在企业、政府组织、非政府组织、农民群体、非正规就业者群体等覆盖对象上要坚持一视同仁，即所有职业年金的具体表现形式都以强制性为基本原则，以保证劳动者参加职业年金的机会均等。实现中国职业年金制度的强制性规范，需要以灵活性为基础改革养老保险体系构成、设定职业年金缴费的弹性空间。社会基本养老保险制度改革不是突破传统“国家养老保险”模式的最终形态，而是中国养老保险制度体系构建的中间环节。随着中国养老保险体系的不断完善，社会基本养老保险构成需要进行功能区分，将社会统筹和个人账户进行分离，个人账户进入职业年金，社会统筹部分独立发挥基本养老保险功能。个人账户的结构性调整没有增加单位和个人的缴费责任，但能够整体性地实现职业年金制度的强制型规范。在制度强制型规范的前提下，允许企业、政府组织、非政府组织、农民群体、非正规就业者群体等根据其财务状况、国家政策等方面的影响因素制定符合自身需求的职业年金方案。中国职业年金制度强制性规范能够提高单位建立职业年金的积极性，充分享有政府的税收优惠，防止单位和职工的急功近利行为，切实保障劳动者的养老权利。

三、职业年金的责任分担

职业年金的责任分担主要包含两方面的内容：一是责任分担主体构成；二是责任分担比例。责任分担主体是职业年金制度涉及的主体，主要包括政府、组织和个人。责任分担比例主要通过职业年金缴费比例来体现。职业年金责任分担既是制度建设的主要内容，也为制度有序发展奠定了基础。

（一）职业年金责任主体构成

职业年金运行过程中涉及的责任主要包括政府政策供给责任、组织和职工的缴费责任，因此政府、组织和职工共同构成了职业年金的责任主体。政府政策供给能够推动职业年金的快速发展，带有鲜明的国家主导型特征。职业年金缴费责任分担强调组织和个人都需要承担养老责任，通过养老责任主体多元化应对单一责任主体无力承担的风险。

职业年金责任分担是职业年金建设的重要内容，呈现主体多元化发展趋势，其中关键是职业年金缴费责任。职业年金缴费责任分担是从养老保障责任主体的角度强调多元化，同世界养老保障形式、层次等多元化具有相似性。世界银行提出养老保险“三支柱”理论和养老保障“五支柱”理论，是从养老保障形式的角度强调多元化，国际劳工组织的四层次养老保障模式、国际货币基金组织的三级养老保障模式、经济合作与发展组织的三支柱养老保障模式等从保障层次、功能的角度强调责任主体多元化。世界养老保障多元化发展已经成为一种必然趋势，坚持自由主义理念通过市场机制解决养老问题的美国、强调个人责任的韩国等也不断强化政府责任，坚持社会民主主义理念过度强化政府责任的英国、北欧等国家也都深入进行市场化改革，坚持社会主义“国家保险模式”，过分强调国家财政、企业责任的苏联、中国等进行了大刀阔斧的社会化改革，责任主体多元化是世界各国养老保障改革的基本趋向。中国职业年金制度也顺应历史潮流，突出强调了责任分担，但存在着一些问题。一是主体责任界定不清晰，没有明确政府、组织和个人分别承担责任的边界。中央政府与地方政府对职业年金各自承担的责任没有清晰划定，政府与企业、社会在职业年金建设上的责任界定不明确。二是主体责任承担不均衡，主要体现在政府在企业年金和机关事业单位职业年金中的责任差异。

中国职业年金制度体系建构需要明确职业年金责任主体构成，确保主体责任的一致性。一是政府需要承担引导、监督和管理职能。政府在避免职业年金社会失灵、政府失灵的基础上，营造良好的制度环境，提供制度供给，强化制度化和规范化，通过税收优惠政策引导组织和个人力量建设职业年金。政府在有限责任基础上，把职业年金运营转交给市场，更好地承担监督的责任，确保职业年金的保值增值。政府积极履行管理职能，完善管理体制，培育资本市场，加强职业年金的管理。二是组织需要有效执行职业年金制度，实施职业年金方案，承担缴费责任，为职工养老提供坚实保障。三是职工个人需要承担缴费义务，积极参与组织职业年金建设实践，发挥自主性作用有效监督职业年金运行，维护自身权益。总之，中国职业年金建设需要明确各方主体责任，在企业、政府组织、非政府组织、农民群体、非正规就业者群体等具体职业年金实施方案中各主体责任没有差异，具有一致性。

（二）职业年金缴费责任分担比例

职业年金缴费责任分担有多少之分，政府承担责任相对较少，主要以组织和职工为主。组织和职工承担责任多少主要通过年金缴费比例来区分，组织承担责任相对较多主要体现了雇主父爱论，职工承担责任主要体现自我负责的精神。

职业年金缴费比例呈现出灵活性发展趋势，中国职业年金缴费比例相对僵化。世界职业年金缴费比例实践较为复杂（见表7－3），呈现出比重主体不同、具体比例各异、变动区间灵活等多方面的特征。一是职业年金缴费责任倚重主体不同。美国、英国、智利等国强调职工的自我责任，职业年金缴费责任完全在职工个人，智利坚持私营化养老保险制度完全强调职工个人责任，美国坚持自由主义的市场化理念突出强调职工个人义务，英国从福利国家向养老保险社会化过渡致使职业年金的缴费责任向个人转变。德国、日本坚持组织和个人对等的原则，职工参加职业年金履行缴费义务，企业按同比例进行配套。中国、澳大利亚、瑞典则强调组织在职业年金建设中的主体地位不可动摇。二是缴费比例差别较大。最高可达到职工缴费工资的25%，低至0。不同缴费责任主体的比例也不同，政府大多没有承担缴费责任，组织缴费为3%～25%，个人为0～25%。三是职业年金缴费比例呈现灵活的选择区间，增加职业年金缴费弹性，避免静态比例规定给职业年金方案的制定和实施带来障碍。美国、日本、智利等国家的职业年金缴费都有一个适度空间，组织可以根据自身状况、劳资双方谈判结果来确定缴费比例。英国、德国、澳大利亚等国根据经济发展状况、劳动者需求进行历史性调整，都趋向增加缴费比例。中国、瑞典的缴费比例保持一个相对固定的数值，无法灵活调整。世界职业年金缴费比例的多样化趋势，为有效解决中国职业年金在缴费比例上存在的一些突出问题提供了有益借鉴。中国职业年金缴费比例相对固定，企业年金和机关事业单位职业年金都同样规定组织缴纳“单位工资总额的8%”、个人缴纳“缴费工资的4%”，缴费比例固定不利于组织根据自身状况和职工需要进行有效调整。中国职业年金缴费比例相对较低，组织和个人缴费率总和只有12%，没能充分体现职业年金的支柱作用，无法有效保障劳动者的养老待遇水平。中国职业年金缴费比例倚重组织，组织的人力资源成本相对较高不利于组织的持续发展。

表7-3　世界部分国家职业年金缴费比例一览

国别	政府	组织	职工
中国	0	8%	4%
美国	0	≤25% *（0~1）	≤25%
英国	1%①	1%→2%→3%	1%→3%→4%
日本	0	≤7%	≤7%
德国	0	9.75%→11%	9.75%→11%
澳大利亚	0	3%→9%	0→3%
瑞典	0	12.25%	0
智利	0	0	≥10%

注："→"表示缴费比例改革的跃进。

数据来源：各学术论文。

中国职业年金制度体系建构坚持灵活缴费原则，确定适宜的缴费比例区间，让组织根据自身特点和职工需要进行协商确定。一是确定职业年金缴费比例区间的最低线。在社会基本养老保险制度结构调整的基础上，社会基本养老保险个人账户拆解、纳入职业年金账户统一管理。1997年《国务院关于建立统一的企业职工基本养老保险制度的决定》（国发〔1997〕26号）规定职工个人缴纳基本养老保险费为缴费工资的8%，并全部记入基本养老保险个人账户进行积累。2015年《关于机关事业单位工作人员养老保险制度改革的决定》（国发〔2015〕2号）规定个人缴费的比例为缴费工资的8%，建立基本养老保险个人账户。社会基本养老保险个人缴费同为缴费工资的8%，纳入职业年金账户不存在制度差异。目前大部分企业并没有建立职业年金计划，社会基本养老保险个人账户纳入职业年金后可以作为职业年金缴费比例区间的最低线，即职工缴费工资的8%。二是确定职业年金缴费比例区间的最高线。目前企业年金和机关事业单位职业年金在缴费比例上存在缴费基数的差异，但一致规定总和为12%。综合社会基本养老保险个人账户缴费比例的融入，20%可以作为职业年金缴费比例的最高线。国内专家考虑未来效用贴现率、个人工资、社会工资比、资

① 2012年10月起英国职业年金缴费，雇主缴纳雇员工资的3%，雇员缴纳4%，政府以税收让利的形式计入1%，合计8%的缴费注入雇员的个人账户。

本产出弹性等各种因素，通过实证分析最终确定了企业年金缴费率为“企业缴费每年不超过本企业上年度职工工资总额的1/12，企业和职工个人缴费合计一般不超过本企业上年度职工工资总额的1/6”，也有学者认为“企业年金最优企业缴费率为9.03%，最优个人缴费率为7.74%”，数值基本吻合，但正在实施的组织缴纳“单位工资总额的8%”、个人缴纳“缴费工资的4%”还有提升空间。因此，中国职业年金建构缴费比例区间为8%～20%，也可以随经济发展逐步提升。

中国职业年金缴费比例需要破除固定模式，通过建构缴费比例区间发挥杠杆性作用，破解职业年金改革中面临的诸多问题，既同世界接轨，又充分反映中国职业年金发展要求。一是缴费比例区间建构能够顺利实现制度规范强度转换，通过将强制性的社会基本养老保险个人账户纳入职业年金，在整合养老保险缴费方式的基础上没有触动既得利益群体，职业年金自然转换为强制性的制度安排。二是缴费比例区间建构便于结束职业年金制度的“双轨制”运行态势，实现职业年金制度规范强度的一致性，促进职业年金的公平建设。三是缴费比例区间建构在坚持原则性的基础上体现出较强的灵活性，组织可以根据自身状况和职工需求进行协商以确定职业年金实施方案的缴费比例，有效推进职业年金制度的全面实践。四是缴费比例区间建构也是养老保险体系建构的关键环节，改革了社会基本养老保险的模糊属性，以社会统筹、现收现付为主要特征的社会基本养老保险明确了其国民福利、基本养老保障的定位。

四、职业年金给付模式的优化选择

职业年金给付是职业年金领取的过程，涉及领取方式和待遇水平。领取方式一般可以采用一次性领取或定期领取。待遇水平是职业年金发放数额的多少，反映职业年金保障水平的直接指标，同职业年金计发方式紧密联系。职业年金待遇水平由年金筹资模式决定，根据职业年金资金流的筹集和发放方式划分，职业年金可分为待遇确定型和缴费确定型。中国职业年金的具体实践都采用了缴费确定型，奠定了中国职业年金待遇计发的DC模式，但结合养老保险改革的历史问题和具体阶段，中国职业年金制度需要考虑DB模式的过渡性价值。

（一）DB 模式与 DC 模式的 SWOT 分析

待遇确定型简称 DB 模式，缴费确定型简称 DC 模式，二者因保险费筹资模式不同，决定了其待遇计发方式存在较大差异。职业年金的待遇计发方式存在 DB 模式和 DC 模式的理论探讨和实践应用，两种模式自身各有优缺点，在实践运行过程中也受到外部环境的影响和冲击。

1. 职业年金待遇计发 DB 模式的 SWOT 分析

职业年金待遇计发 DB 模式具有内在的优势。从职工角度而言，突出表现在职业年金待遇相对比较确定，同在职职工工资收入水平进行关联，切实保障退休职工的养老需求，能够减少通货膨胀、工资水平上升给退休老人造成的物质和心理上的冲击。同时，养老风险完全由组织承担，职工个人的养老风险较小。从组织角度而言，因职业年金待遇同组织关联性较强，职工不轻言离职，有利于提高职工忠诚度，保持职工队伍稳定，减少人力资源管理成本。DB 模式的缴费弹性较大，组织根据职工养老需求进行列支或建立基金。组织可建立职业年金基金，享受政府的优惠政策，在政策范围内灵活进行投资，以获取收益减少组织成本。

职业年金待遇计发 DB 模式具有内在的劣势。从职工角度考察，DB 模式的劣势较少，主要是不便职工对自身的职业年金权益进行携带，职工跳槽时增加了职业年金待遇的机会成本项，不利于职工自由流动。从组织角度考察，DB 模式表现出了较多的缺陷。组织需要承担较大的养老风险，缴费率不确定。组织职业年金支出受退休职工数量、寿命、工资增长等因素影响，尤其是职业年金基金投资收益状况直接决定了组织承担养老责任的多少。如果职业年金基金投资收益较好，组织无须再以现收现付的方式增加养老支出，否则缴费率将提高。组织需要建立岗位从事职业年金管理，管理过程复杂，运行费用较高。从政府角度考察，DB 模式在组织难以或不足以支付职业年金待遇时，政府需要通过财政支出进行兜底，保障广大普通退休职工的权益，维护社会稳定。

职业年金待遇计发 DB 模式受到外部环境的影响。一是 DB 模式具备进一步发展的外部机会。资本主义发展的过程中，DB 模式在养老保险待遇支付中形成了历史传统，目前仍有不少国家职业年金采用 DB 模式，为职业年金 DB 模式发展提供路径。DB 模式也适合养老保险制度转型期的改革需要，通过DB模式以保障没有职业年金个人账户积累的退休老人获取稳定的养老待遇。二是DB模式受到外部环境的挑战。DC模式实践范围的不断扩大，逐渐吞噬了DB模式的发展空间。人口老龄化趋势加剧，组织无力应对养老负担加重的趋势，容易造成组织因养老支付过多而无法扩大再生产甚至衰退的恶性循环。新公共管理和新公共服务等改革理论为“小政府、大社会”的行政管理改革提供了明确的思路，中国建立社会主义市场经济同样需要改革政府管理体制，这种改革诉求必然促使政府减少DB型职业年金的财政支出和管理责任。

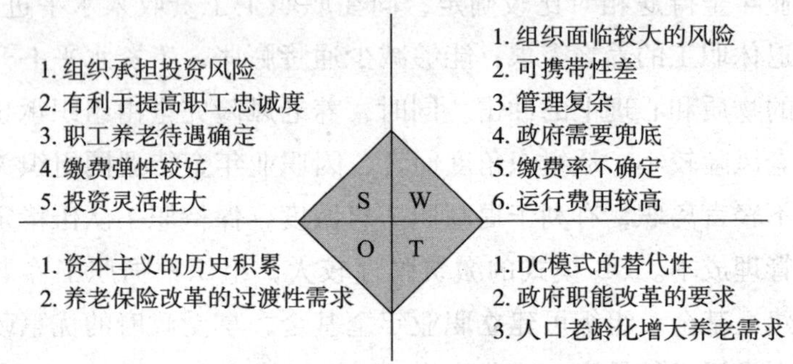

图7-1　DB模式SWOT分析

2. 职业年金待遇计发DC模式的SWOT分析

职业年金待遇计发DC模式具有内在的优势。从职工角度而言，DC模式的优势并不明显，只有可携带性较强和透明度较高，有利于职工进行职业变换，但同养老待遇水平没有直接关系。从组织角度而言，DC模式的优势非常明显。首先，组织承担的缴费责任、养老风险较轻，缴费率相对稳定，无须承担投资风险和不可预期的养老支出风险。其次，组织通过建立职业年金，享受政府税收优惠，可以根据组织状况进行灵活实践，有利于职业年金的执行。最后，管理责任较为简单。从政府角度而言，政府完全从财政支出责任中解脱出来，集中力量解决社会基本养老保险覆盖面和保障水平等问题，个人账户累积的基金形成一股强大的资本力量，为资本市场注入新活力。

职业年金待遇计发DC模式具有内在的劣势。从职工角度考察，DC模式的劣势明显。职工不但需要承担个人账户资金的投资风险，投资收益存在不确定风险，而且养老金待遇水平不确定，甚至无法满足养老需求。DC

模式割裂了养老保险风险社会化的解决机制，将责任由共担转化为个体承担，最终造成职业年金无力抵御人口老龄化带来的养老风险。

职业年金待遇计发 DC 模式受到外部环境的影响。一是 DC 模式获得了较好的发展机会。有限型政府改革的发展促使大多数国家在建立职业年金制度时主动选择 DC 模式以减少政府责任，这种政府减负改革促使大多数国家的职业年金制度由 DB 型向 DC 型转变，DC 型职业年金制度实践蔚然成风，为 DC 模式发展提供了较好的样本。人口老龄化趋势促使组织无力应对养老需求的发展，组织倾向选择 DC 模式以规避养老责任。职业年金制度的制定又深受政府和组织的影响，分散的个人诉求无力改变 DC 模式发展的趋势。二是 DC 模式受到外部环境的挑战。DB 模式仍然具有一定的影响力，阻击 DC 模式的蔓延。传统国家建立 DB 型职业年金制度，形成了完整的运行模式，DC 模式因自身存在诸多的缺陷无力突破 DB 模式的路径依赖。养老保险改革坚持“老人老办法、新人新办法”的原则，实现制度的平稳过渡，职业年金只有采用 DB 模式才能保证未进行个人账户积累的老人的权益，保障退休老人的养老待遇水平。

3. 职业年金待遇计发 DB 模式和 DC 模式的比较分析

职业年金待遇计发 DB 模式和 DC 模式都是人类养老保险改革实践的有益成果，两者存在一定联系，存在着较大的差异。

DB 模式和 DC 模式的联系。从二者的价值角度分析，待遇计发是职业年金制度构建的必选内容，DB 模式和 DC 模式成为考虑的重要因素，要么二者之中选其一，要么二者构成混合模式。从二者的构成要素角度分析，二者都围绕职业年金的资金流运转，包含计发模式、待遇水平、缴费弹性、基金账户、待遇精算操作、投资风险、支付方式、管理体制等基本内容。从管理体制角度分析，二者都需要政府出台政策进行顶层设计，规范各种模式的运作规则。从待遇支付方式角度分析，二者基本相同。DB 模式和 DC 模式的相同点多体现在宏观层面和形式层面。

DB 模式和 DC 模式的区别。职业年金待遇计发是养老金收、支的资金流动过程，主要包括年金收缴、管理、发放等方面。在年金收缴上，二者在计发模式、缴费弹性等方面内容相左，“以收定支”和“以支定收”是两种运行模式的根本区别，决定了两种模式的缴费弹性等各构成要素的基本要求。在年金发放上，二者在待遇计算、待遇水平上存在差别，这种差别是计发模式差异的延伸，待遇水平成为两种模式实践的决定要素。DB模式与在职职工工资水平挂钩，体现出职业年金的现收现付模式，组织需要承担较大的养老支出风险，职工的养老待遇水平能够较好地满足养老需求。DC模式与个人账户累积情况相关，体现出职业年金的完全积累模式，组织不需要承担养老支出风险，职工的养老待遇水平不一定能够满足养老需求。二者待遇水平的差异决定了职业年金制度的实践选择。在年金管理上，二者在基金账户、基金运行、投资风险等方面存在差异。个人账户与团体账户之间的差异，导致基金运行方式存在差别，形成不同的投资风险，最终由组织或个人承担成为职业年金制度构建的焦点。

表7-4 职业年金待遇计发DC模式和DB模式比较

模式要素	DC模式	DB模式
计发模式	以收定支	以支定收
待遇水平	与个人账户累积情况相关	与在职职工工资水平挂钩
缴费弹性	缴费率稳定	缴费率不确定
基金账户	职工个人账户	组织团体账户
待遇精算操作	过程简单	过程复杂，连续精算
投资风险	职工个人承担	组织和担保公司承担
支付方式	一次性或定期领取	定期领取
管理体制	委托形式，监控宽松	担保形式，监控严格

（二）中国职业年金的DC模式选择

中国职业年金待遇计发全部为DC模式，奠定了职业年金制度发展的基本方向。职业年金待遇计发模式的形成受到多方面因素的影响。一是政治因素主要表现为公共权力行使主体的趋利避害选择。政府作为公共权力行使代表，在制度变迁中作为制度变革主体的第一行动集团，“自上而下”地主动规避政府财政养老支出的压力，DC模式契合政府制定政策的需要。二是经济因素主要表现为组织特别是企业等私人组织坚持利润最大化的前提下选择DC模式能够减少成本，企业年金、机关事业单位职业年金都选择了DC模式。三是社会因素主要表现为劳动者社会流动加快，需要待遇计发模式具有较为灵活的可携带性，降低劳动者职业变换的机会成本，促进劳动力市场的繁荣。四是国际因素主要表现为世界职业年金DC模式选择的发展趋势，新建职业年金大多采用DC模式，传统DB模式也在积极向DC模式转变，为职业年金建设提供了参考样本。职业年金已经建成的模式，决定了该模式的合理性，在从众心理暗示下，中国职业年金制度建设优先选择了DC模式。

中国职业年金待遇计发DC模式也存在着较大的现实问题，需要经过实践不断进行修正。DC模式超越了中国职业年金制度的现实需求，表现出理想化的特征。DC模式是职业年金发展的方向，世界职业年金待遇计发方式都向DC模式转变，中国政府职能改革也需要减轻政府责任。但是，DC模式无法顾及制度出台前退休老人的养老待遇问题。中国养老保险改革坚持“老人老办法、新人新办法、中人逐步过渡”的基本原则，机关事业单位职业年金通过延续“老人”的传统退休方式能够保证其较高的养老金替代率，但企业年金无法保证“老人”拥有年金的替代收入，企业“老人”问题比较突出。而这种问题恰恰通过DB模式能够解决，向养老金替代率较低的企业“老人”发放年金待遇，能够解决公共部门和私人部门制度实践造成的不公平。

中国职业年金现阶段需要引入DB模式解决历史遗留问题，最终实现中国职业年金待遇计发DC模式的整体性构建。职业年金待遇计发的模式存在DC模式和DB模式之争，表面上看就是职业年金资金筹集和待遇发放的资金流问题，但其实质是职业年金制度安排的关键内容，直接决定着职业年金制度的发展之路、养老保险制度的改革方向，能够深刻影响中国社会保障制度发展道路。通过构造DC模式SWOT矩阵进行分析（见表7－5），劣势在制度选择中的作用不明显，挑战中的DB模式实践及可替代性也影响不大，都属于政府制定政策、组织执行政策的主观性影响范畴内。职业年金制度建设需要解决企业“老人”的养老待遇问题是客观的，必须引起重视，采取弥补措施。一种办法是建立混合型职业年金制度，引入DB模式，通过DB模式进行过渡以提高企业退休“老人”的养老金待遇水平。中国基本养老保险制度改革就是坚持待遇计发混合型模式，既有社会统筹部分的DB元素，也有个人账户部分的DC元素，兼容DC模式和DB模式的优点，将制度建设的理想和现实进行融合，提高企业年金的运行质量和保障水平，能够为职业年金制度建设提供借鉴。另一种办法是通过养老救助的形式直接向企业退休“老人”发放养老救助金，同时也为农民、非正规就业群体等提供救助，保证退休劳动者的待遇水平和待遇公平。综上所述，中国职业年金待遇计发模式存在现实问题，但 DC 模式的发展方向是非常明确的。DC 模式有助于建构养老保障体系，通过建立混合型的养老保险待遇计发模式，社会基本养老保险采用现收现付的 DB 型模式，职业年金采用个人账户的 DC 模式，充分明确了养老保险构成项目的功能定位，构建具有中国特色的养老保障体系，提高广大人民的养老待遇水平。

表 7－5　DC 模式 SWOT 矩阵构造及政策选择

DC 模式的政策选择	DC 模式的机会—O 1. 较多国家实践的羊群效应 2. 应对人口老龄化的呼声 3. 政府职能改革的要求	DC 模式的挑战—T 1. DB 模式的替代性 2. 养老保险改革的现实需求 3. DB 模式的路径依赖
DC 模式的优势—S 1. 透明度较高 2. 有利于职业年金发展 3. 可携带性强 4. 组织缴费责任轻 5. 管理简单 6. 有利于资本市场发展 7. 没有财政风险 8. 缴费率低、稳定 9. 实践可多样化	SO 组合 发挥优势，利用机会	ST 组合 利用优势，应对挑战
DC 模式的劣势—W 1. 职工承担投资风险 2. 养老金待遇不确定 3. 抵御养老风险的作用较弱	WO 组合 利用机会，克服劣势	WT 组合 规避劣势，回避威胁

五、职业年金基金管理运营

中国企业年金、机关事业单位职业年金等都将年金缴费集中来进行个人账户管理，形成的年金基金通过信托方式进行管理，以实现职业年金基金的安全和保值增值。管理模式要适应职业年金的发展要求，基金投资要坚持多元化，确保职业年金基金的安全和保值增值。

（一）职业年金基金管理模式

中国职业年金基金管理表现为企业年金和机关事业单位职业年金双轨运行的混合型模式，需要以机关事业单位职业年金基金管理模式进行规范，实现基金管理的一体化。

1. 职业年金基金管理类型分析

职业年金基金管理模式多种多样，从管理主体和管理方式的角度划分，职业年金基金管理可以分为集中管理模式、分散管理模式和适度集中管理模式。

集中管理模式主要表现为政府在职业年金基金管理运行中具有集中的权力，政府直接负责职业年金的收缴、账户管理、投资等具体事务，委托人无权过问基金投资事宜，以新加坡中央公积金制度为代表。集中管理模式虽然管理成本较低、规模效益较好，但权力过于集中，没有竞争机制导致基金投资收益率较低。

分散管理模式主要表现为受托人、投资管理人、账户管理人和托管人职业年金管理运行主体的权力较为分散，委托人可以自由选择基金管理机构，委托其管理自己的账户、进行投资以实现保值增值，以智利为代表。中国企业年金属于私人管理模式，2015 年 5 月发布的《企业年金基金管理办法》提出“建立企业年金计划的企业及其职工作为委托人，与企业年金理事会或者法人受托机构签订受托管理合同”，人力资源和社会保障部负责政策制定和监管。分散管理模式因竞争增加了管理机构的营运成本，但能够获得较高的投资回报。

适度集中管理模式吸取集中管理模式和分散管理模式的优点，由政府机构负责职业年金的收缴、支付等经办和监管事务，集中代理行使委托人责任，兼具账户管理人职责，“与受托人签订职业年金计划受托管理合同，受托人与托管人、投资管理人分别签订职业年金计划委托管理合同”。中国机关事业单位职业年金属于适度集中管理模式，2016 年 9 月发布的《职业年金基金管理暂行办法》提出“委托人是指参加职业年金计划的机关事业单位及其工作人员。代理人是指代理委托人集中行使委托职责并负责职业年金基金账户管理业务的中央国家机关养老保险管理中心及省级社会保险经办机构。”这种适度集中管理模式降低了管理成本，提高了基金投资的回报率。

表 7－6 企业年金和机关事业单位职业年金基金管理比较

管理关系＼年金类别	企业年金	机关事业单位职业年金
委托人	企业及其职工	机关事业单位及其工作人员
代理人		代理委托人集中行使委托职责的中央国家机关养老保险管理中心及省级社会保险经办机构
受托人	法人受托机构或企业年金理事会	受托管理职业年金基金财产的法人受托机构
托管人	受托人委托保管企业年金基金财产的商业银行	受托人委托保管职业年金基金财产的商业银行
投资管理人	受托人委托投资管理企业年金基金财产的专业机构 法人受托机构兼任投资管理人	受托人委托投资管理职业年金基金财产的专业机构 法人受托机构兼任投资管理人
账户管理人	受托人委托管理企业年金基金账户的专业机构	中央国家机关养老保险管理中心及省级社会保险经办机构

综上所述，中国企业年金和机关事业单位职业年金在基金管理上存在较大的差异，职业年金基金管理模式整体上属于双轨运行的混合型。机关事业单位职业年金的委托代理、账户管理由中央国家机关养老保险管理中心及省级社会保险经办机构负责，充分说明政府介入程度比较深，而企业年金近乎交给市场。

2. 中国职业年金基金管理双轨运行问题

中国职业年金基金管理根据不同群体的劳动者采用了不同模式，统一性欠缺，存在着明显的双轨运行问题。一是职业年金基金管理模式的双轨运行，管理效果不对等。企业年金采用分散管理、私人管理模式，充分体现了职业年金基金管理的自由原则，企业及其职工能够充分发挥能动性，基金投资回报率较高。智利养老保险个人账户基金采用分散管理模式，1981—2006 年的年均投资回报率高达 10%，取得了较高的投资收益。机关事业单位职业年金采用集中管理、公共管理模式，充分体现了职业年金基金管理的政府责任，政府机构通过集中基金管理权限，避免不同基金管理机构之间的激烈竞争，有效降低管理运营成本。新加坡养老保险个人账户采用集中管理，通过基金规模投资驱动国民经济发展，通过政府机构受托管理避免竞争以降低管理成本，1999 年起管理营运成本为年度缴费额的 0.5%。二是职业年金基金管理模式的双轨运行，降低了职业年金的可携带性，存在转移接续实践壁垒。企业年金和机关事业单位职业年金都强调了转移接续问题，并做出了明确的制度安排，但因公共部门同私人部门、私人部门之间存在利益之争，在转移接续的实践操作上存在情况复杂、手续烦琐等问题。总之，中国职业年金基金管理的多样性，为制度的发展提供了足够的空间，但因制度不公平最终造成劳动者的职业年金保障待遇不对等。

3. 中国职业年金基金适度集中模式建构

中国职业年金基金需要统一管理模式，建立适度集中的管理体制。机关事业单位职业年金基金属于适度集中管理模式，可以直接推广至企业年金，从制度上消除职业年金基金管理的差异。企业年金基金进行集中管理，才能同中国相对集中的政治、经济管理体制相适应，否则，企业年金基金的私人分散管理将背离国家的基本制度属性，管理效果较差。中国职业年金基金的集中管理，通过发挥中央养老保险管理中心及省级社会保险经办机构的职能，履行政府的宏观监管职能。在集中管理模式的前提下，从基金投资运营的微观层面建立职业年金基金投资运营多元化机制。中国职业年金适度集中管理模式仍然有改进空间，其强调“基金采取集中委托投资运营的方式管理”消解了委托人的投资选择权，虽然能够消除委托人专业化投资的缺失，但年金基金容易被“侵占、挪用”。中国职业年金适度集中管理模式建构就是充分发挥省级政府职业年金管理机构进行费用征缴、资金监管、待遇计发等事项，履行委托代理人、账户管理人的职责，基金委托给专业基金管理公司，由受托人选择托管人和投资管理人进行投资运营。委托人保留选择基金管理公司的权力进行分散投资运营，可以自由选择符合自己理财要求的投资管理人进行投资，引入竞争机制，保证受益人获取最大化的投资收益。这种适度集中模式既能够减少管理运营成本，又能够发挥分散投资优势以获取较高的投资收益，符合中国养老保险体制改革的需求，能够实现职业年金制度的一体化。

（二）职业年金基金投资运营

职业年金基金管理运营包括受托、投资管理、账户管理和托管等环节，其中关键环节是基金投资。职业年金基金投资的根本目的是保证基金安全和保值增值。职业年金基金分散的多元化投资运营有利于投资管理环节的灵活自由，能够最大限度地保证基金安全和投资收益提高。

中国职业年金基金投资运营存在一些问题，具体表现在以下几个方面。一是职业年金基金存在形式多样化，个人账户有“空”有“实”，基金投资收益差距较大。企业年金基金实行个人账户管理，实行完全积累，全部为实账。《机关事业单位职业年金办法》第六条明确规定“对财政全额供款的单位，单位缴费根据单位提供的信息采取记账方式，每年按照国家统一公布的记账利率计算利息，工作人员退休前，本人职业年金账户的累计储存额由同级财政拨付资金记实；对非财政全额供款的单位，单位缴费实行实账积累。”“空账”运行劣势明显，记账利率远远低于国债、股票等市场化投资收益，无法实现增值。二是职业年金基金投资管理人培育不足，拥有资格的投资运营机构相对匮乏。中国职业年金基金投资管理采用信托模式，实现基金投资的专业化。《企业年金基金管理办法》和《职业年金基金管理暂行办法》都明确提出“委托具有资格的投资运营机构作为投资管理人”，负责职业年金基金的投资运营。企业年金投资管理人需要经监管部门审批，在中国境内注册，具有受托投资管理、基金管理或资产管理资格的独立法人。2014 年 8 月人力资源社会保障部发布《人力资源社会保障部关于企业年金基金管理机构资格延续的通告》（人社部函〔2014〕135 号）延续 14 家企业年金基金投资管理人资格。中国职业年金基金投资管理者需求较大。《2015 年度人力资源和社会保障事业发展统计公报》指出，2015 年末全国有 7.55 万户企业建立了企业年金，形成了 7 万多个企业年金基金。职业年金基金根据《职业年金基金管理暂行办法》由中央国家机关养老保险管理中心及省级社会保险经办机构进行代理，集中委托和账户管理，形成了 30 多个职业年金基金。投资管理者供需比为 1∶5000，供需严重不对称，竞争不足，严重影响投资收益。三是职业年金基金投资实践的策略单一。《职业年金基金管理暂行办法》和《企业年金基金管理办法》都从制度层面规定了基金投资工具及其策略，但在实践中职业年金基金主要通过银行定期或短期存款、购买国债等方式以实现其保值增值，这些投资方式收益稳定，但收益率较低，难以满足职业年金基金的增值需求。

中国职业年金基金投资需要遵循谨慎、分散风险的原则，考虑职业年金基金的安全性、收益性和流动性，根本目的在于保证劳动者职业年金的保值增值。通过扩大年金基金规模、构建投资管理人竞争、放宽投资渠道能够实现职业年金运营的根本目标。一是坐实职业年金账户，逐步消除“记名账户”和“名义账户”的“空账”运行状态，扩大职业年金基金规模，保障劳动者个人账户资金的增值效率。二是培育基金投资管理机构，在市场准入和监管政策等方面以投资实践需求为依据进行调整，促进投资管理机构内部结构治理改革以适应市场化的需求。在投资管理机构内部治理上，明确信托责任，专业化、市场化运作。在市场准入上，降低门槛，促进基金投资更加分散化和国际化。在监管政策上，在强调基金投资细分和限量的基础上允许投资管理机构根据基金属性进行灵活选择，释放投资活力。三是拓展基金投资渠道，投资工具多样化，投资配额灵活化。美国、英国、加拿大、日本等国家企业年金投资配置都采用了国内外相结合、股票与债券相结合等组合方式（见表7－7），投资工具主要包括政府债券、存款、金融债券、股票、不动产等，投资工具呈现明显的多元化趋势。

表7－7　部分国家职业年金基金投资分布情况　　单位：%

基金投资类型 / 国别	短期资产	贷款	国内股票	国内债券	不动产	国外资产
美国	4	1	53	21	0	21
英国	4	0	52	14	3	18
加拿大	5	3	27	38	3	15
日本	5	14	23	34	0	18
荷兰	2	10	20	21	7	42
瑞典	0	0	20	64	8	8
意大利	0	1	16	35	48	0
法国	0	18	10	65	2	5
德国	0	33	10	43	7	7

数据来源：相关网络，经加工整理而成。

智利在养老基金投资工具选择和投资配额上呈现出多元化的特征，1995年前后形成鲜明对比（见表7－8），值得中国职业年金基金投资进行借鉴。投资工具比较宽泛，包括债券、股票、房地产等。投资配额弹性空间增大，在防范投资风险的基础上提高基金投资的灵活性。因此，中国职业年金投资工具要多样化，投资策略更加灵活多样，采用多元化的基金投资组合，提高职业年金基金的投资回报率。

表 7-8　智利养老基金投资工具限额变化

投资工具	1995 年以后		1995 年以前	
	上限（%）	下限（%）	上限（%）	下限（%）
政府债券	90	35	45	0
金融债券	50	30	100	30
公司债券	50	30	100	30
定期存款	50	30	100	40
短期存款	50	30	100	30
股票	40	30	40	20
抵押贷款	20	10	20	10
外国证券	12	6	10	0

数据来源：相关网络，经加工整理而成。

六、职业年金制度运行过程

职业年金制度建构是一个系统工程，不仅要从年金覆盖面、规范强度、责任分担、待遇给付、基金管理运营等重要方面进行详细规定，还需要健全年金的领取方式、可携带性等基本内容。这些基本内容主要包括职业年金的发放、转移和终止等环节。

1. 职业年金的待遇发放

职业年金的发放需要满足基本条件，中国职业年金制度规定劳动者“达到国家规定的退休年龄时”才可以领取职业年金，未达到国家规定的退休年龄的一律不得从个人账户中提前提取资金。在领取方式上，《企业年金规定（征求意见稿）》提出“按月或分次领取”，《机关事业单位职业年金办法》提出“按月领取”，差别在于企业年金的领取方式更为灵活，但这一点恰恰违背了职业年金作为养老保险重要支柱的本质属性。退休老人的生存是一个日积月累的平缓过程，需要职业年金提供持续的物质支持，一次性或分次领取都可能造成老年人生活质量的跌宕起伏。因此，中国职业年金制度需要统一规范企业年金、机关事业单位职业年金等待遇发放的方式，必须按月领取，保证退休老人生活的可持续性。养老金替代率过低可能造成老年人生活质量下降，政府可以提供养老救助等方式加以弥补，但决不能采取寅吃卯粮的短视方案加以解决。

2. 职业年金的账户转移

职业年金转移是职工国内“跳槽”时其职业年金个人账户资金可以在私人组织与公共组织及其二者内部等不同组织之间转移接续。《企业年金规定（征求意见稿)》和《机关事业单位职业年金办法》都明确提出劳动者“变动工作单位时”，其职业年金“个人账户资金可以随同转移”，在新就业单位没有建立职业年金或者职工升学、参军、失业期间等特殊情况下，职业年金个人账户由原管理机构或法人受托机构发起的集合计划进行管理。职业年金本质上属于组织福利，同组织联系紧密，天然具有不可携带性，需要职业年金制度做出强制性转移或保留的规定，以保障劳动者的合法权益。在职业年金账户转移实践中，存在转移的程序烦琐、放弃保障的现象。职业年金账户进行联网建设，在一定程度上同社会基本养老保险缴费账户进行捆绑，年金转移时不需要办理手续，职工新单位基本养老保险交费时自动转移，否则，原单位留存管理或托管。

3. 职业年金的终止

职业年金的终止主要分为缴费阶段和领取阶段的终止。职业年金的终止主要原因在于劳动者出境或死亡、个人账户资金发放完毕、惩罚性收回。一是职工出境定居或工作可以一次性领取个人账户资金，终止职业年金的缴费或领取。《企业年金规定（征求意见稿)》和《机关事业单位职业年金办法》都提到职工出境定居情况下可以终止，但职工出境工作情况下没有涉及。职业年金属于组织福利，职工国际性跳槽的组织不属于中国管辖，因此，职业年金缴费必须终止，但个人账户可以由原单位留存管理或托管。二是职工在职或退休期间死亡后其个人账户资金余额根据《中华人民共和国继承法》可以继承，继承人一次性领取个人账户余额，职业年金终止。三是职工退休后职业年金个人账户资金按照退休时对应的计发月数计发，直至个人账户资金领取完毕为止。职业年金领取终止，但劳动者仍然活着，仍然需要养老的物质保障，政府针对这种情况应建立相应的养老救助机制，以满足退休老人长寿的养老需求。四是职业年金的惩罚性收回，也是职业年金终止的一种形式。深圳市行政机关聘任制公务员职业年金规定因“开除处分”“刑事处罚”等由财政部门全额收回职业年金，混淆了职业年金和廉洁年金的本质区别，不可取。

第八章 中国职业年金制度体系建构的保障措施

中国职业年金制度体系建构需要一定的价值基础、工具基础和法制基础。价值基础就是职业年金的定位问题，强调制度的公平性问题。中国职业年金发展历程中存在定位不清晰问题，需要通过加强养老保障体系的结构治理以明确价值地位。工具基础就是职业年金制度建构的技术和方式，强调制度的效率性问题。中国职业年金发展需要围绕资金流、管理流进行改革。通过实施职业年金税收优惠政策让渡国家财政税收，以激励劳动者及其组织参保积极性，软化政策强制性带来的逆反情绪。通过繁荣职业年金投资的资本市场为职业年金创造良好的外部环境，确保年金基金的保值增值。通过推进职业年金信息化建设，促进职业年金管理手段现代化，规避职业年金制度体系建构中的管理障碍，提高管理效率。法制基础影响职业年金的效力，强调公平和效率有机统一的保障性问题。法制基础不但要提升制度本身的制定、执行和监督等效力层次，而且还要促进职业年金制度的配套措施系统化，通过内外改革促进职业年金制度体系建构。

第一节 完善养老保障体系的顶层设计

中国养老保障从古至今经历了不同的发展阶段，每一个阶段都形成了独具特色的内容体系。新中国成立以前，中国封建社会形态下的养老保障总体表现为不稳定的救助模式，包括官办慈善、民办慈善等养老救助，主要以家庭养老为主。新中国成立至改革开放，中国养老保障借鉴苏联的国家保险模式，形成了养老福利特征明显的退休养老制度，主要以国家养老为主。改革开放至今，中国积极改革养老保障制度，形成了包括养老福利、养老救助和养老保险等在内的养老保障多元化体系。进入 21 世纪以来，中国养老保障体系进入深化改革阶段，养老保险体系结构治理是关键环节，既是养老保障事业不断完善的内容，也是职业年金制度体系建构的必要保障。

一、养老保障体系结构治理的内容

中国现阶段养老保障体系已经实现了多元化的发展格局，养老保险越来越受到重视。中国养老保障体系的宏观框架基本完成，但养老保障各个项目的功能定位需要进行明确，奠定养老保障科学发展的基础，实现职业年金发展的科学定位。

（一）养老保障体系的基本框架

中国养老保障体系既是历史的沉淀，又是世界养老保障经验的借鉴。中西方国家养老保障都起源于私有制出现后的人类恻隐之心和宗教信仰，通过家族、宗教组织、政府等开展社会救助。中国古代、近现代养老保障主要突出养老救助，新中国成立后实施了国家保险型的养老保障，带有明显的养老福利性质。西方国家传统养老保障也以养老救助为主，如 1601 年英国颁布的《济贫法》，工业革命进程中德国于 1881 年开始探索社会保险制度。改革开放以来，中国积极融合国内外养老保障的有益成果，构建体现不同养老需求的保障体系（如图 8－1 所示）。养老福利、养老保险和养老救助分别属于高层次、中间层次和低层次的养老保障模式，相互补充，共同承担养老保障责任。

中国养老保障体系的基本框架较为完整，符合世界银行界定的养老保障“五支柱”的基本要求，但目前中国养老保障体系呈现出“中间过大，两头相对弱小”的不均衡状态，必然加重养老保险责任。中国养老保障体系呈现出的这种状态，既是养老保障事业发展中存在的问题，也表明了养老保障改革的主流趋势。一是养老保险功能凸显，但养老保障模块的功能不协调，致使各种养老保障形式无法相互补充。中国改革开放以来，不断

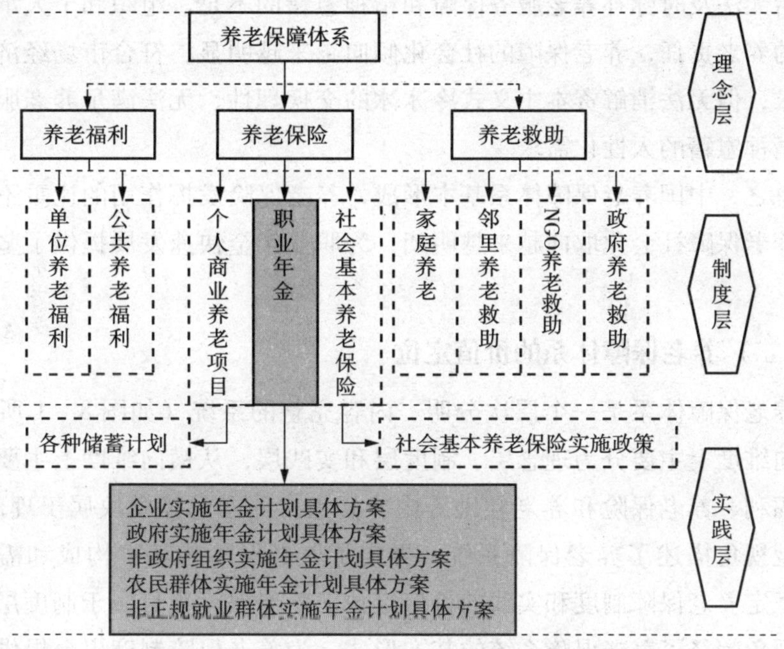

图 8－1　中国养老保障体系框架

推进社会主义市场经济体制的构建，强调社会化解决养老问题的养老保险模式发展较快，近乎一家独大，主要承担养老的物质保障，无法满足老人服务保障和精神慰藉的养老需求。面向全体公民普遍提供养老所需要物质、服务等的养老福利模式发挥作用越来越不明显、不均衡，针对困难群体提供的物质、服务和精神的保障的养老救助因救助机会寻租、传统家庭及邻里关系解体致使功能逐渐弱化。从养老保障物质、服务和精神保障需求的层次角度分析，养老保障模块过于注重养老保险的物质保障，而忽视了养老福利和养老救助能够提供的服务保障和精神慰藉，但养老保险的作用越来越重要。二是养老保障责任主体社会化倾向明显，政府、家庭等传统养老责任主体的功能弱化，组织和个人承担着较大的责任。政府应该是养老保障的最大责任主体，但养老保险社会化改革为政府从养老保障中撤退提供了路径，坚持同市场经济相适应推进“小政府、大社会”政府职能改革不但大比例减轻了政府养老保险责任，而且弱化了政府的养老福利和养老救助责任。家庭代际养老、邻里互助养老受到市场经济的等价交换原则的冲击，民间以血缘和情感为纽带的养老责任逐渐弱化。社会组织因发展滞后无法及时弥补养老服务保障和精神慰藉的不足。组织和个人承担着较大的养老责任，养老保障的社会化倾向越来越明显，符合市场经济发展的需求，但无法消解资本主义式冷冰冰的交换理性、无法满足养老服务保障和精神慰藉的人性化需求。

总之，中国养老保障体系基本形成，养老保险发挥作用的比重不断增大，养老保障社会化取向越来越明朗，为职业年金快速发展提供了坚实的基础。

（二）养老保障体系的价值定位

养老保障体系是一个层次分明、内容完整的系统（如图 8－1 所示），从纵向维度上主要分为理念层、制度层和实践层，从横向维度上主要分为养老福利、养老保险和养老救助等内容要素。养老保障模块属于理念层，从宏观视角描述了养老保障系统，界定了养老保障的基本构成和需求层次，框定养老保障制度和实践的价值定位。养老保障项目属于制度层，从中观视角阐释了养老保障系统的基本形式，为养老保障制度出台提供了分类依据。养老保障计划属于实践层，从微观视角剖析养老保障系统的组成单元、具体方案。

养老保障模块界定了养老保障的价值理念，养老保障项目的各组成部分体现出了养老保障的具体功能定位，养老保障计划是养老保障项目价值的具体实现，因此，养老保障项目具有承上启下的作用，将养老保障模块、项目和计划有机结合为一个整体，共同实现养老保障价值。养老保障体系的价值定位主要表现为两个方面：一是养老福利、养老保险和养老救助三大模块的价值选择；二是养老保障各具体项目的保障功能界定。养老保障计划是养老保障项目实现价值选择的具体实践，各保障计划的价值选择具有一致性。因此，养老保障的价值定位主要体现在保障项目层面，各项目之间的价值差异较为明显。社会基本养老保险是国家强制实施的旨在为保障广大离退休人员基本生活需求的一种养老保险制度，价值定位为保基本。职业年金和个人商业养老项目属于补充养老保险，在基本养老保险的基础上旨在提高养老待遇水平。目前，中国养老保险项目价值定位较为混乱，主要体现在以下两个方面。一是社会基本养老保险和职业年金之间的价值选择不清。中国基本养老保险首创社会统筹和个人账户相结合的模式，将多层次养老保险进行集合打包，适应了改革开放初期的发展需求。随着养老保障改革的深入，养老保险多层次需求凸显，养老保险项目细分成为一种趋势。基本养老保险应完全采用现收现付模式以充分体现劳动者之间的平等，将体现效率原则、基金积累模式的个人账户融入职业年金项目内。二是社会基本养老保险项目之间存在价值定位混淆的问题。城乡居民基本养老保险待遇分为基础养老金和个人账户养老金，基础养老金完全由财政支付，实质上属于财政针对农民转移支付性质的养老福利，同城镇职工基本养老保险的社会统筹有着本质区别，不应属于养老保险范畴。因此，中国养老保障体系需要梳理各项目的价值定位，建立全体人民享有的养老福利，建立劳动者所在组织缴费的基本养老保险，建立劳动者及所在组织共同缴费的职业年金，鼓励全体人民积极建立个人商业养老计划，保留传统的家庭、邻里等养老互助，从而构建无缝隙、功能齐全的养老保障体系。

二、养老保障体系定位职业年金

养老保障体系结构治理明确养老保障项目的功能定位，界定了职业年金的本质内涵，确定了职业年金的保障范围，为职业年金的发展释放了空间，有利于职业年金制度体系建构。

养老保障体系结构治理通过界定职业年金的本质内涵、明确职业年金的保障范围以体现职业年金的功能定位。职业年金功能定位通过养老保障体系理念层和制度层的两级细分实现。一是职业年金是一种养老保险，强调权责对等。养老福利、养老保险和养老救助在宏观模块上的区分奠定了职业年金的基本范畴。养老保险是基于风险管理的财务安排活动，通过契约建立缴费、收益和待遇机制均摊在职收入以应对退休后的老年生活需求。养老保险同无须缴费、不稳定的养老福利和养老救助相比较，强调“安全阀”和权利与义务对等。二是职业年金是养老保险的重要支柱，随着养老保障其他支柱的功能弱化其地位越来越重要。社会基本养老保险、职业年金和个人商业养老项目共同构建了养老保险“三支柱”，随着养老保障的社会化、私人化趋向，职业年金强调组织和个人共同责任的保障机制能够符合市场经济发展需要、解决政府职能烦琐、财政制度压力较大等问题，职业年金从补充地位、“第二支柱”将转变为独立的重要支柱。三是职业年金突出激励功能，在基本养老保险基础上体现“多缴多得”的原则，能够提高劳动者积极性，提升社会经济发展效率。

养老保障体系结构治理为职业年金的发展腾挪出自由空间，释放发展活力。养老福利、养老救助的功能定位准确，破除劳动者和非劳动者之间保障内容混合的潜在不公，形成良性的互补格局，各司其职，能够减轻养老保险的支付压力。基本养老保险、个人商业养老项目的功能定位清晰，解除劳动者的后顾之忧并激发劳动者的劳动积极性，将劳动者内部的公平和效率进行有机结合。社会基本养老保险个人账户体现了“多缴多得”的效率原则，同职业年金个人账户建设存在相似性，通过切割后融入职业年金个人账户能够打破企业年金等制度规范强度不足的问题，摆脱职业年金制度规范强度面临的困境，解决职业年金制度建设的机会不均等问题，能够加快职业年金一体化发展步伐。

第二节　提高职业年金税收优惠幅度

政府在养老保障体系中需要承担不可推卸的责任，针对养老福利、养老救助需要承担物质支付、组织建设、服务供给等责任，针对基本养老保险政府需要承担财政兜底、税收优惠支持、组织保证等责任，针对职业年金政府需要承担税收优惠支持、组织保证等责任。职业年金强调劳动者及其所在组织的缴费责任，政府不需要承担财政转移支付或财政兜底的责任，但政府需要提供税收优惠政策加以支持，财政收入减免实质为变相的财政支出，鼓励劳动者及其组织积极建立职业年金计划。中国职业年金制度也需要积极借鉴国内外养老保险税收优惠的经验，推动职业年金制度体系建构的迅速发展。

一、职业年金税收模式比较分析

职业年金税收涉及缴费、投资和给付三个阶段。在职业年金缴费阶段，劳动者及其组织是税前列支费用还是税后缴费，直接关系到缴费资金是否征收了税收。在职业年金投资阶段，投资获得收益后是否征收所得税。在职业年金给付阶段，退休老人领取养老金时是否征收个人所得税。根据这三个阶段征税情况，用“T”（Tax 的首字母）表示征税、“E”（Exempt 的首字母）表示免税，共形成八种组合模式，分别为 TTT、TTE、TET、ETT、TEE、EET、ETE、EEE（见表 8 - 1）。职业年金税收政策在政府财政收入同职业年金基金总额之间存在零和博弈，二者存在反比例关系。职业年金享受税收优惠政策实质是政府财政支出的让渡，旨在鼓励劳动者及其组织积极实施职业年金计划和提高年金增长率，最大限度地提高劳动者退休后的养老待遇水平。

表 8 - 1　职业年金税收模式的比较

模式 / 阶段	TTT	TTE	TET	ETT	TEE	ETE	EET	EEE
缴费阶段	T	T	T	E	T	E	E	E
投资阶段	T	T	E	T	E	T	E	E
给付阶段	T	E	T	T	E	E	T	E

职业年金税收政策主要通过政府税收和年金增长综合的关系进行分析，对职业年金基金贡献 C 的大小如下所示：

$C(TTT) < C(TET) < C(ETT) < C(TTE) < C(EET) < C(TEE) < C(ETE) < C(EEE)$

职业年金税收政策对年金基金的贡献主要分为三种情况，贡献大的实施了税收优惠政策，贡献小的还存在重复收税的可能，贡献居中的实施了常规税收政策。因此，从职业年金增长效果的角度分析，职业年金税收政策主要分为两种：税收优惠政策和非税收优惠政策。税收优惠政策主要包括 EET、TEE、ETE、EEE 四种模式，实施了税收减免政策，政府税收收入较低。非税收优惠政策主要包括 TTT、TET、ETT、TTE 四种模式，保证了政府能够实现较高的税收，但都不存在税收优惠的情况。

职业年金 EET 税收模式属于延迟纳税，从延迟缴纳的税款能够获得投资收益的角度分析该模式属于税收优惠政策范畴，对职业年金基金增长的贡献率相对较低，在政府税收和职业年金增长之间基本保持中立，因此各国政府在包括职业年金在内的各种养老保险上多采用 EET 模式的税收政策。

职业年金 TTT、TET、ETT、TTE 税收模式属于非优惠税收政策，在缴费、投资和给付两个以上的阶段进行收税，无法发挥税收工具有效驱动职业年金实践。TTT模式在职业年金运行的所有阶段都征税，并且存在着重复收税，政府税收总额较大，没有税收激励，职业年金增长效果最差。TET、ETT、TTE模式分别在两个阶段征税，存在重复收税，税收总额相对仍然较大，无法有效调动劳动者及其组织实施职业年金计划的积极性。

职业年金TEE、ETE、EEE税收模式属于优惠税收政策，分别在缴费、投资和给付两个以上的阶段免税，政府的税收减免必然带来职业年金基金累积数额的增加，劳动者收益自然增大。在税率不变的前提下基金基数影响征税数额，基金基数最少的是基金投资收益部分，所以ETE税收模式的职业年金增长效果相对较好，TEE效果稍次之。EEE模式在所有阶段减免税收能够最大限度地提高职业年金个人账户基金总额，强调对基金投资增值收税能够在税收公平原则下最大限度地保障劳动者的养老金收入。

二、职业年金税收优惠政策的选择

职业年金税收优惠政策能够促进劳动者及其组织积极建立职业年金计划，通过政府财政收入让渡以提高职业年金待遇水平。大多数国家采用EET税收模式，在OECD国家中美国、日本、德国、法国等西方发达国家大多选择了EET模式。通常规定企业和职工在税前收入中直接缴纳养老保险费，减免养老金投资收益的所得税，只在养老金领取阶段征收个人所得税。职业年金EET税收模式在缴费、投资中免税，在给付阶段征税，具有较多的比较优势。一是避免重复征税。相比较TTT、TET、ETT税收模式而言，EET模式只在年金给付阶段收税，避免了在缴费、收益与给付三个阶段的反复收税。二是减少劳动者及其组织的缴税绝对数。养老金替代率一般都低于1，在个人所得税实行累进税制的前提下用于缴纳职业年金费用的部分工资通过延迟至退休后缴纳个人所得税，其缴纳绝对数量大大降低。三是增加年金投资基数，增大职业年金累积数额。延迟缴纳的税款作为基金的一部分进行投资，能够获得投资收益。四是减少现期缴费的心理效应。EET模式同TEE、ETE模式相比较而言，在职业年金增长贡献上并没有优势，但TEE、ETE模式在缴费和收益阶段征税直接侵占了劳动者的眼前收益。五是规避政策演变的不确定。职业年金的税收优惠政策也会随着社会的发展不断演变，从TEE、ETE模式向EET模式演变无疑会增加职业年金的缴税额。六是保证税收的相对公平性。虽然减少了政府现期的税收，但政府能够延迟收取较高水平的税收。因此，EET 模式既保障政府的基本税收，又给劳动者及其组织带来较多的税收优惠，在职业年金免税贡献和政府税收之间找到了结合点（如图 8－2 所示）。EET 模式能够调动各方的积极性，鼓励劳动者及其组织积极建立职业年金计划。

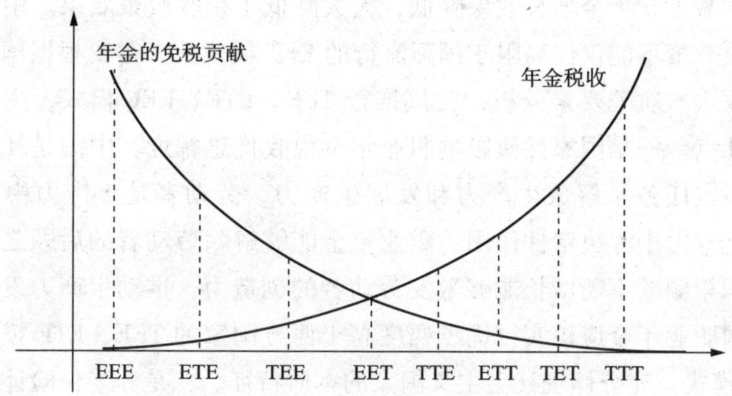

图 8－2　职业年金免税贡献和政府年金税收的关系

中国企业年金税收政策主要为 2013 年 12 月 6 日财政部、人力资源社会保障部、国家税务总局颁布的《关于企业年金、职业年金个人所得税有关问题的通知》（财税〔2013〕103 号），属于不完全的 EET 模式。在缴费阶段，企业为职工缴纳的职业年金费“在计入个人账户时”“个人暂不缴纳个人所得税”；职工个人的“在不超过本人缴费工资计税基数的 4% 标准内”的缴费部分，“暂从个人当期的应纳税所得额中扣除”，超过部分需要缴纳个人所得税。在投资收益阶段，“年金基金投资运营收益分配计入个人账户时，个人暂不缴纳个人所得税”。在给付阶段，按照政策要求“计征个人所得税”。因缴费阶段的不完全免税政策，中国企业年金税收政策属于不完全的 EET 模式。因此，中国职业年金税收政策存在以下几个方面的问题。一是政策滞后，需要进行修订。《关于企业年金、职业年金个人所得税有关问题的通知》中所规范的事业单位职业年金已经被机关事业单位职业年金所取代。二是优惠幅度不大，激励作用不明显。同 TEE、ETE、EEE 模式相比较，职业年金 EET 税收模式对年金增长贡献相对较弱，而中国职业年金实行不完全 EET 税收模式更是弱化了年金税收政策的驱动作用。

中国职业年金制度体系建构需要实施有效的年金税收优惠政策，激励职业年金制度积极实践。职业年金税收实行 EET 模式既能保证政府在年金上的税收，又能通过减少年金缴税额以增加年金积累额，实现双赢。中国职业年金实行不完全的 EET 模式，年金税收优惠需要前提条件，政府税收让渡力度减小，年金增长效果降低，大大降低了税收政策效果。中国职业年金税收政策不能仅仅局限于国际流行的 EET 模式上，需要根据国情、职业年金收入本质等要素分析，尝试推行 TEE、ETE、EEE 模式，主要理由有以下几点。一是国家性质影响职业年金税收优惠幅度。中国是社会主义国家，根本任务是解放生产力和发展生产力，劳动者是生产力中首要因素，在生产力中起决定性作用。职业年金能够解除劳动者的后顾之忧，职业年金积累额的不断增长能够激发劳动者的创造力，推动生产力发展。因此，中国职业年金应该实行优惠幅度高于西方国家的 TEE、ETE 模式，甚至 EEE 模式，充分体现社会主义国家的本质特征。二是养老保险体系影响职业年金税收优惠政策。2010 年颁布的《中华人民共和国社会保险法》明确提出“国家通过税收优惠政策支持社会保险事业。”2011 年修订《中华人民共和国个人所得税法实施条例》规定“单位为个人缴付和个人缴付的基本养老保险费……从纳税义务人的应纳税所得额中扣除”。1999 年财政部、国家税务总局《关于住房公积金、医疗保险金、基本养老保险金、失业保险金个人账户存款利息所得免征个人所得税的通知》（财税字〔1999〕267 号）提出基本养老保险个人账户存款利息免税。根据中国税法规定，职工退休后领取基本养老金可以免税。社会基本养老保险实行完全免税的 EEE 模式，为职业年金提高税收优惠幅度提供了经验。总之，中国职业年金税收优惠政策需要在不完全 EET 模式的基础上提高优惠幅度。

第三节　繁荣职业年金投资的资本市场

大多数国家的社会保障基金，包括基本养老保险、职业年金、商业保险等基金，都将依据国家基金限额政策投放到资本市场中。社会保障基金同资本市场之间存在相互促进的关系，社会保障基金的增长能够不断繁荣资本市场，而繁荣的资本市场又能够为社会保障基金运行提供投资平台。

西方发达国家包括公共和商业在内的社会保险基金占资本市场份额的50%以上，养老保险基金已经成为资本市场的主导力量。职业年金作为养老保险基金的一部分，也是资本市场的重要力量。职业年金投入资本市场的根本目的是为了年金的保值增值，年金保值增值的实现有赖于成熟的资本市场。资本市场需要在规模、广度和手段的多样性方面适合职业年金投资需要，保证职业年金基金能够获得与风险水平相适应的高于通货膨胀率的投资回报或大体等于平均工资的增长率。

一、职业年金资本市场投资工具评析

职业年金以现金形式进行保存的国家很少见，虽然安全性相对较高，但通货膨胀必然造成资金贬值。职业年金以实物投资进入房地产、基础设施等领域，虽然能够消除资金贬值风险，但存在回收期长、资金量大、流动性差等缺点。大多数国家的养老保险基金都会进入资本市场，以获取与风险相一致的投资回报，确保基金的保值增值。资本市场的构成要素就是职业年金的投资工具，既指职业年金投资的场所，也指职业年金投资的行为。资本市场是全部一年以上各种资本借贷和交易活动的总称，主要包括证券市场、长期信贷市场和衍生工具市场等。

（一）证券市场

证券市场是各种有价证券，包括股票、债券等发行和交换的地方。依据证券性质不同，可以分为股票市场和债券市场，债券市场又可分为国库券市场、企业债券、金融债券等。证券市场是财产权利直接交换的场所，构成要素包括证券市场参与者、证券市场交易工具和证券交易场所等，机构投资者和个人投资者是证券市场参与者之一。职业年金个人账户基金可以按照不同的投资体制进行个人投资或机构投资，目前大部分职业年金基金多委托给专业机构进行机构投资。

1. 股票市场。股票市场是股票发行和交易的场所，根据功能不同可以分为发行市场和流通市场。股票发行市场称为“一级市场”，股票流通市场称为“二级市场”。职业年金等社会保障基金在股票市场的投资通过“二级市场”买卖、转让股票，以获得较高的投资回报。职业年金投资股票市场具有变现性强、收益率高等优点，成为多数国家进行养老保险类基金投资的选择。股票流通过程中，股票市场价格除同股份公司的经营状况和盈利水平有关之外，还受到经济、政治、社会等国内和国外诸多因素的影响，因此，职业年金基金投资股市存在较大风险。职业年金涉及民生和社会稳定，政府需要采取投资限额、多元组合、信息披露、风险预警、专业管控等手段加强对年金投资股市的监管。

2. 债券市场。债券市场是债券发行和买卖的场所，根据功能不同可以分为发行市场和流通市场，根据债券发行主体不同可以分为国库券市场、企业债券、金融债券等。债券发行市场称为“一级市场”，债券流通市场称为“二级市场”。职业年金基金不具备政府、金融机构以及工商企业等组织发行债券的要件，因此通过“二级市场”买卖、转让已发行债券，以获得较高的投资回报。职业年金基金投资政府债券安全性较高、债券利息较高，投资企业债券和金融债券因存在违约风险利率略高于政府债券，因此债券是职业年金投资的重要工具。职业年金投资债券市场存在利率风险、通货膨胀风险、政策风险、违约风险和流动性风险等。政府需要对职业年金的投资方式、投资渠道、投资原则和投资收益进行监管，规范投资行为，建立受托人激励约束机制，定期向委托人进行信息披露，确保职业年金在债券市场的稳定收益。

（二）长期信贷市场

长期信贷市场指金融机构向借款人提供长期贷款的资金交易，信贷主体主要包括银行、非银行金融机构和企业，非银行金融机构包括城市信用社、金融公司、财务公司、保险公司和信托公司等。职业年金作为养老保险的组成部分，能够进入信贷市场，但在中国金融分类管制的状况下，非银行机构不能直接进入信贷市场，因此职业年金可以通过银行等其他渠道间接进入信贷市场。

长期信贷市场分为长期抵押贷款和长期项目融资，都是职业年金基金投资的间接方式。抵押贷款是以一定的抵押物作为保证向银行取得的贷款，抵押物一般包括有价证券、国债券、各种股票、房地产以及货物的提单、栈单或其他各种证明物品所有权的单据。项目融资以交通、能源、农业等大型工程项目的未来收益为担保条件而进行的一种特殊的融资方式，融资渠道主要包括政府贷款、金融机构贷款等。职业年金基金作为非金融单位不能够直接开展抵押贷款和项目融资，但可以通过银行存款和委托投资等方式间接开展，以获得风险等同的收益。职业年金进入银行存款利率较低，甚至赶不上通货膨胀率，难以做到年金的保值增值，但存取较为便利、安全性较高。职业年金通过委托银行、信托公司等信贷主体进行投资，将职业年金转化为借贷资本，能够获得较高的投资收益、利率较高，但年金基金存在流动性较差、回收不及时等较大风险。

职业年金进入信贷市场需要发挥中央银行、金融监管机构作为信贷市场重要参与者的作用，规避市场风险的同时保障职业年金基金的保值增值。中国人民银行发挥中央银行宏观调控职能，通过货币政策工具调控信贷市场的规模和结构，为职业年金进入信贷市场创造良好环境。金融监管部门强化对银行等金融机构信贷业务的监管，防范金融业务风险，保证职业年金基金在信贷市场的安全。

（三）衍生工具市场

衍生工具市场是指以金融合约为交易对象的各种交易场所，依据交易类型可以分为金融期货市场、金融期权市场和其他衍生金融工具市场。金融衍生工具市场因其“以小博大”的杠杆性和工具组合的多变性、高复杂性、高技术性，具有较高的风险。职业年金基金虽然通过衍生工具能够化解利率变化、通货膨胀等带来的被动性风险，为年金投资抵御金融风险提供了市场基础和手段，但金融衍生工具所蕴含的高风险能够摧毁职业年金运行的基础。因此，在专业化操作队伍缺乏的前提下，职业年金基金进入衍生工具市场还不具备可行性。

二、资本市场在职业年金制度建构中的作用

职业年金基金运行是中国职业年金制度体系建构的重要内容，繁荣的资本市场能够保障基金投资收益从而有利于促进职业年金制度改革。资本市场对职业年金基金保值增值、降低投资风险等方面具有直接作用，对解决职业年金制度改革的转制成本具有间接作用。资本市场的繁荣能够为职业年金基金运行提供多元化渠道，投资工具选择和投资限额比例呈现出多样化的特征，为中国职业年金制度体系建构奠定了实践基础。

（一）实现职业年金的保值增值

资本市场的繁荣为职业年金保值增值提供了基础，促进职业年金消除“记名账户”和“名义账户”的“空账”运行状态，坐实个人账户以保证职业年金基金规模，避免个人账户因“记账利率计算利息”造成职业年金待遇大大缩水，保障个人账户的增值效率。职业年金投资多元化改革，注重安全性以实现保值，在此基础上更加注重年金的相对流动性以实现增值。职业年金坐实个人账户、发展多元化投资渠道就是职业年金制度体系建构的重要内容。

（二）降低职业年金投资风险

职业年金基金需要采取分散投资策略，降低年金投资风险。资本市场的繁荣为年金的多元化投资提供了市场基础，通过对储蓄、实业、股票、债券、信贷、金融衍生工具等多种投资方式进行限额，当一种投资工具下跌时另一种投资工具上涨，保证职业年金总体上处于保值或增值状态。世界各国养老保险基金投资实践表明，组合投资的绩效波动相对较小，分散投资模式能够在控制风险水平的基础上获得较高的收益。职业年金投资风险降低能够有效促进职业年金投资机制的改革，由储蓄、国债等单一投资渠道向多元化的组合投资发展，充实中国职业年金制度体系建构的内容。

（三）促进职业年金制度供给侧改革

资本市场的繁荣为职业年金基金入市提供了市场基础，促进职业年金相关的投资制度进行改革。美国著名经济学家舒尔茨提出“任何制度都是对现实生活中已经存在的需求的反应”。企业年金、机关事业单位职业年金建设经历了20多年，资本市场发育不全，导致相应的年金投资工具主要表现为债券和股票，职业年金投资制度供给存在质量不高、效率低下等问题。随着中国资本市场的不断发展，职业基金投资体制开始滞后，为了适应职业年金投资需求，职业年金投资制度创新成为改革的重要内容。资本市场的繁荣为职业年金制度体系建构提供了物质基础。职业年金制度体系建构就是企业年金、机关事业单位职业年金及其他职业年金的系统整合，首先难题在于“隐形债务”，机关事业单位职业年金存在记名账户的本金及收益的缺口，财政承担着兜底的责任，利用资本市场能够将国有股份划归为职业年金基金，拓展职业年金征缴和投资方式。

第四节　推进职业年金信息化建设

改革开放以来，国家信息化进程加快，互联网和计算机等通信工具已经介入社会的各个领域，信息化取得了显著的发展，逐渐缩小了同西方发达国家的差距。20 世纪 90 年代，政府信息化推动电子政务兴起，先后开展办公自动化系统和系列“金字工程”建设。21 世纪后，信息主管部门倡议“政府上网工程”，截至目前各级政府基本都建立了自己的门户网站。职业年金作为政府职能体系中的极小单元，也纳入了电子政务大系统。2016 年 11 月人力资源社会保障部发布《关于印发“互联网 + 人社”2020 行动计划的通知》提出运用“互联网 +”和大数据思维，推动社会保障事业创新发展。在物联网和云计算等信息技术革命的时代背景下，职业年金信息化有了坚实的基础，能够提高年金管理和服务效率。

一、职业年金信息化建设的内容

职业年金信息化建设主要包括网络、计算机等硬件，包括资源库和信息管理系统等软件，也包括人才队伍、法律制度等建设内容。职业年金信息化建设的核心内容主要为网络共享和管理平台建设，网络共享强调信息的外部流动，管理平台强调秩序的内部规范，旨在提高职业年金管理效率和效果。

（一）“互联网 +”职业年金

2015 年 7 月 4 日国务院总理李克强签发了《关于积极推进“互联网 +”行动的指导意见》提出通过“互联网 +”行动促进“社会服务进一步便捷普惠”。职业年金可以依托社会保障信息化建设成果，通过线上线下的精密结合，让劳动者感受更加优质、高效、便捷的职业年金管理和服务。“互联网 +”职业年金是信息化建设的主要内容，强调网络建设，主要有以下几个方面的特征。

1. 信息共享。“互联网 +”职业年金强调开放生态，消除职业年金信息流动的壁垒，实现信息孤岛的互联互通。依托社保卡的建设成果，拓展社保卡的职业年金模块，健全职业年金参保人员信息、参保单位的基础信息，推动劳动者及其组织信息在不同地区、不同行业能够转移接续。强化职业年金信息流管理，同国家人口基础信息库、法人单位基础信息库对接，实现“一数一源”，构建集中的个人身份认证平台，通过实名制手机进行验证，确保分散登录、集中处理。通过职业年金相关信息的内外关联，健全信息共享机制。

2. 创新服务方式。“互联网 +”职业年金有效整合职业年金信息资源，推动实现一体化在线职业年金服务。互联网、移动互联网的服务模式能够介入职业年金服务体系，引导劳动者参与职业年金网络社会，通过手机客户端软件、计算机系统软件、网络信息管理系统等新媒体加强参保劳动者同政府监管部门、所在组织以及其他利益相关的沟通，提高职业年金政策反馈效率。参保劳动者能够通过新媒体快速办理查询、投资和待遇领取等相关业务，变革传统的职业年金相关事务办理的烦琐程序，提高服务效率。

3. 重塑管理体制。“互联网 +”职业年金改变了传统官僚体制，消除层级节制的弊端，减少管理层级，扩大管理幅度，将云计算模式引入职业年金管理体制。通过网络职业年金信息管理平台，将职业年金政策通过新媒体针对性送达参保劳动者，减少信息传递的中间环节，形成“以点数面”的管理体制。

（二）职业年金信息管理平台

职业年金信息管理平台是网络和职业年金管理软件的组合，基于现代信息技术手段对职业年金信息进行管理、开发和利用的软件系统，一般分为采集、整理、加工、传播、存储和利用等功能模块。

1. 职业年金电子业务。职业年金业务办理能够充分运用计算机、网络、软件等信息技术将业务流程进行优化重组，改变传统费时、费力的办事机制，简化烦琐手续，破除时间、空间和相关部门之间的隔阂，提高职业年金业务办理的效率和效果。劳动者及其组织建立职业年金计划、职业年金的变更和转移、年金征缴、基金投资及其收益、年金待遇给付等一系列业务流程都集中在职业年金信息管理平台上进行集成，实现职业年金业务办理的数字化。

2. 职业年金信息储存与查询。职业年金信息管理平台有一个庞大的信息存储中心，职业年金业务办理的相关信息都会有序化地存储起来。职业年金信息存储依靠计算机将职业年金相关信息进行有序化并存储在存储介质，其存储速度快、数据量大，旨在完整保存、快速查询职业年金信息。职业年金信息管理平台提供查询入口，能够查询劳动者个人账户的历史和现状，便于个人或所在组织等对职业年金缴费、投资和给付进行追根溯源。

3. 职业年金决策支持。职业年金是一种制度安排，制定时需要大量信息作为依托，修订时仍然需要提高理性认知度。职业年金信息管理平台通过为决策者提供数据、信息和实践案例，识别制度问题，明确决策目标，提供决策方案。职业年金信息管理平台还能够通过虚拟研讨的模式实现人机对接，对职业年金制度问题、决策方案进行全方位的比较和评价，优选出符合职业年金发展需要的政策，为科学决策提供信息和手段的支持。

二、职业年金信息化建设的价值

职业年金信息化建设是计算机、网络、软件和相关信息技术的有机融合，具有较强的工具性价值，为职业年金制度体系建构提供技术基础，成为破除传统制度体系惰性的利器。

（一）提供职业年金制度体系建构的技术基础

中国职业年金制度体系建构就是将企业年金、机关事业单位职业年金等独立制度进行整合，明确在养老保险制度中的功能定位。现有职业年金制度在制度制定、执行和监督等环节存在碎片化问题，在制度实践层面存在形式多样化的问题，存在这些问题的根本原因是职业年金制度运行技术落后。中国职业年金制度体系建构可以依托网络信息管理系统、云计算等先进手段将职业年金制度孤岛进行互联互通。一是制度纵向体系的精简，减少制度传递层级过多问题。制度传递层级较多容易造成制度执行的片面性，不同地区和行业存在制度差异。制度执行层级同制度规范幅度存在互逆关系，职业年金通过职业年金信息管理平台能够减少传递层级，增加制度规范幅度，有利于促进制度一体化建设。二是制度横向体系的整合，促进职业年金制度公平。职业年金通过职业年金信息管理平台促进企业年金、机关事业单位职业年金等制度的整合，在制度修订、监督层面引入公民参与机制，消除行政权力对制度出台的影响，通过制度公平实现权利公平和机会公平。

（二）促进职业年金业务流程重组

职业年金制度体系庞大，其业务流程存在分类、分层的烦琐体系，因此职业年金业务流程重组是其制度体系建构的重要内容。职业年金业务流程重组是以业务流程改造为对象，旨在提高职业年金管理和服务效率，利用网络、计算机、软件等信息化技术对传统职能型组织机构和业务流程进行重新设计，最大限度地实现职业年金的功能、职能的集成。职业年金业务流程重组必须依托现代信息技术，重在构建一体化、集成化的职业年金制度体系。通过业务重组，实现职业年金管理和服务由“串联”向“并联”模式转变，打破行业、地区界限，促进职业年金制度体系的公平和效率。

（三）便于职业年金投资机制多元化发展

职业年金基金投资是制度体系建构的重要内容，年金基金投资多采用信托、基金信托等模式。劳动者及其组织通过契约将职业年金投资权委托给受托人等，受托人再通过契约将投资权限委托给投资管理人等，参与职业年金的劳动者没有直接投资权。这种强制性信托一方面为了规避部分参保劳动者投资能力不足，另一方面技术手段无法实现个人账户的自主投资。通过职业年金信息管理系统，预设投资模块，并衔接各种投资渠道和系统，促使委托人不但能够选择受托人、投资管理人等，还能够选择债券、股票等不同的投资组合，为实现投资主体和投资渠道的多元发展提供信息化平台。

第五节　健全职业年金发展的法制基础

养老保障的发展源于雇主父爱论，从最初的企业福利发展而来，具有较大的主观选择性，覆盖面不足、养老保障具有不确定性成为养老保障的顽疾。随着工业化进程的演进，解除劳动者的后顾之忧成为劳动力市场供给平衡的有效工具，养老保障以制度的形式逐渐稳定下来。职业年金制度体系建构同样需要依据完善的制度作保证，摒弃人类主观随意性对养老保障制度及其效果的影响，推动“依法养老”，保证职业年金改革的可持续性和科学性。

一、职业年金法制化现状

职业年金需要“依法建设”，既要加强自身制度的完善和改革，又要夯实制度建设的法制基础。改革开放以来，中国职业年金制度建设历经萌芽、探索、形成等阶段，有待进一步成熟和拓展，先后出台了一系列的法律、法规、规章和规范性文件等为职业年金建设提供法制基础。

（一）职业年金建设的法制体系

职业年金制度建设取得了显著成绩，年金制度初具规模，配套政策渐成体系。1991 年国务院颁发的《关于企业职工养老保险制度改革的决定》，属于职业年金发展的纲领性文件，奠定了补充养老保险、企业年金到职业年金发展的制度基础。国家宏观层面的综合政策就是由国家最高立法机关和行政机关制定和发布、规范职业年金建设的行动准则。中国职业年金制度往往作为养老保险制度改革的工具，属于伴生制度，国务院发布的《关于完善城镇社会保障体系的试点方案》《国务院关于机关事业单位工作人员养老保险制度改革的决定》等都为职业年金建设提出了目标和任务，属于基本政策。具体政策也称行业政策、部门政策，职业年金具体政策就是为贯彻职业年金的元政策、基本政策而制定的具体行为规范。中国职业年金建设分层、分类推进，《企业年金试行办法》《机关事业单位职业年金办法》等都属于具体政策范畴。支持政策属于外围政策，主要分为配套政策和关联政策。职业年金支持政策从年金基金流角度考察主要涉及税收、投资等关联政策，从年金管理角度涉及基金管理、转移等配套政策。中国职业年金建设已经形成了相对完整的法制体系。

表 8－2　中国职业年金的法制体系

政策层级	政策名称	颁布日期
元政策	关于企业职工养老保险制度改革的决定	1991. 06
基本政策	关于完善城镇社会保障体系的试点方案	2000. 12
	中华人民共和国劳动法	1994. 07
	国务院关于机关事业单位工作人员养老保险制度改革的决定	2015. 01

续表

政策层级	政策名称	颁布日期
具体政策	企业年金试行办法	2004.01
	企业年金基金管理办法	2011.02
	机关事业单位职业年金办法	2015.03
	职业年金基金管理暂行办法	2016.09
	关于鼓励社会团体、基金会和民办非企业单位建立企业年金有关问题的通知	2013.07
	关于军人职业年金转移接续有关问题的通知	2015.09
支持政策	中华人民共和国企业所得税法	2007.03
	中华人民共和国个人所得税法	2011.06
	中华人民共和国公司法	2015.10
	中华人民共和国证券法	2014.08
	中华人民共和国合同法	1999.03
	中华人民共和国信托法	2001.04
	中华人民共和国证券投资基金法	2015.04

（二）职业年金法制体系存在的问题

中国职业年金建设的法制基础逐步完善，但仍然存在一些问题，影响职业年金制度建设的规范、稳定和系统性。一是职业年金制度的效力层级较低，影响其相对稳定性。中国职业年金制度多表现为规范性文件，虽然由国务院下发实现了顶层设计，但都没有上升到法律、行政法规、地方性法规、规章等效力层次。2010 年全国人民代表大会通过的《中华人民共和国社会保险法》只涉及基本养老保险，缺乏对职业年金的规范。制度效力层次较低必然造成制度规范的整体性和权威性较低，存在制度制定不完善、容易修订和执行受阻等问题。二是职业年金制度规范不全面，覆盖面有待扩大。目前只出台了《企业年金试行办法》《机关事业单位职业年金办法》，覆盖了企业职工和机关事业单位工作人员，但缺乏针对农民、非正规就业群体等劳动者的保障。三是支持政策建设不完善。虽然出台了税收、投资等关联政策和基金管理、转移等配套政策，但职业年金制度同关联政策、配套政策之间的衔接并不紧密，规范内容不一致、针对性不强，导致制度执行混乱。

二、职业年金“依法养老”建设

中国职业年金建设需要健全法制基础，推进依法建设进程，从法制效力、规范幅度和运行过程三个方面加大建设力度，确保职业年金制度的资金流和管理流在完善的法治环境下运行，推进职业年金制度体系建构。

（一）提升职业年金制度的效力层次

职业年金制度需要提高效力层次，增加制度建设的权威性和系统性。一是制定出台职业年金基本法，确定职业年金制度的基本原则、适用范围。法制效力层次主要表现为宪法、法律、行政法规、地方性法规、部门规章、政府规章等逐个递减。规范性文件的效力层次最低，易于被修订、变相执行。职业年金制度以法律形式出现，能够奠定为职业年金制度体系建构的法理基础。二是重视制度的顶层设计，梳理制度的权威性，健全制度自上而下的系统性。职业年金制度需要建设统帅性的政策，更需要研究各个构成要素的逻辑关系，明确职业年金关联政策和配套政策的协调性，推动职业年金制度体系建构。三是建立制度反馈机制，通过监督检查，强化压力传导，促进制度执行。

（二）完善职业年金制度的规范幅度

制度规范幅度是制度产生作用的范围，属于制度体系的横向内容层面。扩大职业年金制度覆盖群体是中国职业年金制度体系建构的主要内容。中国现行的职业年金制度主要为《企业年金试行办法》《机关事业单位职业年金办法》《关于鼓励社会团体、基金会和民办非企业单位建立企业年金有关问题的通知》《关于军人职业年金转移接续有关问题的通知》，覆盖了企业职工、机关事业单位工作人员、部分非政府组织成员、军人等群体。职业年金强调劳动关联，劳动者不仅仅包括上述群体，还应包括农民、其他非政府组织成员等群体。为了推动职业年金制度公平，保证劳动者的权利公平，中国职业年金制度需要围绕劳动关联为评判依据扩大制度规范幅度。

（三）优化职业年金制度的运行过程

制度制定、执行、监督和终结是制度运行的完整过程。职业年金需要优化运行过程，推动职业年金制度体系建构。一是推行职业年金制度制定的公民参与机制，消解“自上而下”的强制性制度变迁中充当制度变革第一行动集团的政府运用公共权力对制度公平性的影响。二是增强职业年金制度的执行效力。通过修订企业年金制度的规范强度，实现职业年金制度规范强度的统一。通过健全职业年金资金流的征收优惠和基金投资政策，理顺职业年金的发放、转移和终止等环节，构建系统的职业年金制度体系。三是加强职业年金制度反馈，通过持续的自我修正，为职业年金制度体系的持续改革提供现实基础。

第九章
结　论

一、研究的基本成果

中国职业年金制度体系建构研究紧紧围绕制度“碎片化”的现实问题，从历史视角论述中国职业年金制度“一体化”改革的发展趋势，从实践角度论述中国职业年金制度“并轨”改革的必要性和可行性，从宏观角度论述了中国职业年金制度体系建构的基本框架、构成要素和保障措施。遵循“概念—定位—实践”的逻辑思路，阐述了中国职业年金制度体系建构的基本内容，取得了以下几个方面的具体成果。

（一）职业年金的概念界定

国内外职业年金的理论研究和实践都模糊了职业年金的内涵界定，通过职业年金具体的外延形式来代替内涵表达。本书通过逻辑推理和实践总结，提炼出职业年金的内涵，职业年金是组织根据国家规定在参加社会基本养老保险的基础上为其工作人员提供劳动关联、共同缴费、灵活支付等的一种养老保险机制。职业年金内涵强调以下几个基本要素：一是国家规定性，实践中表现为政府的顶层设计和有限责任，政府需要承担政策出台的责任，需要通过提高年金税收优惠幅度让渡财政税收，通过繁荣资本市场加强年金资金流监管；二是劳动关联性，职业年金以职业为中心，形式上表现为组织福利，实质上为劳动福利，因劳动贡献给予的激励性养老保障；三是共同缴费，劳动者及其所在组织承担缴费责任，企业由企业及其职工、机关事业单位由财政及其工作人员等履行缴费义务；四是灵活支付，养老待遇可以定期也可以一次性领取，根据不同需要进行界定；五是独立支柱，职业年金是一种养老保险机制，虽然强调“参加社会基本养老保险”的前提条件，但职业年金作为一种补充养老保险仅仅是过渡形式。

职业年金的内涵界定了职业年金的外延形式，因此，企业年金、事业单位职业年金、聘任制公务员职业年金、机关事业单位职业年金等都是职业年金的具体表现形式，属于职业年金的外延。中国现行的企业年金、机关事业单位职业年金在本质内涵上没有区别，但在实践中存在着较大的差异，造成职业年金的“双轨”运行乃至养老保障体系的“碎片化”现象。通过职业年金概念的理性界定，揭示其本质内涵和外延形式的逻辑关系，奠定职业年金制度构建和实践的理论基础。

（二）职业年金的定位

职业年金是一种补充养老保险，这种价值定位仅仅是一种过渡形式。中国职业年金制度建设一直活在养老保险制度改革的阴影里，强调工具理性，处于从属地位，严重制约了其功能发挥。自“补充养老保险”，经“企业年金”“事业单位职业年金”“聘任制公务员职业年金”，至“机关事业单位职业年金”，职业年金制度一直强调其为社会基本养老保险“补充”的性质定位。中国职业年金的定位，一直强调工具理性，而弱化了价值理性。改革开放以来，养老保险体系改革历经30多年，职业年金一直作为企业养老保险制度改革、机关事业单位养老保险制度改革的工具，成为减少养老保险制度改革阻力的有效工具。虽然职业年金建设在提高劳动者养老保险待遇、促进社会公平方面取得了一定的实践效果，但同职业年金工具性的认知相比，其价值发挥的空间有限。企业年金同机关事业单位职业年金存在的“双轨制”，充分表明了工具性作用远大于价值性作用。

职业年金是养老保障体系中的重要支柱，既不是“补充”地位，也不是排名“第二”，而是独立的养老保障支柱。中国职业年金制度建设没有获得自主地位，“补充”定位也徒有其表，与养老保险第二支柱的要求不相适应，工具理性凸显，价值理性受到忽视。缺乏价值理性的职业年金制度发展空间有限，仅仅弥补基本养老保险改革造成的利益差距，补充基本养老保险保障功能的不足，无法真正发挥提高养老保险待遇水平的独立功能。

（三）职业年金制度体系建构

职业年金的概念界定模糊造成其定位不清，其定位不清引起了实践乱象。中国职业年金制度体系“双轨制”“碎片化”现象既是一种理论问题，也是一种实践问题。从实践角度考察是理论研究薄弱影响了实践行为，从理论角度考察是具体实践条件决定了制度构建。这种理论和实践的关系，也充分表明了职业年金内涵和外延的内在不一致。因此，中国职业年金制度体系构建遵循“实践—认识—再实践—再认识”的逻辑范式，推进制度改革。

职业年金制度体系建构的理论基础和要素构成属于理论研究部分。通过职业年金概念的界定，界定其具体的存在形式，奠定职业年金制度体系建构的理论基础。通过提炼职业年金规范强度、覆盖对象、缴费主体、资金筹集、待遇计发、资金运营、监管体制等构成要素，系统构建制度体系的基本框架和构成要素，同时提出制度体系建构的保障措施。职业年金理论研究既奠定了研究的理性基础，也通过职业年金制度体系建构体现研究的最终目标。

职业年金制度体系建构的历史演进、必要性和可行性属于实践研究部分。通过分析中国养老保险制度改革的社会化需求，系统梳理了职业年金制度萌芽、探索、形成等历史进程，总结出职业年金制度“体系化”的发展趋势。通过分析社会需求、政府需求和劳动者需求，揭示职业年金制度体系建构的实践动力，以实践需求驱动职业年金制度改革。通过系统总结中国企业年金、事业单位职业年金、深圳市行政机关聘任制公务员职业年金、机关事业单位职业年金正反两方面的实践成果，探讨美国、英国、日本、澳大利亚等发达国家职业年金建设成绩，为中国职业年金制度体系建构提供经验。职业年金实践研究既通过提炼现实问题决定研究的主要内容，又通过实践总结为研究提供推理依据。

二、研究的局限性

中国职业年金制度体系建构研究重在“制度体系建构”，属于宏观研究层面，属于制度研究层面，属于现实批判性研究，因此，存在着较大的局限性。

（一）研究过于宏观

科学研究根据研究层次划分，一般分为宏观研究和微观研究。中国职业年金制度体系建构研究属于宏观研究，以制度体系中的“制度”及其之间的逻辑关系作为研究对象，在制度构成要素上的研究不够深入，同科学研究交叉化和边缘化的趋势相违背，显示出无法克服的局限性。一是研究对象因宏大而略显空洞。从历史和现实角度研究各种职业年金制度形式，在养老保险制度体系内明确制度定位，属于职业年金制度框架的建构，而非制度具体构成要素的详细论证。二是研究内容深度不够。虽然研究也从制度构成要素出发进行阐述，但同微观研究相比较而言，研究因需面面俱到而略显聚焦不足。职业年金制度构成要素研究停留在理念选择上，缺乏详细的论证。

中国职业年金制度体系建构研究属于宏观研究，涉及职业年金制度的定位、构成等全局性的总体研究，不能深入研究职业年金制度的各种构成要素，但在论证过程中涉及微观研究时主要采取两种方式进行了弥补。一是涉及职业年金制度构成要素时，进行精准阐述和精炼论证，避免过度深入而损害研究主题，主要体现在中国职业年金制度体系建构和保障措施上。中国职业年金制度规范强度、覆盖对象、缴费主体、资金筹集、待遇计发、资金运营、监管体制等构成要素都可以独立成为研究主题，中国职业年金制度体系建构的体系结构治理、税收优惠政策、资本市场、信息化建设和法制基础等内容也可以独立成为研究主题，而本书对这些内容进行了宏观而不失精确的系统研究。二是涉及职业年金的历史演进、必要性和可行性时，根据研究主题需要“取其一点”采用微观研究。在职业年金历史演进研究中，通过历史经验总结职业年金的发展脉络和基本规律，注重实践本身，而没有过多关注发展的影响因素等方面的内容。在职业年金制度体系建构的必要性、可行性研究上，同样注重现实需求和实践经验本身，而不过多关注外部的影响。

（二）研究缺乏实证

实证研究坚信一个客观世界的存在，然后研究以揭示和接近这个客观世界。实证研究分为数理实证研究和案例实证研究。中国职业年金制度体系建构研究没有实证研究，主要表现为理论研究。一是制度既属于理论范畴，又属于实践范畴。制度构建属于理论研究范畴，制度实施属于实践研究范畴。中国职业年金制度体系建构研究属于实践基础上的理论研究。二是制度本身为定性内容，从逻辑上推进制度内容的系统性，强调制度的思想内容，而不需要对思想内容进行详细的数理推导。三是制度实证的条件限制。制度研究缺乏天然的实践条件，因为制度一旦实施必将产生社会效果。为了避免不良效果的产生，强调制度研究时的逻辑性，通过既有经验进行推导。

中国职业年金制度体系建构研究无法通过数理实证、案例实证以确定研究内容的可行性，但为了保证研究结果的科学性，也采用理论和实践相结合的方法进行研究。一是系统研究，通过严密的逻辑推理以保证研究结果的可靠性。如职业年金制度体系建构的必要性研究，从职业年金主体角度分析社会需求、政府需求和劳动者需求，突出逻辑层次的严密性。二是案例研究，通过分析中国既有的企业年金、事业单位职业年金、深圳市行政机关聘任制公务员职业年金、机关事业单位职业年金的正反两方面的实践成果，比较美国、英国、日本、澳大利亚等发达国家职业年金建设成绩，为中国职业年金制度体系建构提供实践经验，避免制度体系建构走向歧途。总之，中国职业年金建构的制度体系能否实现确保劳动者养老待遇水平、促进社会养老公平的改革目的，既无法通过数理实证进行推导，也无法通过试点性实践进行案例实证，但通过定性的逻辑研究和案例的经验总结最大限度地保证了制度体系建构的科学性。

（三）研究的批判困境

中国职业年金制度体系建构研究属于改革性研究，改革性研究必然提出制度新理念，新制度理念的产生是对现存制度的批判，但制度批判面临着诸多的困境。一是不完全信息状态下批判的科学性问题。职业年金制度的制定、执行有其具体的政治、经济和社会环境，环境变化导致制度形态差异。中外职业年金制度在价值定位、规范强度、覆盖对象、缴费主体、资金筹集、待遇计发、资金运营、监管体制等方面存在差异，不同历史阶段各种制度形态也存在差异，归根结底在于制度运行的环境不同，产生的驱动力不同。中国职业年金制度体系建构不能完全研究这些影响因素，其改革批判的科学性自然受到批判和质疑。二是基于实践决定认识关系中的制度实证悖论，这也是制度研究缺乏案例实证研究的困境。实践是检验真理的唯一标准，作为认识层面的制度是否满足实践需求取决于制度的科学性，强调制度需要经过实践检验。制度一经实践必然产生社会影响，涉及面广，不能以广大人民群众的利益为代价直接进行实证，强调制度实践需要慎重。因此，中国职业年金制度体系建构只能积极借鉴中外制度实践经验，而不能直接将制度直接进行实践检验，既没有实践的条件，也违反国家制度运行的规定。

三、研究展望

中国职业年金制度体系建构研究取得了一定的研究成果、存在着一定的局限性，既为进一步研究奠定了基础，也为下一步研究指明了方向。

（一）职业年金同基本养老保险的关系研究

职业年金和基本养老保险同属于养老保险体系，但二者的功能定位有别。在制度设计中既有相同之处，也存在着差异。养老保险的最初形态为雇主提供的职业年金，养老保障的最初形态为养老救助。随着政府职能向社会职能的拓展，在国家有限责任理论指导下政府面向全体公民提供基本养老保险、面向劳动者提供职业年金、鼓励民众参加商业养老储蓄等。世界银行总结性地提出的养老保险“三支柱”和养老保障“五支柱”理论中都将职业年金作为“第二支柱”，强调了职业年金在养老保险体系中的重要地位。随着社会保障和社会保险的深入实践、职业年金制度的功能定位不断发生改变，同基本养老保险存在此消彼长的互逆关系。因此，职业年金同基本养老保险的关系需要进行深入研究。

（二）职业年金价值理性和工具理性的辩证统一研究

职业年金出现的最初形态为雇主年金计划，充分体现了雇主父爱论，属于养老保险的唯一内容，体现了职业年金的价值理性。在政府社会职能强化的背景下，基本养老保险出现，职业年金成为“第二支柱”和“补充养老保险”，体现了职业年金的工具理性。中国职业年金先后成为企业养老保险制度改革和机关事业单位养老保险制度改革的工具。随着人民生活水平的提高，劳动者对养老保障需求层次提高，在基本养老保险作为国民年金不变的情况下，养老待遇水平的提高需要依靠增加职业年金收入，职业年金的价值理性将获得重视。职业年金价值理性和工具理性存在辩证关系，需要通过研究揭示其变动原因等。

（三）非正规就业群体职业年金制度研究

职业年金是组织根据国家规定在参加社会基本养老保险的基础上为其工作人员提供劳动关联、共同缴费、灵活支付等的一种养老保险机制。非正规就业群体也属于劳动者，如淘宝网等电子商务平台上所开网店的从业人员、个体劳动者等，这类群体也需要提高养老待遇水平，其职业年金建设仍属空白。职业年金制度需要扩大覆盖范围，创造条件将其纳入其中，消除权利不公平的现象。

（四）农民群体职业年金制度研究

农民群体同样属于劳动者的范畴，从事农业生产，因此，同样符合职业年金覆盖对象的范围。农民不能够像工业和服务业的劳动者参加职业年金，存在机会不公平的现象。在农村基本养老保险刚刚完成扩面的情况下，农民群体职业年金没有制度，更没有实践。因此，农民群体职业年金建设的必要性、可行性和制度构建等内容值得进一步研究。

（五）养老保障供给侧改革研究

职业年金属于养老保障体系的“第二支柱”，也是养老保障供给侧改革的成果。传统养老保障主要表现为官方或民间的养老救助，工业革命进程中出现的养老保险增加了养老保障供给的形式。20 世纪至今，政府社会职能的拓展，养老福利成为养老保障供给的一种具体形式。21 世纪至今，职业年金的重要性凸显出来，能够有效推动养老保障供给侧进一步深化。因此，养老保障“五支柱”理论将随着社会发展不断深化，养老保障供给侧改革不断深入推进。

参考文献

[1] 埃弗里特·艾伦，约瑟夫·梅隆，杰里·罗森布鲁姆，等. 退休金计划［M］. 北京：经济科学出版社，2003：12－20.

[2] Albert Ando，Franco Modigliani. The "Life Cycle" Hypothesis of Saving：Aggregate Implications and Tests［J］. *The American Economic Review*，1963，53（1）：57－83.

[3] Bodie Zvi，Robert C. Merton，William Samuelson. Labor Supply Flexibility and Portfolio Choice in a Life Cycle Mode［J］. *Journal of Economic Dynamics and Control*，2006，99（16）：427－449.

[4] C. Lindblom. the Science of Muddling Through［J］. *Public Administration Review*，1959，32（19）：79－86.

[5] 陈淑君. 事业单位职业年金运行模式探析［J］. 中国人力资源社会保障，2010（8）：40－41.

[6] 陈树文，王刚义. 社会保障学［M］. 大连：大连理工大学出版社，2010：17－32.

[7] David Blake. The UK Pension System：Key Issues［J］. *Pension*，2003（4）：298－381.

[8] Davis E. Philip. Moving Towards Risk Based Supervision in Developing Economies［R］. *CAERII Discussion Paper*，2000m，26（5）：16－22.

[9] 邓大松. 美国社会保障制度研究［M］. 武汉：武汉大学出版社，1999.

[10] 邓大松，刘昌平. 中国企业年金制度研究［M］. 北京：人民出版社，2005：59－78.

[11] 邓大松，刘昌平. 中国企业年金基金治理研究［J］. 公共管理

学报，2004（3）：4－10.

［12］［美］道格拉斯·C. 诺思. 制度、制度变迁与经济绩效［M］. 上海：上海三联书店，1994：5－20.

［13］丁广荣. 对企业补充养老保险问题的思考［J］. 时代经贸，2007（11）：48－49.

［14］丁宁宁. 澳大利亚的职业年金［J］. 中国改革，2001（9）：60－61.

［15］董克用，孙博. 从多层次到多支柱：养老保障体系改革再思考［J］. 公共管理学报，2011（1）：1－10.

［16］董克用. 重建中国养老金体系的战略思考［R］. 北京：中国养老金融 50 人论坛，2016.

［17］Estelle James，Dimitri Vittas. Annuities Markets in Comparative Perspective：Do Consumers Get Their Money's Worth. World Bank：Working Papers［R］，1999.

［18］Fiona Stewart，Juan Yermo，Pension Fund Governance：Challenges and Potential Solutions，OECD working Paper［R］，2008.

［19］［美］盖布勒（Gaebler，T.），奥斯本（Osborne，D.）. 改革政府：企业家精神如何改革着公共部门［M］. 上海：上海译文出版社，2006.

［20］国际劳工局社会保障司. 社会保障导论［M］. 北京：劳动人事出版社，1989.

［21］高书生. 社会保障改革何去何从［M］. 北京：中国人民大学出版社，2006：26－38.

［22］耿琳. 401（K）计划——最流行的企业补充养老保险形式［J］. 市场与人口分析，2002（5）：23－32.

［23］胡晓东. 浅析中国聘任制公务员的职业年金制度［J］. 中国劳动关系学院学报，2011（5）：103－106.

［24］胡晓荣. 职业年金资金跨区域流动中的问题及其路径研究［J］. 西部金融，2015（10）：47－49.

［25］胡晓义. 走向和谐：中国社会保障发展 60 年［M］. 北京：中国劳动社会保障出版社，2009：80－90.

［26］何小伟. 机关事业单位职业年金：难点与突破［J］. 中国保险，2014（11）：8－11.

[27] 何小伟，郑伟．机关事业单位职业年金：可行性分析与制度设计［J］．江西财经大学学报，2014（5）：60-67.

[28] 何文杰．公益类事业单位职业年金制度建构的基本思路与主要对策［J］．西部法学评论，2013（1）：90-94.

[29] 焦凯平．养老保险［M］．北京：中国劳动社会保障出版社，2004：3.

[30] Ken Johnston. A Comparison of State University Defined Benefit and Defined Contribution Pension Plans：A Monte Carlo Simulation［J］. Finance Service Review，2001（10）：37-44.

[31] 劳动部社会保险研究所，译．防止老龄危机：保护老年人及促进增长的政策［M］．北京：中国财政经济出版社，1996.

[32] Laurence J. Kotlikoff，David A. Wise. The incentive effects of private pension plans［R］，National bureau of economic research，1984.

[33] 李亚青．信托型企业年金制度下寿险公司的应对战略［D］．厦门：厦门大学，2007.

[34] 李婷．企业年金缴费率研究［D］．北京：北京交通大学，2016.

[35] 李娟．企业年金运作模式的国际比较及中国的选择［J］．企业发展，2006（11）.

[36] 李友根．中国职业年金制的整合构建问题探析［J］．重庆交通大学学报（社会科学版），2015（6）：57-60.

[37] 林桐，伍恩平．职业年金管理的思考与建议［J］．中国劳动保障报，2014-9-12：004.

[38] 林闵钢．社会保障国际比较［M］．北京：科学出版社，2007：157-162.

[39] 刘昆平．中国养老金投资资本市场研究［D］．南昌：江西财经大学，2013.

[40] 刘永富．中国劳动和社会保障年鉴（2001）［M］．北京：中国劳动社会保障出版社，2001：479-489.

[41] 刘水杏，王国军．论中国职业年金制度的构建与整合［J］．时代金融，2013（8）：33-35.

[42] 刘琳．国外职业年金的运作模式选择［J］．经济与管理，2009

(2): 45 - 48.

[43] 刘经纬，孙守纪，孔宁宁. 国外高校教师职业年金制度及其对中国的启示 [J]. 江苏高教，2011 (3): 85 - 88.

[44] 刘钧. 美国企业年金计划的运作及其对中国的启示 [J]. 中央财经大学学报，2002 (9): 67 - 71.

[45] Logue, D. E. and J. S. Racier, Managing pension plans: A comprehensive guide to improving plan performance [M]. Boston, Mass: Harvard Business School Press, 1998.

[46] 龙玉其. 国外职业年金制度比较与启示 [J]. 中国行政管理，2015 (9): 144 - 148.

[47] 路德维希·艾哈德. 大众的福利 [M]. 武汉：武汉大学出版社，1995: 236 - 272.

[48] 罗倩妮. 构建第二支柱职业年金制度：事业单位养老保险改革突破口 [J]. 市场论坛，2010 (4): 5 - 7.

[49] 罗采薇. 中国企业年金制度的国际经验借鉴 [J]. 企业改革与管理，2015 (18): 2 - 3.

[50] 罗微. 基本养老保险个人账户基金管理运营浅析 [J]. 社会保障研究，2009 (5): 11 - 17.

[51] 罗伯特·霍尔茨曼，理查德·欣茨. 21 世纪的老年收入保障：养老金制度改革国际比较 [M]. 北京：中国劳动社会保障出版社，2006.

[52] 马永林. 中国职业年金制度存在的问题及对策 [J]. 延边大学学报 (社会科学版)，2009 (6): 146 - 149.

[53] 毛慧红，戴维周. 日本企业年金制度及其对中国的启示 [J]. 日本研究，2004 (4): 32 - 36.

[54] 毛泽东. 毛泽东选集 (第一卷) [M]. 北京：人民出版社，1991.

[55] 牛海. 中国企业年金发展动力研究 [D]. 上海：复旦大学，2012.

[56] 彭琼. 职业年金发展的困境与对策 [J]. 企业导报，2013 (12): 44 - 45.

[57] 钱城. 自由职业者如何参加养老保险 [J]. 中国就业，2001 (4): 44.

[58] 阮翔. 中国机关事业单位职业年金制度设计构想 [J]. 金融经

济，2014（20）：67－69.

［59］See Juan Yermo. Revised Taxonomy for Pension Plans，Pension Funds and Pension Entities［J］．OECD，October 2002.

［60］上海工程技术大学课题组．上海建立职业年金计划研究［J］．科学发展，2013（7）：26－38.

［61］史柏年．社会保障概论［M］．北京：高等教育出版社，2012. 8.

［62］世界银行．防止老龄危机：保护老年人和促进增长的政策［M］．北京：中国财政经济出版社，1997.

［63］施瑶，李昂．论中国公务员年金制度的构建［J］．法制博览，2014.

［64］宋士云．社会保障学［M］．北京：对外经济贸易大学出版社,2010.

［65］苏卫东．职业年金应与企业年金并行［N］．中国劳动保障报，2008－7－10（4）．

［66］孙华平．企业年金制度中的 DB 与 DC 管理模式比较分析［J］．工业技术经济，2008（12）：51－53.

［67］孙波．转轨时期科研院所职业年金运行发展的研究［J］．经济问题探索，2009（6）：152.

［68］汤兆云．中国社会养老保险制度的改革［J］．江苏社会科学，2014（2）：83－91.

［69］汪晓亮．养老保险制度的碎片化研究［D］．厦门：厦门大学，2014.

［70］王坦然．金融危机对美国 401（k）计划的影响及其对中国企业年金发展的启示［J］．改革与开放，2010（8）：53－55.

［71］王德高．社会保障学［M］．武汉：武汉大学出版社，2010. 2.

［72］王占臣．社会保障法全书［M］．北京：改革出版社，1995：1－9.

［73］温海红．社会保障学［M］．北京：对外经济贸易大学出版社，2010.

［74］吴宏洛．试论事业单位养老保险制度改革［J］．福建行政学院学报，2010（2）．

［75］吴蕾，鞠永和．公立医院建立职业年金制度的探讨［J］．现代医院，2014（10）：123－124.

［76］吴蕾，鞠永和．公立医院建立职业年金制度的探讨［J］．现代

医院，2014（10）：123－124.

［77］杨斌，谢勇才．从非制度化到制度化：基本养老保险制度财政责任改革的思考［J］．西安财经学院学报，2015（3）：80－86.

［78］杨帆，郑秉文．中国企业年金发展报告［M］．北京：中国劳动社会保障出版社，2008.

［79］杨丽萍，郑向鹏．违反廉政勤政规定可能丧失全部年金［N］．深圳特区报，2008－9－26（A02）.

［80］杨晶．机关事业单位职业年金“双轨制”的比较研究［J］．人力资源管理，2015（36）：98－99.

［81］杨菊华，李路路．代际互动与家庭凝聚力：东亚国家和地区比较研究［J］．社会学研究，2009（3）：26－53.

［82］杨燕绥，胡乃军．中国企业年金的价值及发展之路［N］．中国劳动保障报，2012－03－20（003）.

［83］余功斌．英国的补充养老保险制度及其基金管理［J］．中国财政，2003（4）：62－64.

［84］袁少杰，韩鸿蕊．浅析构建中国事业单位职业年金制度［J］．法制与社会，2015（21）：151－152.

［85］张弛，黄善春．国外企业年金发展进程及其启示［J］．福建论坛（人文社会科学版），2007（3）：36－38.

［86］张明莉．澳大利亚超级年金对中国企业年金的启示［J］．河北大学学报（哲学社会科学版），2009（3）：69－71.

［87］张士斌，杨黎源，张天龙．养老金替代率的国际比较与中国改革路径［J］．浙江学刊，2012（4）：170－179.

［88］张文丽．意大利1993年补充养老保险立法简介［J］．中国保险管理干部学院学报，1995（6）：50－52.

［89］张兴．机关事业单位职业年金方案研究［J］．社会保障研究，2014（5）：10－16.

［90］张英明．企业年金投资管理国际经验及其启示［J］．财会通讯，2008（11）：125－128.

［91］张媛．国外养老保险基金信托运营及对中国的启示［J］．调研世界，2011（10）：57－59.

[92] 张云野，刘婉华．职业年金制度研究［M］．北京：清华大学出版社，2014：25.

[93] 章泓．关于实施职业年金问题的思考［J］．劳动保障世界，2010（12）：4－8.

[94] 郑秉文．信托型年金制度为首选［J］．数学财富，2004（5）．

[95] 郑秉文．事业单位养老金改革的关键是三个"联动"［J］．中国证券报，2009：（2）：A12.

[96] 郑秉文．企业年金制度迎来静悄悄的"革命"［N］．中国证券报，2013－12－9（A04）．

[97] 郑秉文．加快构建"多层次混合型"养老保障体系［N］．中国证券报，2016－6－7（A13）．

[98] 郑秉文，孙守纪．强制性企业年金制度及其对金融发展的影响——澳大利亚、冰岛和瑞士三国案例分析［J］．公共管理学报，2008（2）：1－14.

[99] 郑秉文．中国企业年金发展滞后的政策因素分析［J］．中国人口科学，2010（2）：2－24.

[100] 郑秉文．统一养老保险与事业单位改革"三个联动"［N］．中国社会报，2010－5－31（003）．

[101] 郑秉文．坚持 DC 防止 DB 中国企业年金的必由之路［N］．中国劳动保障报，2005－11－17（003）．

[102] 郑功成．中国社会保障论［M］．武汉：湖北人民出版社，1994：119－123.

[103] 郑功成．深化中国养老保险制度改革顶层设计［J］．教学与研究，2013（12）：12－22.

[104] 郑功成．社会保障概论［M］．上海：复旦大学出版社，2005.

[105] 郑功成．社会保障学［M］．北京：中国劳动社会保障出版社，2005.

[106] 郑大松，刘昌平．改革开放 30 年：中国社会保障制度改革回顾、评估与展望［M］．北京：中国社会科学出版社，2009：1－5.

[107] 支晓晴，吴忠，张鹏，张继民．职业年金建立的必要性和可行性研究［J］．劳动保障世界，2010（9）：3－6.

[108] 中国老龄科学研究中心．中国老龄产业发展报告（2014）

[M]. 北京：社会科学文献出版社，2014.

[109] 中国社科院. 中国养老金发展报告 2015 [R]. 北京：中国社科院，2015.

[110] 周寻. 中国基金制养老基金投资运营研究 [D]. 沈阳：辽宁大学，2010.

[111] 朱红闯，李宇. 企业年金制度选择：DB 还是 DC? [N]. 上海金融报，2003-10-23.

[112] 朱劲松. 机关事业单位养老保险改革的构想 [J]. 北方经贸，2008 (1)：16-17.

[113] 朱玫霖. 机关事业单位职业年金：难点与突破 [J]. 经济研究导刊，2015 (10)：145.

[114] 朱孟楠，喻海燕. 企业年金制度发展及模式选择：日本的经验与启示 [J]. 日本问题研究，2007 (3)：1-6.

[115] 朱鹏，李朗. 家庭在养老保障中的角色定位分析 [J]. 人民论坛，2014 (26)：138-140.

[116] 邹德新，刘春雪，李洪梅. 构建运动员职业年金制度的思考 [J]. 河北体育学院学报，2009 (4)：1-5.

重要术语索引表

后 记

有位学者曾说："要想流芳百世，何必鸿篇巨制，一首小诗足矣。"我没有流芳百世的野心，本书是在中央民族大学博士论文的基础上修订、扩充而成，既不是一篇小诗，也不是一部鸿篇巨制，以著作形式公开出版只希望能够记录下那段曾经的过往。

2013 年我进入中央民族大学管理学院攻读博士学位，正式开始研究社会保障领域的相关问题。在此之前，我对社会保障领域的理论、制度和实践等相关内容仅仅停留在了解、研习的层面。在此之后，我陷入了社会保障的理论和实践思考。我经常南北往返，常常孤独地矗立在火车车窗前眺望，身体经历着伟大祖国在不同维度上的气候变化，内心却困惑社会保障体系中各个模块的价值定位、各个项目的制度内容和各个保障计划的实践割裂。通过系统思考，职业年金成为我研究的焦点。在养老保障体系中，职业年金有其自身的价值定位，但在我国养老保险制度体系中更多地表现为改革工具。职业年金的工具理性造成了其建设存在不平衡、不充分问题，覆盖面有限、价值定位偏移、制度差别化等难以满足人民日益增长的美好生活需要。通过研究形成了这部专著，由于研究层面过于宏大，只解决了职业年金的价值定位和制度体系问题，职业年金制度具体内容的理性界定有待后续深入探讨。一直困扰研究进程的制度批判困境也只能有待实践检验来破解。

本书既是曾经努力的总结，也是新一段历程的序曲。人生每一个阶段承载的不是成功或失败，而是经历过的人与事、积累与传承、付出与感恩。感谢我的博士导师申喜连教授，以治学严谨、温文儒雅的学者风范让我深刻体会到了"教"之理性和"导"之感性的完美结合。申老师时刻把握理论前沿动态，引导我们关注社会正能量，既高屋建瓴地指明学术研究的正确方向，又切中肯綮地点出阳光积极的人生哲学。感谢教导过我的老师们，李俊清教授、荣仕星教授、陈旭清教授、党秀云教授等都给我留下了难以忘怀的印象，为我指引了未来前进的学术方向。感谢宁凌教授在我的求学机会、学习过程中给予的大力支持及论文写作中给予的中肯建议，感谢同事及朋友给予的关心、支持和帮助。感谢我的家人，女儿的茁壮成长给我的博士学习生涯增添了无穷的遐想和乐趣，父亲、爱人和亲人们的鼓励和期盼给了我奋勇向前的勇气和信心。

缅怀母亲朱国英女士（农历 1949. 02. 10 ~ 2014. 03. 05），一生善良、任劳任怨、爱子忘己的母亲只看到了我考取博士的艰辛，等不及看到我耕耘的收获，这也是我作为不孝儿留给母亲在尘世间的又一个牵挂和遗憾，也如同一根针时不时侵入我的心灵深处。

2018 年 1 月于湛江